中国教育出版传媒集团出版资助项目

中华文化 二十四讲

主编 韩经太

副主编 张廷银

北京语言大学中华文化研究院 编著

中国教育出版传媒集团

人民教育出版社

·北京·

图书在版编目（CIP）数据

中华文化二十四讲 / 韩经太主编；张廷银副主编 . — 北京：人民教育出版社，2024.5
ISBN 978-7-107-37282-7

Ⅰ . ① 中… Ⅱ . ① 韩… ② 张… Ⅲ . ① 中华文化 Ⅳ . ① K203

中国国家版本馆 CIP 数据核字（2024）第 106330 号

中华文化二十四讲
责任校对　王晶
责任印制　申骅

出版发行　人民教育出版社
　　　　　（北京市海淀区中关村南大街 17 号院 1 号楼　邮编：100081）
网　　址　http://www.pep.com.cn
经　　销　全国新华书店
印　　刷　北京尚唐印刷包装有限公司
版　　次　2024 年 5 月第 1 版
印　　次　2024 年 12 月第 1 次印刷
开　　本　787 毫米 × 1092 毫米　1/16
印　　张　19.5
字　　数　238 千字
定　　价　128.00 元

主　编　韩经太

副主编　张廷银

北京语言大学中华文化研究院　编著

编写人员（按姓氏笔画排序）

方　铭　刘青海　刘淑丽　李东芳　李洲良

李瑞卿　张廷银　陈民镇　段江丽　韩经太

韩德民　谭　惟

责任编辑　王陆正

责任设计　房海莹　王汐瑶

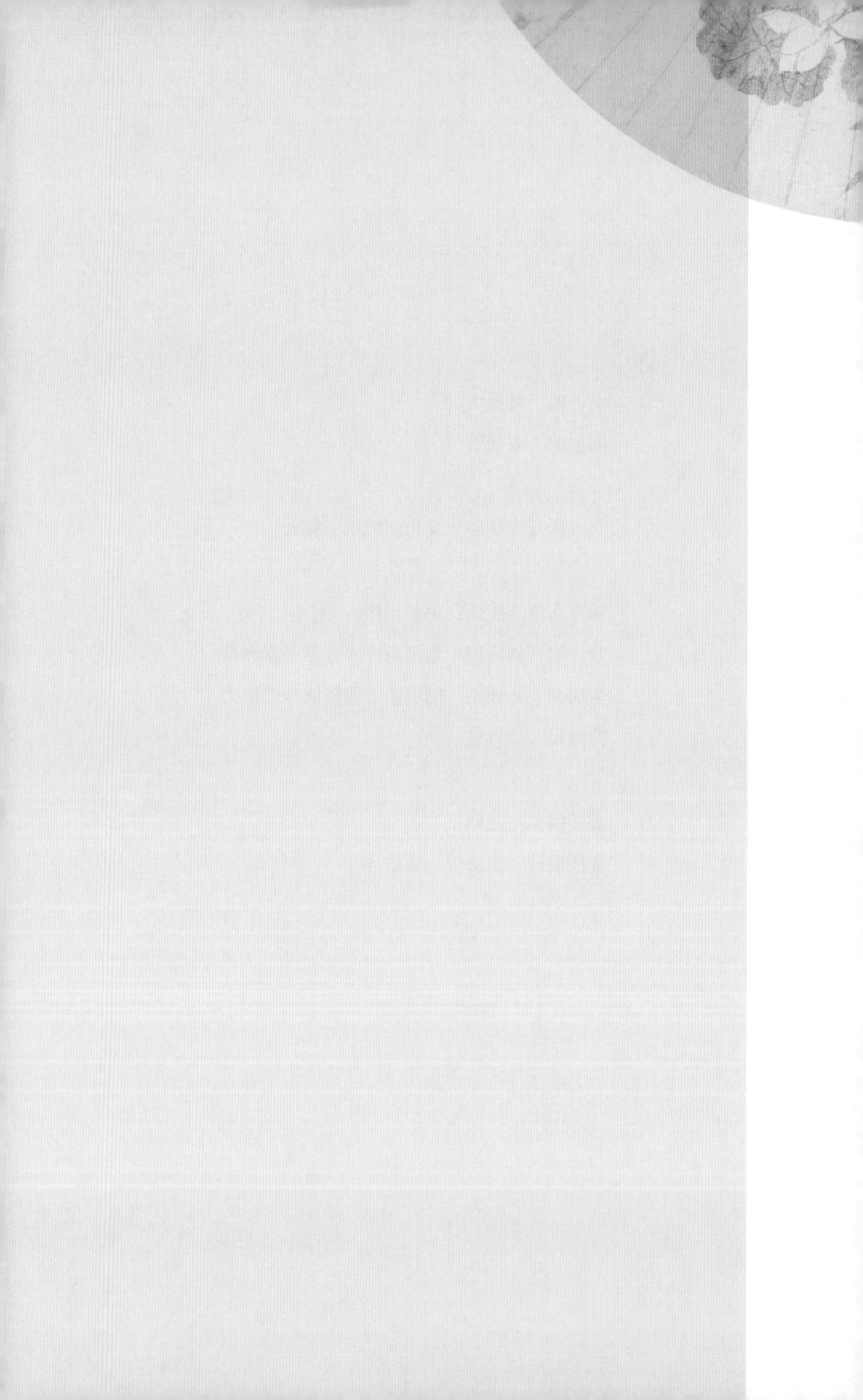

在讲述与讲解的接轨处
——《中华文化二十四讲》序

韩经太

　　所有引人入胜的故事讲述者，都需要与听众保持密切的情感与思想交流，以便在听众有了更进一步的要求时，把讲述引向深入一层的讲解。如此看来，讲述和讲解的接轨处，恰恰是兴趣和灵感的激发点。既然如此，那就让我们一起来寻找讲述和讲解彼此接轨的交接点，并把这些浓缩着彼此共同的兴趣和相互激发的灵感的"点"连接起来吧！人们都知道，对中国人来说，人生岁月和历史沧桑的节奏感，是与春耕秋收、冬冷夏热的生活节奏感相互重合的，漫长的农耕文明的经验积累，形成了至今仍然调节着每个中国人的生活节奏的二十四节气一说，"二十四"这个数字也因此而富有言说不尽的文化意味，这也正是我们这部教材取名"中华文化二十四讲"的原因所在。

　　这里的"二十四讲"，分为"文明创制""思想智慧""人格理想""诗情画意""国艺风华""民风世情"共六个专题。设计这些专题的指导思想，可以用提炼精华、发掘精髓来概括。"二十四讲"就是二十四个聚焦点，聚焦于此并通过"以点带面"和"古今融通"的话语方式，使更为丰富的中华文化精彩内容融入我们的讲述和讲解。作为一本教材和普及读物，希望我们能给大家带来富有时代气息的人文魅力。当然，本书成功与否的关键还在于我们的讲述讲解是否精彩。"二十四讲"的每一讲，都是撰稿人独立思考和独特讲述与讲解的产物。每一讲的个性化特点和二十四讲的整体特色，是一种"和而不同"的关系，而这本身就体现了中华文化的核心精神。我们特别强调"深入"和"浅出"的双向追求，真诚希望读者能用"深入思考"和"通俗讲述"的双向标准来严格要求我们。也是从这样的双向追求着眼，这一篇《总序》也不打算写成泛泛介绍的文字，而是希望能给读者留下一些围绕"二十四讲"而又不拘泥于"二十四讲"的文化提示。

《中华文化二十四讲》的"文明创制"专题讲述与讲解，在介绍文明探源辉煌成果的同时，专门关注了中国礼乐文化的创制，中华文明和礼乐中国构成一种特殊的相互依存的关系，而这正是中华文化之所以是这样而不是那样的深层原因之一。文明探源的成果会不断涌现，与此相关的讨论话题也会层出不穷。譬如，20世纪80年代在中国河南省舞阳县贾湖村出土的骨笛，据科学测定是距今8000余年前的远古遗物，而骨笛竟然能吹奏出七声音阶，实在令人赞叹，尤其令人遐想。我们当然知道，藏族和塔吉克族有着用鹰的翅膀骨制作鹰笛的传统，如果把流传至今的鹰笛艺术和8000余年前的骨笛（据说是用鹤骨制作的）联系在一起来思考，我们将会发现哪些秘密呢？感谢当代的中国艺术家们，他们用复制的骨笛复活了8000余年前的远古音乐，并为当代人献上一台《笛韵天籁》的民族音乐盛会。请注意，这里的"天籁"一词，是先秦道家思想家庄子的原创，而"人籁""地籁""天籁"三者之间的微妙关系，以及"天籁"最终所指向的最高理想究竟是什么性质，至今仍然是一个有待深入探讨的哲学和美学课题。一旦我们在想象中把8000余年前的骨笛音响和2300多年前的"天籁"观念联系在一起，思想的空间该是多么深邃啊！

"文明创制"专题和"思想智慧"专题实际上是彼此交织的，尽管为了讲述与讲解的方便，我们不得不分开来说。但方便也会带来不方便，于是不妨有下面这样的提示。

　　当代考古学的一系列重大发现告诉世人，中华文明的源头分布在黄河、长江、西辽河等多个流域，像满天繁星一样的众多文化遗存标示出一个多元化的早期文明形态。和世界上其他文明的发源轨迹大都依存于自然水系一样，"生命离不开水"的地球生命原则无所不在。于是，就像西方"哲学之父"泰勒斯认为世界万物都来源于水一样，中国古代哲学的道家学派中，有一派也提出"太一生水"的宇宙观，他们认为，水来自神秘的宇宙之根，水产生以后又返回去帮助宇宙之根，于是产生了天和地以及天地之间的万物众生。这种对造物者与它的创造物之间的合作关系的强调，究竟意味着什么呢？相信人们会有讨论的兴趣。讨论之际，何妨大胆地想一想，这与中华文明史上夏禹治水的经典故事会不会有关呢？治水本身不就是人类辅助自然力的伟大业绩吗？

　　"思想智慧"的专题讲述与讲解，自然离不开"百家争鸣"的传统话题。

　　研究中国思想史，不能忽略以下现象：发生在中国春秋战国时代的"百家争鸣"，实际上为古代各个思想流派的形成提供了特殊的历史条件；然而，从另一种崇尚礼乐制度的角度看过去，先秦"百家争鸣"的时代却又是一个"礼崩乐坏"的衰败和战乱时代。这样一来，就形成了两种看待那个特定时代的眼光。两种眼光的相互参照，将极大地丰富人们的思想智慧。人的智慧只有智慧的人才能真正懂得，而这种有助于接受他人智慧的智慧，其实就是一种善于思考的习惯和开放而不封闭的心态。开放性的思考，会促使人们去关注中国古代礼乐制度和思想自由之间的历史关系，而如何处理好这种关系正是中华民族思想智慧的精彩内容之一。

"思想智慧"和"人格理想"的讲述与讲解内容，只有结合起来看，才能领会它们共同表现的中华文化的核心精神。譬如儒家心目中"圣人"的伟大人格力量，就不妨从儒道互补的角度去领会和解读。

儒家的代表人物孔子主张复兴西周礼乐文明，孔子和他的学生们反复讨论的问题，就是最理想的政治制度和最完美的道德人格之间的关系问题。孔子之后的儒家代表人物孟子有一句高度概括这种关系的话，那就是"惟仁者宜在高位"，意思是只有道德完美的人才适合担任最高的领导职务。孟子的这种看法完全符合孔子的思想原则，因为在孔子看来，按照"圣人"的完美标准来衡量的话，传说中的尧和舜仍然是有差距的。而在道家的代表人物庄子看来，"百家争鸣"时代各家各派的固执己见，割裂了本来应该完整统一的思想体系，他称这种思想体系为"内圣外王之道"。"内圣外王"的说法是道家代表人物所发明的，可后来却成了历代儒家的中心话题，就这一点而言，儒、道两家之间的关系，的确是你中有我、我中有你的互相依存关系。当然，比起儒家来，道家还具有现代人们所说的哲学和美学的思想智慧。《老子》一书中无处不在的"中国式辩证法"，不仅表现为社会历史上无数成败经验累积而成的历史格言，而且表现为冷兵器时代敌我双方智力较量的兵家格言，也许正是这个原因吧，《老子》究竟是生活百科全书还是帝王政治教科书的问题，其实很有深入讨论的必要。和《老子》式的格言相比，《庄子》一书中精彩生动的寓言故事和深入剖析的抽象论证，相互交织着形成了极度发挥想象力和思辨力的思想风格。有人说，《庄子》可以当作文学作品来读，但事实却是，《庄子》一书中的《齐物论》，当代哲学界的专家仍然感觉到这是一篇最具难度的哲学文章。《庄子》传世文本的第一篇文章是《逍遥游》，所有的读者都会注意到，其中讲到了"水越深浮力越大"这样的科学道理，既然如此，庄子最终提出的和造物者一起遨游的自由，按理说也不应该是对这种科学道理的完全否定！如果能联系《庄子》一书中反复出现的"鱼水"故事来思考这个问题，相信人们会有新的思想收获。

"思想智慧"专题中的"禅悟"一讲，不仅涉及外来佛教文化的中国化，也不仅涉及宗教哲学与世俗生活的融合方式，而且涉及充满诗情画意的"禅意"生活。

被中国思想家和文学艺术家称为"禅意"的思想方法和生活方式，实际上在禅宗这一佛教教派风行中国以前就存在了，所以才有学者用"庄禅"这种二元组合的关键词来概括那种特殊的思想方法和生活方式。早先庄子就曾表示，希望能找到懂得忘却语言的人然后与他进行交谈，后来的"禅意"生活所体现出来的"不立文字"的文化精神，很大程度上正是对早期道家思想智慧的传承和发挥。如果说汉字的发明标志着中华文明的成熟，那这种"忘言"的意向和"不立文字"的精神，就标志着中华民族不断超越自我的文化性格。可以毫不夸张地说，相对于文字的发明，"不立文字"相当于发明了一种新的"文字"——富有诗意生活美感的、充满哲学象征意义的语言文字。禅宗有许多《语录》传世，记录了大量带有禅意的"流行语"，其中包含着许多传诵人口的诗歌名句，像王维的"行到水穷处，坐看云起时"，通过生活现实中人与大自然之间的诗意关系，非常形象地阐明了原本抽象的道理，集中体现了古代中国文人的人生观和宇宙观。禅宗虽然是佛教的一个流派，但禅意的生活早已超出了宗教信仰的范围。中华传统文化所养育的人格理想，儒家积极入世的忧国忧民和勇于担当，道家超然出世的清静恬淡和逍遥自在，不妨通过"禅意"的生活态度而交融在一起。但是，自"禅意"流行以来，有识之士就注意到不能让"狂禅"泛滥，由此看来，追求恰到好处的"禅意"，才是真正有益社会也有益人生的。

人们都说，诗词书画艺术乃是中华优秀传统文化的华彩乐章，就像诸子百家思想是中华优秀传统文化的智慧宝藏一样。鉴于中国诗词讲求诗情画意的整体特质，我们把诗歌艺术和绘画艺术放在一起来讲述与讲解。众所周知，中国的绘画艺术又有着"书画同源"的历史轨迹，这就意味着"诗情画意"和"国艺风华"实际上有着千丝万缕的联系。王维诗句有"独坐幽篁里，弹琴复长啸"，诗作所表现的"禅意"的生活，既是人与自然的合一，也是诗歌与音乐的合一。在"诗情画意"的专题讲述与讲解中，我们表示了对"文人艺术"的特殊关注，这一点是富有现实意义的。对于古代社会来说，这关系到士大夫文人的艺术情趣和艺术生活中的士大夫精神，这里需要一种历史的眼光。与此同时，"文人艺术"的问题还涉及中国造型艺术的艺术精神是否可以归结为"写意"和以"笔墨"为中心，对此，我们采取了自由开放的、商榷讨论的讲述与讲解方式，期待着读者同好的共同参与。

中华文化的内容像无边的大海，认真的讲述与讲解者每每感到力不从心。更何况，着迷"中国故事"的听众，往往还会提出让讲述者进一步作出讲解的要求，而讲解本身就具有解除困惑和解答疑惑的作用，这样一来，由讲述发展到讲解，人们对于中华文化的了解，便由表面印象深入到内部认知了。认识深化的标志，打个形象的比喻，一是找到了金矿并真的挖出了金子，二是见证了"点铁成金"的神奇效果，三是收获了能够"点铁成金"的那个手指头。

说到底，这关系到如何找到最适合于讲解中华文化的方式方法。

一方面，中华民族的文化性格倾向于实践关怀，而且是具有伦理色彩的实践关怀。为此，选择"人与社会"的透视角度，将有利于发现中华民族历史形成的家国情怀和伦理感情，也有利于发现中华文化精神所塑造的人格理想的具体内涵。无论是把国家看作家庭的放大版，还是把修身养性的最高目标定位在普天下和谐一家的共同体验，中华文化的核心精神都可以提炼为一种伦理精神。正因为如此，即便是在表现男女情感这一最基本的人类情感生活方面，从《诗经》第一篇《关雎》开始，感人的爱情诗篇每每也是婚恋伦理的象征性表达。与此相关，不仅从一开始就出现了以"美人"比喻"君子"的特定比喻方式，而且在讲究含蓄风格和顾忌现实环境的特定前提下，文人笔下的爱情诗包含的社会内容越多就越是写得像现代"朦胧诗"一样，那种火一样热烈的爱情抒写，只有在原生的民歌中才能见到。

另一方面，中华民族的实践关怀及其伦理色彩，又带有鲜明的自然化的倾向。为此，选择"人与自然"的透视角度，将有利于发现中华民族历史形成的耕读情怀和田园情趣。举例来说，中国古代诗歌为什么会有讲求诗情画意的艺术传统呢？须知，没有哪个国家的诗歌艺术像中国古代诗歌那样擅长自然风景的描写，并且进一步在自然美的诗意描写的基础上，形成了"情景交融"的批评标准。山水诗和山水画之所以会成为中国古典艺术的精彩一页，那是因为中华民族生生不息的农耕生态文明，中国古代文人心目中的"田园乐趣"，包含着农耕生活和耕读生活的双重内容，欣赏自然风景已经成为田园生活不可分割的一部分，于是乎，盛唐时代的王昌龄在分析诗歌的三种境界时，排在第一位的就是山水诗，而在他之前，南朝著名文学批评家刘勰在《文心雕龙》这部体系完整的理论著作里，不仅专门推出《物色》一篇，而且创造了"窥情风景之上"（发现风景中那看得见的感情）的理论语言！

当然，以上两种角度的分别透视，也是为了认识和叙述的方便，若是就实际情况来说，我们的认识和叙述对象原本是一个完整的具有生命力的整体。就像中国传统医学的整体把脉，不同于西方医学建立在生理解剖基础上的分科诊疗一样，最适合于中华文化的认知方式，应该是中华文化自身所创造出来的认识方式。关于这种方式的特征，除了上面所说的人的社会关怀和自然关怀重合在一起，同时还有崇尚诗意生活的鲜明特点。有人因此就说，中华文化在骨子里是一种诗性的文化。

孔子当年就曾表示过，和其他学生积极投身社会政治的志向比起来，他更倾向于认可那位在众人高谈阔论时弹着琴并自我陶醉的学生，他内心深处也向往着这位学生最后所描述的生活，沐浴在春天的阳光下，流连在清澈的流水边，师生集体体验从古老的农耕生活土壤里生长出来的礼乐文明的神圣仪式感，这种古老的仪式感已经深深地融化在知识人的血脉里，于是，朗诵和吟唱着经典的诗章而一路回家。人们都说，中华文化的主体精神归根结底是儒家的精神，儒家的精神发源于以孔子为代表人物的原始儒家，后来又经过以宋代朱熹为代表人物的新儒学的创新解释，在西方学术进入中国之前，新儒学在对原始儒学进行创造性解释时，就在努力塑造上面所叙述的那个孔子的形象，孟子当年所刻画的那种为了承担重大历史使命而历经艰难以锻炼自己的人格养成的道理，转换成充满乐趣的人格修养过程，担当社会责任的道德修养和体验诗意美感的生活乐趣非常融洽地结合在一起，如同唐宋以来大为流行的禅意生活把平常人的快乐追求和佛祖与圣人的伟大胸怀融为一体那样。

当生动的讲述一路走向深刻的讲解，最后抵达的终点，就是关于中华文化核心精神的高度概括。必须承认，这是一项非常艰巨的学术性课题。尽管如此，在讲述与讲解接轨的交接点上，我们还是想提示人们，在这一核心精神的基本构成要素中，布衣精神是最值得注意的。布衣既是指平民百姓的大众身份，也是指安贫乐道的士大夫道德人格。因为前者，孔子所确立的"圣人"标准即是博爱人民而救济苦难，在他看来，尧舜时代的治国理政离这个标准还有距离。因为后者，中国传统的君子人格，是以争名逐利为耻，而以淡泊名利为荣。但必须说明，中华文化在最高价值追求方面，并不推崇脱离社会生活实际而高高在上的"彼岸主宰"，以至于有人说中华民族的文化性格中缺乏宗教信仰，这当然是一种因为理解不深而产生的误会。实质上，真正具有中华文化精神的民族性格特征，不是匍匐在神灵偶像脚下祈求幸福的芸芸众生，也不是一味追求利益而不惜出卖灵魂的实用主义者，而是一面追问宇宙的秘密一面又关心着日常生活，从而总是能够从生活细节的真实中发现人生真理和自然奥秘。

以上的讲述和讲解，好像是听众走向讲座大厅时必须经过的一个前厅，真正精彩的内容还在后面，各位请进大厅吧，第一讲马上要开始了！

目 录

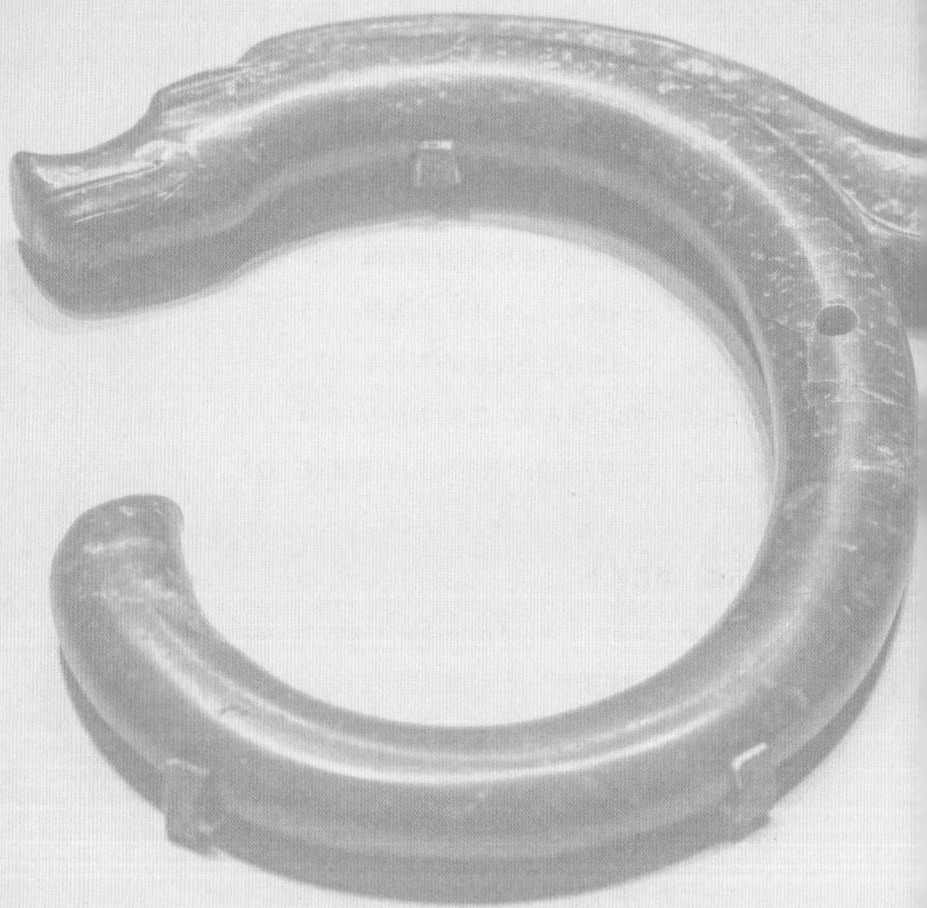

第一讲
文明探源

陈民镇

| 导语 |

中国人常说"上下五千年",意思是中国有五千年连绵不断的历史,但国外有一些学者则认为,中国的历史只能追溯到距今三千多年前的商代(约前1600—约前1046)。那么中国历史究竟能追溯到何时?中国文明又是如何形成的呢?考古发现不断修正我们既有的认识,我们对中国文明起源及早期发展的认识愈益清晰。在这一讲,我们将逆流而上,一起去探寻中国文明长河的源头。

周易·系辞下传（节选）

古者包牺氏①之王②天下也，仰则观象于天，俯则观法于地，观鸟兽之文，与地之宜③，近取诸④身，远取诸物，于是始作八卦，以通神明之德，以类万物之情。作结绳而为罔罟⑤，以佃⑥以渔……包牺氏没，神农氏作，斫⑦木为耜⑧，揉⑨木为耒⑩，耒耨之利，以教天下。

选自《周易译注（最新增订版）》，黄寿祺、张善文撰，中华书局2016年7月版。

① 包牺氏：又称"伏羲"，传说中的古帝王。
② 王（wàng）：这里用作动词，指统治。
③ 宜：这里指地利。
④ 诸：兼词，相当于"之于"。
⑤ 罔罟（gǔ）：网的通称。罔，捕兽的网；罟，捕鱼的网。
⑥ 佃：同"田"，打猎。
⑦ 斫（zhuó）：砍伐。
⑧ 耜（sì）：上古农具"耒耜"的下端部分。
⑨ 揉（róu）：使木头弯曲。
⑩ 耒（lěi）：上古农具"耒耜"的曲柄。

在远古包牺氏治理天下的时候，他向上观察天上日月星辰的运行，向下观察大地的法则，又观察鸟兽羽毛的文采和山川水土的地利，近的就取象于人的身体，远的就取象于宇宙万物，于是创造出八卦，以融会贯通神明的德性，以比拟万物的情状。他还发明了结绳记事，又发明网，用来猎兽捕鱼……包牺氏死后，神农氏兴起，砍削树木做成耜，揉弯木材做成耒，以便耕种，并教导天下人民。

｜文本解析｜

以上这段文字出自《周易》。《周易》是"六经"之一，与《尚书》《诗经》等一样，都属于中国现存最早的一批经典。《周易》由《易经》和《易传》构成，《易经》在西周初期已经基本定型，《易传》则主要形成于战国时期。上述文字选自《周易》的《系辞下传》，《系辞下传》是《易传》的一篇。

这段文字说的是，在很久很久以前，相传有一个叫包牺氏的古帝王，他通过观察自然万物，受自然界的启发，发明了八卦；发明了结绳记事，这是文字发明之前的一种记事手段；发明了网，人们可以用网来打猎捕鱼。在包牺氏的时代结束之后，神农氏的时代到来，相传他将木头制作成农具，教人们耕作，于是便有了农业。在其他的文献中，神农氏曾经"尝百草"，是中国传统医药的发明者。

这里值得注意的是农业的发明。神农氏是传说中的人物，农业的发明未必与他有关。但从这段文字可以看出，古人已经将农业的形成看作人类文明的先声。从世界各地的考古发现看，"农业革命"的确为文明的起源奠定了基础。

　　首先需要辨析的是"文化"和"文明"的概念。本讲所说的"文化",指的是人类在社会历史实践中所创造的物质财富和精神财富的总和。至少在200万年前,人类已经创造并使用工具。在距今两三万年前,人类的祖先还创造了一批早期的艺术品。这些都属于人类所创造的"文化"。"文明"指的则是人类社会发展到较高阶段并具有较高文化的状态,只有人类的文化发展到一定程度,才能叫"文明"。在不同的地区,"文明"会表现为不同的形态,比如苏美尔文明、古埃及文明、中国文明等。"文明"和"文化"的含义也有交叉,"中国文化"和"中国文明"在很多时候可以替换使用。

　　在一万多年前,伴随着末次冰期的结束,地球迎来了一个新的地质时期——全新世。冰川消退,气候变暖,地球恢复了盎然绿意。优越的气候环境,为人类文化的飞跃提供了可能。

　　从考古学的角度看,人类在此时走出了漫长的旧石器时代,步入了新石器时代。与旧石器时代相比,人类文化出现了一些新现象:

　　开始使用更为精致的磨制石器,而非过去粗糙的打制石器,生产效率和工艺品制造技术大为提高。

　　温暖的气候为农业的发展提供了有利条件,先民不再限于游猎和采集。小麦、大麦、水稻、粟、黍等作物,都在此期间得到培养。有学者称之为"农业革命"。

　　在农作物得到培育的同时,一些野生动物也被培育为家畜和家禽,如猪、鸡、牛、羊等。

　　先民开始制作陶器,以适应食物结构的变化,陶器的普遍使用是新石器时代的突出现象。

　　为了适应农业和畜牧业的发展,先民开始过上定居的生活,建造房屋,并有了早期的聚落。

仰韶文化彩陶

农业和畜牧业的进步，可以为更多人提供高产且稳定的粮食，从而推动了人口规模的扩大和社会的进一步发展。伴随着财富的积累和社会的分工，人类社会开始出现阶层分化。通过垄断宗教权力等途径，有的群体成为统治阶层，开始建立早期的社会组织。"文明"——一种脱离蒙昧、野蛮的人类社会发展状态，正是在"社会复杂化"的背景下出现的。

考古学家通常以"考古学文化"来称呼先民所遗留下来的遗迹、遗物的综合体，这些考古学文化通常以最初发现的遗址或典型遗址命名。按照中国考古学学者苏秉琦的归纳，中国新石器时代的考古学文化可以划分为六大区系，分别是以燕山南北长城地带为中心的北方，以山东为中心的东方，以关中（陕西）、晋南、豫西为中心的中原，以环太湖为中心的东南部，以环洞庭湖与四川盆地为中心的西南部，以鄱阳湖—珠江三角洲一线为中轴的南方。以下结合各区系的考古发掘成果，简要介绍一下中国新石器时代文化在不同阶段的发展。

在距今9000—7000年的时候，在今天的中国境内，先民已经创造了多种考古学文化，如东北地区辽河流域的兴隆洼文化、赵宝沟文化，华北地区的磁山文化，渭河流域的大地湾文化，黄河下游的后李文化、北辛文化，淮河上游的裴李岗文化，长江中游的高庙文化、城背溪文化和彭头山文化，长江下游的上山文化、跨湖桥文化、马家浜文化和河姆渡文化……这些考古学文化如满天星斗，为后来中国文明的诞生奠定了基础。在这一阶段，社会分化尚不明显，不同墓葬的陪葬品数量并没有太大差异。

在这一时期，一些具有中国特色的文化因素业已萌生：上山文化、河姆渡文化揭示了中国早期的木构建筑；裴李岗文化已经孕育出鼎等中国特色的容器，这些陶容器也是三代青铜重器的前身；兴隆洼文化所出距今约8000年的玉玦等玉器，以及稍后马家浜文化和河姆渡文化的玉玦，是中国玉文化的重要源头；高庙文化、河姆渡文化发现了反映太阳崇拜与神鸟崇拜的艺术精品，后来良渚文化的神人兽面纹乃至商周青铜器的饕餮纹都可追溯于此；裴李岗文化的骨笛、河姆渡文化的陶埙等乐器，则吹响了史前的悠扬乐音。

距今7000—5000年，中国境内考古学文化的分布范围更广，遗址更密集，所呈现的社会发展程度更高。不同区域的考古学文化自成特色，各有千秋；同时这些考古学文化之间也存在密切的互动，反映了中国文明起源进程中多元一体的格局。如仰韶文化各类型之间的交融与整合，仰韶文化与红山文化的交流，再如东部各文化（如红山文化、大汶口文化、凌家滩文化、崧泽文化）之间的互动，一些物质文化要素和精神文化要素得到更为广泛的传播。著名考古学家张光直曾将中国史前文化分为六大区域，并指出自距今约6000年开始，中国境内几个独立发生的区域性文化相互连锁成为一个更大的"中国相互作用圈"；自距今约5000年开始，这个相互作用圈趋于定型，奠定了后来"中国"的基础。

在该阶段，中国境内各区域的考古学文化开始出现阶层分化，社会复杂化的程度加深。如辽河流域的红山文化、黄河中游的仰韶文化、黄河下游的大汶口文化、长江中游的大溪文化、长江下游的崧泽文化和凌家滩文化，都已经初步出现阶层分化现象。在有的遗址，已经出现"王"或者"酋长"一类的人物，他们占有更多的财富，垄断并支配社会资源。从墓葬看，他们的随葬品数量和质量远远超过其他人。

最值得注意的是，在距今5800—5500年，长江下游的崧泽文化和凌家滩文化阶层分化明显，贵族墓葬随葬有大量精美的玉器，与其他墓葬形成鲜明的对比。在社会复杂化方面，长江下游的先民走在了前列。

距今5300年是另一关键的时间点，良渚文化（距今5300—4300

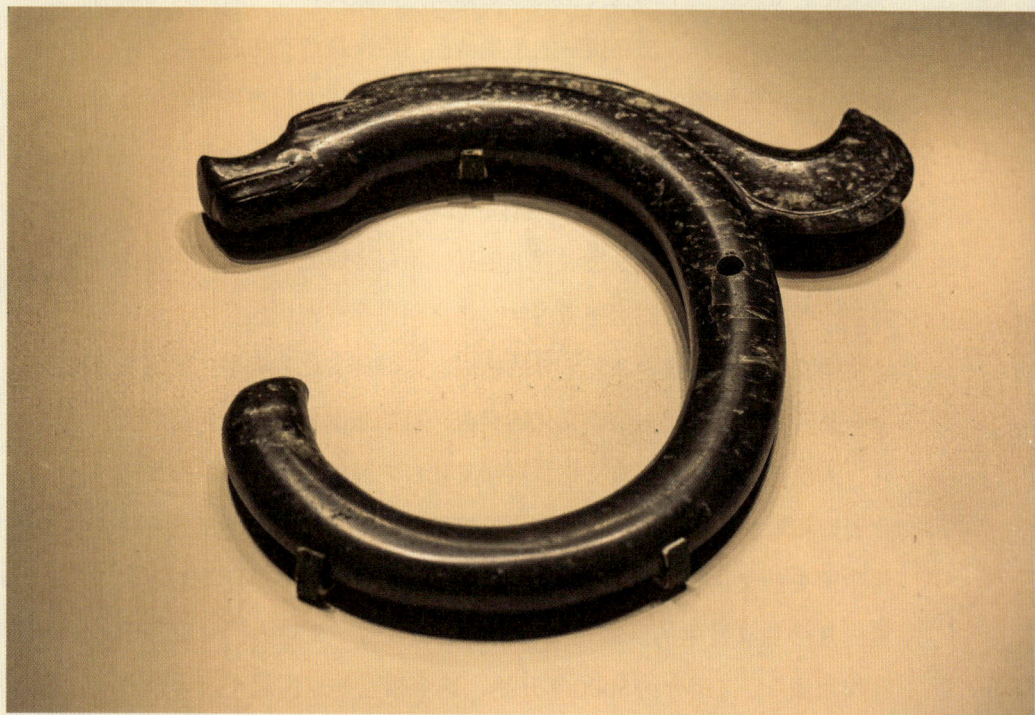

红山文化C形玉龙

良渚古城遗址宫殿区航拍

年）的崛起是当时的一个重要事件。同样是在距今5300年左右，中原地区的仰韶文化也出现了大型都邑，以双槐树遗址为代表；在辽河流域，红山文化也在此时进入新的发展阶段。

这里重点介绍良渚文化的成就。良渚文化是在崧泽文化和凌家滩文化的基础上崛起的。因其显著的社会分化和杰出的文明成就，良渚文化被誉为"中华五千年文明的实证"。最引人注目的是良渚文化的权力中心——位于今浙江省杭州市的良渚古城，内城面积约300万平方米，是同时代东亚地区最大的城址；城墙底部宽40—60米，现存西安明城墙的底宽为15—18米，良渚古城的规模可见一斑。古城的中央是大型宫殿遗址，古城的外围是目前所知同时期世界上规模最大的水坝建筑，也是目前所知世界上最早的拦洪水坝。更为重要的是，良渚古城作为一个政治中心，其文化辐射了今浙江省北部、上海市、江苏省南部的广袤地区，并深刻影响了黄河流域的文化。

良渚古城是距今5000—4700年之间陆续建成的。良渚古城及外围水利工程的土方量，超过1000万立方米。这无疑是一个惊人的数字。如果没有高度统一的王权和强大的社会动员能力，显然是难以完成这一系列的大型工程的。因此，许多人相信，当时在长江下游已经出现了早期的国家，并且显然已经进入"文明"阶段。

那么，良渚文化如果与同时期的古代文明相比，究竟处于一个什么样的水平呢？以良渚古城中心的莫角山宫殿区为例，这是一座人工堆筑约10米的夯土高台，过去被誉为"土筑金字塔"。胡夫金字塔作为古埃及文明金字塔中最大的金字塔，极为雄峻，但在体积上，莫角山高台与胡夫金字塔相差不远：前者的工程总土方量约为228万立方米，后者的体积约为260万立方米。要知道，胡夫金字塔的建造时间要比莫角山宫殿区足足晚了3个多世纪。但由于建筑材质的差异和保存状态的不同，莫角山宫殿区与胡夫金字塔带给现代人的观感并不相同。

就城市规模而言，苏美尔文明的中心城市乌鲁克在良渚古城的时代达到鼎盛，其面积约为550万平方米，人口约4万人；而包含外郭在内的良渚古城面积可达约800万平方米，面积超过了乌鲁克。乌鲁克之后的重要城市乌尔，面积约50万平方米，则远不及良渚古城。至于印度河流域的哈拉帕文明，所发现的规模最大的城址摩亨佐·达罗面积约250万平方米，不但小于良渚古城，时代也晚于良渚古城。

由于良渚古城是中国早期最重要的文明实体，因此被称为"中华五千年文明的实证"。在距今4300年左右，或许是因为自然环境的恶化，良渚文化突然衰落。但良渚文化所奠定的礼制，玉琮、玉钺、玉璧等玉器组合，鼎、豆、壶等陶器组合，代表良渚文化宗教信仰的神人兽面纹，宫城、皇城、外郭的三重城市结构，等等，都可以在后来的中国文明中找到踪影。良渚文化并未离我们远去，它所创造的物质文化和精神文化，很大程度上汇入了中国文明的长河之中，奔流不息。

距今4300年左右——这大致是传说中尧舜禹大洪水的时代，气候变冷，洪水等灾害频繁，良渚文化、大汶口文化、庙底沟二期文化等考古学文化趋于衰落，中国进入了"龙山时代"（距今4300—3800年）。在龙山时代，中国境内不同区域的考古学文化发生激烈的碰撞与重组，逐步形成较统一的文化认同（如玉器崇拜、兽面纹崇拜等）。如果"中国"是一种文化认同的概念，那么最早的"中国"在新石器时代已经初具雏形了。

在龙山时代，来自周边的文化因素汇聚到了中原这个大熔炉，黄河中游正式确立了中国文明重心的地位。如果说在良渚文化的时代，良渚古城的规模在东亚地区是独一无二的，那么在龙山时代，则出现了更多的大型城址。最为典型的是位于今山西省襄汾县的陶寺古城遗址和位于今陕西省神木市的石峁古城遗址。陶寺古城的面积达280万平方米，由于它的位置相当于传说中的古帝王尧的都城平阳的所在

❖ 良渚文化墓葬出土玉器

❖ 良渚文化神徽

❖ 良渚文化玉琮

地，因此不少人认为它便是尧的都城。与良渚文化一样，陶寺文化也体现出鲜明的阶层分化，陶寺古城同样具有政治中心的地位。石峁古城位于陶寺古城的北边，面积达400多万平方米。与更早的良渚古城、同时期的陶寺古城不同的是，石峁古城是石头堆筑的，而非通过夯土筑成。

在陶寺古城中，我们既可以看到来自东方大汶口文化、良渚文化的因素，也可以看到来自西北地区的文化因素。正是多元文化的汇聚和融合，造就了陶寺古城突出的文明成就。如果说良渚时代是一个"玉器时代"，那么龙山时代已经进入"青铜时代"。陶寺文化已经出现中国早期的青铜器。中国古代的青铜冶炼技术是受到域外的影响而产生的，同样来自域外的，还有黄牛、绵羊、家马、小麦等。兼容并蓄，多元一体，是中国文明在早期阶段便确立的基调。

在龙山时代结束之后，河南省偃师市的二里头遗址成为当时中国境内最重要的政治中心。许多人相信，二里头遗址是传说中夏朝的晚期都城。在二里头文化时期，青铜冶炼技术进一步得到提高，形成了中国特色的范铸法，并影响了后来的二里岗文化和殷墟文化。

二里岗文化和殷墟文化对应商代。由于殷墟遗址发现了甲骨文，是目前所见中国最明确的文字材料，因此一些国外学者认为中国历史只能追溯到商代，但从考古发现看，中国文明的形成显然要追溯到商代之前。

与殷墟同一时期的三星堆文化则在成都平原崛起。除了受到商文化的影响，三星堆文化也表现出自身的地域特色。商文化与三星堆文化的互动，是中国文明多元一体格局的生动写照。

最后，我们来总结一下中国文明起源和早期发展的一些特点：

1. 中国文明起源很早，并在一开始便达到了一定的高度，以距今5300年的良渚文化为代表；

陶寺遗址所出彩绘龙盘

早于甲骨文的文字：陶寺遗址所出扁壶陶片上的朱书"文"字

中国最早的青铜容器（二里头文化青铜）

三星堆文化青铜面具

2. 中国文明有自身的特点，比如在中国文明诞生之初，青铜器尚未得到使用，以玉器为核心的礼器则扮演着重要角色；

3. 中国文明的起源是多元一体的，不同区域形成了各自的文化，但这些文化在很早便开始了互动，表现为张光直所说的"中国相互作用圈"；

4. 中国文明是独立起源的，但在发展的过程中，并非与其他文明毫无交流，比如小麦、家马、黄牛、绵羊、青铜冶炼技术等都是从域外输入、文明互鉴的结果；

5. 中国文明具有连续性，与古埃及文明、苏美尔文明、哈拉帕文明等古代文明不同的是，中国文明自诞生之日开始，虽然有局部的断裂和重组，但总体来说是绵延不绝的，堪称人类历史上的奇迹。

| 阅读资料 |

1.《中国文明起源新探》，苏秉琦著，生活·读书·新知三联书店 2019 年 10 月版。

2.《中国考古学——旧石器时代晚期到早期青铜时代》，刘莉、陈星灿著，生活·读书·新知三联书店 2017 年 9 月版。

3.《中华文明的起源》，韩建业著，中国社会科学出版社 2021 年 4 月版。

| 思考与探究 |

1. 与其他古代文明相比，中国古代文明有什么突出的特点？

2. 为什么说良渚古城是"中华五千年文明的实证"？

3. 中国文明可以追溯到何时？

第二讲
礼乐中国

陈民镇

| 导语 |

1983年7月，著名学者钱穆在与美国学者邓尔麟（Jerry Dennerline）交谈时指出，中国文化的核心以及中西文化的区别在于"礼"。（邓尔麟著，蓝桦译，《钱穆与七房桥世界》，社会科学文献出版社1998年3月版，第8页）那么"礼"究竟是什么呢？为什么钱穆先生如此重视它，并称它为中国文化的核心呢？

论语·季氏（节选）

陈亢①问于伯鱼②曰："子亦有异闻乎？"

对曰："未也。尝独立③，鲤趋④而过庭。曰：'学诗乎？'对曰：'未也。''不学诗，无以言。'鲤退而学诗。他日，又独立，鲤趋而过庭。曰：'学礼乎？'对曰：'未也。''不学礼，无以立。'鲤退而学礼。闻斯二者。"

陈亢退而喜曰："问一得三，闻诗，闻礼，又闻君子之远⑤其子也。"

选自《论语译注》，杨伯峻译注，中华书局1980年12月版。

---

① 陈亢：陈氏，名亢，字子禽。
② 伯鱼：名鲤，字伯鱼，孔子的儿子。
③ 独立：独自站立。
④ 趋：跑，疾走，又特指礼貌性的小步快走，表示恭敬。
⑤ 远：不接近，疏远。

陈亢向伯鱼问道:"你在夫子那里是否得到了与众不同的教诲呢?"

伯鱼回答说:"没有。夫子曾经独自站在那里,我恭敬地走过庭中,他问道:'学诗了吗?'我回答说:'没有。'他说:'不学《诗》就不会应对说话。'我退回后就学诗。另一天,他又独自一人站着,我又恭敬地走过庭中。他问道:'学礼了吗?'我回答说:'没有。'他说:'不学礼,就没有立足社会的依据。'我退回后就学礼。我只听到过这两次教诲。"

陈亢回去后高兴地说:"问一件事,知道了三件事:知道要学诗,知道要学礼,又知道君子不偏私自己的儿子。"

| 文本解析 |

大家对孔子和《论语》都很熟悉了。在《论语》中,反复出现的概念除了"仁",还有"礼"。

那么,究竟什么是"礼"呢?有人把它理解为ritual(仪式),这是西方学者最常见的翻译形式;有人理解为custom(习俗);也有人将它等同于manner(礼貌、礼节)。似乎都是,但又都不是。

中国古代的"礼",是一张巨大的网络,笼罩在社会的各个方面。它既是道德伦理的规范,又是祭祀、丧葬、军事、外交、宴会、婚姻等方面的仪式,同时也是以等级为基础的政治制度。"礼"规定了什么场合需要穿什么样的衣服,用什么样的器物(包括玉器、铜器、陶器等)。不同地位的人,衣着、器物等都有不同的规定。如果以最简单的话来概括"礼",可以说是秩序——一种渗透于社会各方面的秩序。因此,孔子说"不学礼,无以立",如果不学"礼"的话，就难以融入整个社会，也就难以在社会上立足。

孔子也很注重《诗》，也就是《诗经》。《诗经》是中国第一部诗歌总集，相传孔子对《诗经》进行过改编。孔子认为，"不学诗，无以言"，意思是：如果不学《诗经》的话，都不能与其他人好好沟通交流。孔子还说，"诗，可以兴，可以观，可以群，可以怨。迩之事父，远之事君；多识于鸟兽草木之名"（《论语·阳货》）。总之，学习《诗经》有许多好处，既可以陶冶自己的情操，也可以在侍奉父母、为君主服务时发挥作用。在孔子的时代，只有学习了《诗经》，才能称得上"有文化"。

| 文化阐释 |

在古人看来："礼"是人类所独有的，动物是没有"礼"的；"礼"是华夏文化所独有的，脱离华夏文化共同体之外的民族，即所谓"蛮夷"或"戎狄"，是没有"礼"的。可见"礼"作为一种秩序，被古人视作"文明"的标志。

有人认为，中国文明是一种"礼乐文明"。那么中国的礼乐需要追溯到什么时候呢？

社会复杂化的程度是判断是否进入"文明"阶段的重要指标。"礼"的出现，正是以社会等级的分化为基础的。在"礼"产生的时代，自然已经有了国家，并且已经有了一系列的社会规范。在良渚文化的时代，已经初步产生了"礼"。良渚文化所确立的玉礼器、陶礼器以及墓葬、宫室等级制度，为夏、商、周三代的礼制奠定了基础。

到了龙山时代的陶寺文化时期，礼乐体现得更为明显。陶寺古城是陶寺文化的典型遗址，一些学者认为它是传说中的古帝王——尧的都城。陶寺文化不但有像良渚文化中那样的社会分层现象，还首次出土了包含鼍鼓、土鼓、石磬、陶铃、铜铃、陶埙、口弦琴的乐器组合。这些乐器，既有石制的、有陶制的，还有铜制的。尤其是陶寺古城的铜铃，是中国最早的金属乐器。这可以与《尚书·尧典》所记载的尧舜时期"八音克谐""击石拊石"的情形相呼应。

有人认为，陶寺古城代表了最早的"中国"。"中国"不一定是国家概念，也不一定是地域概念，它更多地代表了一种以礼乐为核心的华夏文化。如果认同、接受这种文化，便可称为"中国"，便可称为"华夏"，否则便会被贬称为"蛮夷"或"戎狄"。

《论语·为政》记载了孔子的一段话："殷因于夏礼，所损益，可知也；周因于殷礼，所损益，可知也。"意思是：商朝的"礼"延续了夏朝的"礼"，又有所变化；周朝的"礼"又延续了商朝的"礼"，也有所变化。每个朝代，都有每个朝代的"礼"。总体来说是延续的，但也有不同朝代各自的特点。尤其是到了西周，周文王的儿子周公"制礼作乐"，制定了一系列关于"礼"和"乐"的制度。也是从这时候开始，中国古代的礼乐制度进一步完善。

在西周时期，"礼"与音乐、诗歌是密切联系在一起的，"礼""乐""诗"可以说是"三位一体"的关系。《诗经》所收录的诗歌，最初都是配合音乐的，在不同的仪式上演奏。"礼""乐""诗"都起到教育的功能，人们可以通过学习"礼""乐""诗"提升个人的修养，即所谓"礼教""乐教"和"诗教"。

到了西周末期，由于内忧外患，原先的秩序受到了挑战。到了后来的春秋战国时代，已然是"礼崩乐坏"，西周时期的礼乐风气已经不再盛行。但《诗经》中的诗篇仍然很重要，贵族常常会通过引用《诗经》中的诗句来表达自己的想法。

《论语·阳货》记载："子曰：'礼云礼云，玉帛云乎哉？乐云乐云，钟鼓云乎哉？'"孔子认为，"礼"不能仅限于礼器，"乐"也不

陶寺遗址所出土鼓

能仅限于乐器，更为重要的是礼乐所寄托的伦理道德精神。礼乐不是冷冰冰的形式，而是有温度的。《礼记·乐记》说："乐者天地之和也，礼者天地之序也。""礼"代表的是秩序，"乐"则能让人与人之间的关系进一步和谐。

西周末期的"礼崩乐坏"只是"周礼"的瓦解，在后来的历史时期，"礼"仍然扮演着重要的角色，并且在各个时代焕发出新的生机，成为贯穿中国文明的关键线索。人们常说中国文明具有连续性，而"礼"正是中国文明连续性的保障和见证。

| 阅读资料 |

1. 《宗周社会与礼乐文明》，杨向奎著，人民出版社 1997 年 11 月版。

2. 《礼与中国人文精神》，彭林著，《孔子研究》2011 年第 6 期。

| 思考与探究 |

1. 中国古代的"礼"与西方的 ritual、custom 或 manner 有什么联系和区别？

2. 你是否赞同钱穆先生"礼是中国文化的核心"的观点？

湖北随州曾侯乙墓所出编钟

第三讲
孔子：关于尧舜的批评

韩经太

┃导语┃

　　儒家文化体现着中华民族积极入世的精神，孔子则是儒家文化的代表人物。孔子的思想丰富而深刻，"仁政"代表他的社会政治理想，"君子""圣人"代表他的道德人格理想。在儒家的思想体系中，养成理想人格的过程也正是建设理想社会的过程，儒家因此而具有理想主义精神。理想和现实总是有距离的，所以孔子所代表的儒家文化从一开始就具有可贵的批评精神。

　　在中华思想史的起点上，有两种关于理想社会的陈述，分别代表着儒家与道家的政治思想。道家心目中的理想社会，用最简单的话来说，就是老百姓太阳出来去干活，太阳下山就回家，听得见鸡鸣狗叫，用不着彼此往来，生活常年如此，帝王可有可无。这样的社会生活状态，道家哲学称之为"自然"，还有一种描述性的说法叫作"小国寡民"（人类早期自然部落的原生态生活方式）。儒家的社会生活理想是尧舜治理下的时代，中华政治文明的历史就是从那个时代开始的，也是以那个时代为永恒榜样的。从古到今，在一般中国人的心目中，"尧""舜"实际上已经成为道德人格和治国理政的最高典范。正因如此，关于尧舜的批评，就具有非常重要的思想意义。

论语·雍也（节选）

子贡曰："如有博①施②于民而能济③众，何如？可谓仁④乎？"子曰："何事于仁！必也圣⑤乎！尧舜⑥其犹病⑦诸！夫仁者，己欲立⑧而立人，己欲达⑨而达人。能近取譬⑩，可谓仁之方⑪也已。"

选自《论语译注》，杨伯峻译注，中华书局1980年12月版。

① 博：广泛。

② 施：给予。

③ 济：救助。

④ 仁：仁政。

⑤ 圣：道德高尚而又身居高位的人。

⑥ 尧舜：传说中上古的两位帝王，孔子心目中的榜样。

⑦ 病：有所不足，有所遗憾，以此为难题，等等。

⑧ 立：三十而立的立，自立而不依靠他人，独立而有自信，在人生道路上站稳脚跟，在社会上有立足之处，等等。

⑨ 达：发达的达，闻达的达，指实现人生理想、达到人生目标等。

⑩ 近取譬：以眼前的人和事为例子。譬，譬喻。

⑪ 仁之方：仁者做事的方式方法。方，方向、方法。

　　子贡问:"如果有这样的统治者,他能广泛地提高老百姓的生活福利,并帮助和救济他们的困难,该怎样作出评价呢?这可以算是实施仁政了吧?"孔子回答:"这哪里只是仁政呢,这必定是圣人治理才能达到的境界啊!用这个标准来衡量,连尧舜都会有所不足。所谓仁者的思想方法和做事风格,就是从自己人生奋斗的起点出发,去帮助别人建立人生的自信,也就是以自己实现人生理想的成功方法,去帮助别人实现人生理想。用离自己最近的身边的事物为例证,去领会远大的理想和深刻的道理,这就是仁者的思想方法,也是仁者成功的秘诀。"

| 文本解析 |

　　一百余年前,在中国新文化运动时期,有一位提倡新文学的作家说过,"博施济众"实际上就是慈善主义,而慈善主义不是人道主义。慈善主义的行为,往往是富有的人对贫穷的人施舍金钱或者物资,这既是一种慈善者以同情心为基础的良心行为,也是社会制度安排中设立慈善机构以便解决各种灾荒危机的社会行为,它的积极有效的社会作用和人道主义的精神力量,都是不能否定的。不过,一百余年前这种对慈善主义的不满,同样也有值得思考的道理。新文化运动是中国社会进入现代文明世界的标志,那是一个追求个性解放的时代,是一个讲求人人平等的时代,当时的人不满足于慈善主义的原因,应该包括这样一层意思:慈善者居高临下的施舍姿态,对于穷人来说显然是不平等的。明白了这个道理,再来领会两千多年前孔子的话,自然就会想到,孔子实际上是在强调,对待普通老百姓要像对待自己和自己同等地位的人一样。这一点,是古代注释家的注解所忽略的,而恰恰是当代中国人所应该重视的。

论语·宪问（节选）

子路问君子①。子曰："修己以敬②。"

曰："如斯而已乎？"曰："修己以安人③。"

曰："如斯而已乎？"曰："修己以安百姓④。

修己以安百姓，尧舜其犹病诸？"

选自《论语译注》，杨伯峻译注，中华书局1980年12月版。

---

① 君子：有道德的人。这里是指居于高位而实行君子之道的人。

② 修己以敬：自我修养，培养自尊同时养成自己尊敬他人和办事认真的人生态度。修己，自我修养。修，修习、养成。敬，自尊和尊敬他人。

③ 安人：安，使……安定和安乐。人，首先是与自己直接相关的他人，包括亲戚、朋友、同事，然后逐渐推广到其他人。需要提醒人们注意的是，那些本来与自己无关的人，会因为自己关心的范围越来越广泛而变成与自己有关的人。

④ 安百姓：使普天下所有的老百姓都安居乐业。

子路请教孔子，怎样才能达到君子的标准。孔子说："培养自尊心，并养成对人尊敬和对事认真的人生态度。"

子路说："像这样就可以了吗？"孔子说："用这样的自我修养来影响你身边的人，使他们平安快乐并生活得有尊严。"

子路说："像这样也就可以了吗？"孔子说："用这样的自我修养来影响普天下的老百姓，使他们安居乐业并同样活得有尊严。要做到这一点，尧舜大概也很难啊！"

| 文本解析 |

朱熹当年在解释孔子这一番言论时，曾表示了这样的意思：圣人的心胸是无限宽广的，即便社会经济已经高度发达，人民福利已经非常优厚，也难以保证四海之内每一个人都各得其所、安居乐业，所以百姓的安居乐业仍然是尧舜的一块心病。换句话说，如果君主这个时候说："我的治理是最成功的！"就凭这一点，他就不够当圣人的资格。我们认为，朱熹的这种解释是非常深刻的。朱熹同时又指出，可以用"主一"来注解"敬"，无论大事小事，都要专心致志，有事的时候是这样，没事的时候也是这样。朱熹说，反复体味"整齐严肃""动容貌，整思虑""正衣冠，尊瞻视"这些话语的意思，并且认真按照这些要求去做，就是"修己以敬"。朱熹还说："敬，只是一个'畏'字。"（《朱子语类·持守》）我们至今也常说，人要有敬畏之心。当然，关键是到底敬畏什么呢？为什么要敬畏它们呢？《论语·颜渊》："仲弓问仁。子曰：'出门如见大宾，使民如承大祭。己所不欲，勿施于人。在邦无怨，在家无怨。'"一般人只记住了"己所不欲，勿施于人"，却遗忘了"出门如见大宾，使民如承大祭"。尤其是后面一句，这显然是说给统治者听的，教诲世上所有的官员，对待民众也要像祭祀祖先神灵时那样诚心诚意而心怀敬畏。在这个问题上，钱穆说得对：自己的心安理得，来自于对他人的尊敬，那些总是居高临下的官员，必然损伤平民百姓的自尊。孔子的教诲，传承千百代之后，仍然有无法替代的警示作用，所以是真正的圣人之言。

| 文化阐释 |

孔子所代表的原始儒家学说的核心内容，被后来的儒学阐释者概括为"内圣外王之道"。"内圣外王"的说法出自道家庄子，《庄子·天下》说，当时百家争鸣所造成的"道术"分裂，使得"内圣外王之道"处于昏暗之中而见不到光明。由此可见，在道家学派的心目中，"内圣外王之道"实际上代表了诸子百家的共同理想。中国哲学史家任继愈就曾说，《庄子·天下》篇"是在道家术语的掩盖下，全面阐述了儒家的观点。"（《庄子探渊之二》）与此同时，《庄子·天道》又说："夫虚静恬淡寂寞无为者，万物之本也。明此以南乡，尧之为君也；明此以北面，舜之为臣也。以此处上，帝王天子之德也；以此处下，玄圣素王之道也。"大意是说，虚无之道，无所不在，无为而治，自然成功。用这个道理来做君主，是"帝王天子"的德行，用这个道理来做平民百姓，则是"玄圣素王"的道路。从汉代开始，孔子就被称为"素王"，理由之一是《淮南子·主术训》所说的孔子"专行教道"；理由之二是董仲舒《天人三策》所说的"孔子作《春秋》，先正王而系万事"，也就是为千秋万代的帝王确立修身治国的规矩。而司马迁《史记·孔子世家》的评语则是："孔子布衣，传十余世，学者宗之。自天子王侯，中国言六艺者折中于夫子，可谓至圣矣！"司马迁明确了孔子的"布衣"身份，和"素王"的称谓相比，"布衣"

更加鲜明地凸显了孔子非官方的民间身份。不仅如此，司马迁心目中的"布衣"孔子，是"学者"的推崇对象，当时国内的"六经"学习者都以孔子对"六经"的解释为标准答案。由此可见，孔子的"至圣"地位，首先是思想学术领域里至高无上的地位。

孔子的思想智慧和人格力量，主要体现在他自己说了什么和做了什么，而他的所有言论又主要发表在他和学生们讨论问题的时候。一部《论语》，记载了大量孔门师生的问答话语，其中不仅展现出孔子的思想智慧和人格力量，同时也展现出孔门学生的思想智慧和人格力量。正是因为这一点，孔子的思想在一定程度上是一种集体智慧。《论语》的内容很丰富，我们之所以选择以上两章作为重点解析的对象，是因为其中充满了孔子和他的学生共同具有的批评的智慧。批评的智慧包含着质疑精神，在这方面，子贡是一个突出的例子。他曾说："商纣王的不善，不像现在传说的这么厉害吧！由此可知，为什么君子都憎恶身居下流，因为一旦身居下流，天底下所有的罪恶就都归到他身上了。"即使到了今天，子贡这样的看法也是耐人寻味的。要知道，"下流"是相对于"上流"而言的。"上流"对应于"上流社会"，进一步讲也就是"上层社会"。子贡的质疑，显然是针对新建的西周王朝对殷商王朝的批评而发的。《诗经》里就有"殷鉴不远"（《大雅·荡》）的警示名言，历代王朝的忠实臣子们总是用这四个字来提醒他们的君王，让他们千万不要忘记前朝政权怎样被自己的政权所取代。这种不断重复的"周期律"，正是研究中国历史的学者所不断思考的问题，而子贡的质疑却是在提醒人们，对于新建王朝把旧王朝说的一无是处这件事，是值得认真反省的。

孔子明确表示过："周监于二代，郁郁乎文哉！吾从周。"（《论语·八佾》）"监于二代"就是"鉴于二代"，也就是"参照二代"，如此说来，"吾从周"不也就肯定了周代王朝对于夏、商二代的制度借鉴吗？一般来说，西周礼乐文明是先秦儒学萌芽和发生的土壤，而被西周所替代的商纣政权，历来是人们所诅咒的对象，正因如此，子贡所表现出来的辩证的历史态度，就非常可贵。不仅如此，如果今天的人们把子贡"恶居下流"的质疑精神和孔子"吾从周"的历史态度结合起来，然后就中国历史作整体性思考，相信一定能发现许多值得讨论的话题。

整体性思考的一个重点，就是把孔子放到发展变化的历史长河里，然后去评说他的思想贡献。儒家学说，人们历来都称之为"孔孟之道"，而孟子对孔子的评说，就运用了整体性思考的方法。孟子曾说："伯夷，圣之清者也；伊尹，圣之任者也；柳下惠，圣之和者也；孔子，圣之时者也。孔子之谓集大成。集大成也者，金声而玉振之也。金声也者，始条理也；玉振之也者，终条理也。始条理者，智之事也；终条理者，圣之事也。智，譬则巧也；圣，譬则力也。由射于百步之外也，其至，尔力也；其中，非尔力也。"(《孟子·万章下》)首先，值得注意的是，孟子把"圣"分成四种类型，而孔子属于"圣之时者"。古人注解说，"时行则行，时止则止"。这是不是说，孔子是一个顺应历史潮流的人呢？问题恐怕没那么简单。无论如何，也不能用后来充满世俗意味的"识时务者为俊杰"来作解释。其次，关于孔子的集大成，先有"金声玉振"的音乐比喻，接着又有"百步之外"的射术比喻，其中隐含的意思，更需要深入体会。古人的注释，一般都是沿着用美玉比喻君子品格的习惯去解说，其实，也不妨从开始和终结一气贯通的意思上去领会，也就是把"金声而玉振之"理解为：开始时钟声浑厚的音乐风格被结束时的玉磬清亮的音乐风格所延续发展。显然，这中间包含着历史演变的因素。我们相信，这样的理解和接下来"射于百步之外"的比喻是密切相关的。而真正令人深思的问题是：孟子为什么把"始条理"比作"智"和"巧"，而把

"终条理"比作"圣"和"力"？进一步，为什么又提出"至"（抵达目标）取决于你的力量，而"中"（射中目标）并不取决于你的力量？孟子是不是想说："条理"无非就是一种有序的思路，类似于现代人们所说的计划或者规划，规划设计往往很美好，但究竟能不能实现，最终能完成到什么程度，那就要看你的实际能力和是否有坚持不懈的毅力。要知道，情况在不断发生变化，新的困难层出不穷，中国老百姓日常说"计划不如变化"也就是这个意思。古代有"时易世变"一说，当代有"与时俱进"一说，都可以用来理解"圣之时者"。总之，这中间隐含着关于"圣人"和"历史"的深刻思想，讨论的空间十分广阔。

| 阅读资料 |

1. 《论语译注》，杨伯峻译注，中华书局 1980 年 12 月版。

2. 《孔子传》，钱穆著，生活·读书·新知三联书店 2014 年 4 月版。

3. 《四书章句集注》，［宋］朱熹撰，中华书局 1983 年 10 月版。

| 思考与探究 |

结合"博施济众"和"修己以敬"的双重追求，联系孔子所处时代的政治和思想形势，思考和讨论儒家"仁政"的相关问题。

第四讲
《周易》：一阴一阳的学问

李瑞卿

▎导语▎

"两个黄鹂鸣翠柳，一行白鹭上青天。"（《绝句》）这是杜甫描写春天的诗句，写出了春意盎然的景象，以有形的草木、飞鸟喻示了春天里万物生长化育的事实，其中渗透着一阴一阳、两两相应的道理：黄鹂感应春气而动，成双成对，彼此和鸣，形成了顺应物理变化、生命滋生的图景，体现着一阴一阳的自然观和生存论。"阴"与"阳"是《周易》中的基本观念，阴爻与阳爻是《周易》最基本的符号。它源于对宇宙万物及其变化的抽象。阴与阳是对宇宙间具有对立统一关系的两种不同事物和属性的反映，如男与女、刚与柔、上与下、动与静、雌与雄。阴阳符号两两重叠而生四象，由四象而八卦，乃至六十四卦，从而形成表达宇宙变化、人事变动的一套意、象、言符号系统。

《周易》是一阴一阳的学问，它认为世界的发生与存在的理由即是一阴一阳。推及人事，即重视观察日常的吉凶悔吝与社会的盛衰治乱。圣人设卦观象，沟通天地，探赜索隐，穷神知化，教化百姓。圣人的智慧可以道济天下，治国安邦，也可用于友朋夫妇、个人修养之道。具体而言，一阴一阳的核心思想就是：知吉凶，能进退，顺应自然。在处理人与外物关系时，或彼此呼应，或趋吉避凶，或化劣势为优势。比如，"二人同心，其利断金；同心之言，其臭如兰"（《周易·系辞上传》），就是指两人团结一心，必然成就事业；《论语》中"三人行，必有我师"（《述而》）就是规避"三人行，则损一人"（《周易·损·六三》）的不良局面，进行审慎而通融的选择。一阴一阳之道是《周易》中的宇宙观、本体论、方法论。

周易·中孚·九二

鸣鹤在阴，其子和之；我有好爵[1]，吾与尔靡[2]之。

《象》曰：其子和之，中心愿也[3]。

选自《周易译注》（最新增订版），黄寿祺、张善文撰，中华书局2016年7月版。

| 译文 |

鹤鸟在山阴下低唱，同侣应和着它；我有美酒，与你共享。

《象》说：同类唱和，这是它们发自内心的真诚意愿。

| 文本导读（选文二） |

周易·系辞上传（节选）

一阴一阳之谓道。继之者善也，成之者性也。

选自《周易译注》（最新增订版），黄寿祺、张善文撰，中华书局2016年7月版。

| 译文 |

一阴一阳的矛盾变化就叫作道。传继此道以开创万物的就是善，成就此道以孕育万物的就是性。

---

① 爵：古代酒器。　　　　　　　③ 中心愿也：发自内心的愿望。
② 靡：这里可释为"共"。

周易·系辞上传（节选）

　　子曰："君子居其室，出其言善，则千里之外应之，况其迩者乎？居其室，出其言不善，则千里之外违之，况其迩者乎？言出乎身，加乎民；行发乎迩，见乎远：言行，君子之枢机①。枢机之发，荣辱之主也。言行，君子之所以动天地也，可不慎乎？""同人，先号咷②，而后笑。"子曰："君子之道，或出或处，或默或语。二人同心，其利断金；同心之言，其臭③如兰。"

选自《周易译注》（最新增订版），黄寿祺、张善文撰，中华书局2016年7月版。

---

① 枢机：门户开阖的机要。王弼注《系辞》"天尊地卑，乾坤定矣"曰，"乾坤，其易之门户"，将乾坤变化比作门户开阖。枢，户枢，即门户的转轴。机，门橜。

② 号咷：大声痛哭。出自《同人·九五》爻辞："同人，先号咷，而后笑，大师克相遇。"

③ 臭：气味。

孔子说:"君子平居家中,发出美善的言论,千里之外必有人响应,何况近处的人呢? 平居家中,若是发出不善的言论,千里之外必有人违背,何况近处之人呢? 言论出于自身,加之于民;行为发于近处,远方的人也能看见:言论与行为,即是君子'门户'开阖的机要,'门户'的转动与开关,是或荣或辱的关键。言论和行为,君子用以鼓动天地万物,岂能不慎重呢? ""和同于人,先是痛哭号啕,后来欣喜欢笑。"孔子说:"君子处事之道,或出仕或隐居,或沉默或言语。两人心意一致,其锋利可以切断金属;心意一致所说的话,其味芳香如兰。"

| 文本解析 |

孤阴不生,独阳不长,阴阳变化乃世界生生之道。阴阳相应,同类相感,世界才能充满生机。"鸣鹤在阴,其子和之",象征着友朋亲人之间心灵感应、和谐共处的温馨场景。因为彼此呼应,声气相通,所以才形成其乐融融的情境和局面。《周易》中的卦象以相应为尚,正如音乐中节奏、旋律的谐和。"相应"即是不同个体间发生的心灵、情感、行动上的共振。这是人世间的一个基本道理。孔子曰:"有朋自远方来,不亦乐乎? "(《论语·学而》)朋友的出现,带来了惊喜,掀动了情感上的沟通与共鸣。如果朋友之道畅达,那么社会必然安宁,中国文化中存在着这样的理念。因此古人特别重视朋友的聚会,所谓"嘉会寄诗以亲,离群托诗以怨"(钟嵘《诗品序》),即在友朋相会时,用诗歌来沟通,使心有灵犀,彼此感通,如果离群索居,形单影只,就需要借诗歌表达忧怨愤懑,期待回到同心同德的群体中。

《周易·中孚·九二》"我有好爵,吾与尔靡之"讲的就是,按照长幼之序，举行宴饮之礼、共饮美酒的人伦场景。《诗经·关雎》篇中有"琴瑟友之""钟鼓乐之"的句子，则是讲男女在爱情中的情感交融，既有礼仪之别，也有情思之会，更有悦然和美的音乐感受。

中国古人也非常重视声闻于外、为同类所应的人格魅力与社会境遇。究其原因，来自于根深蒂固的自然化生的宇宙观念和"民胞物与"的伦理取向：只有交通往来，阴阳相应，才能化生万物，因应变化之道。所以，"应"成为了《周易》中至关重要的概念。至少有20多处《彖》辞中提到"应"。有刚柔相应之象，比如《比》卦，只有九五是阳爻，阳处于至尊之位，从而形成了众阴顺从一阳之象；也有众阳顺应一阴的相应之象，如《小畜》；当然更多的是爻与爻之间的相应，即初爻与四爻相应，二爻与五爻相应，三爻与上爻相应。只有彼此相应，才是和顺之象，如果两两不应，即陷入"往蹇，来连"（《蹇》）的困窘形势。"伐木丁丁，鸟鸣嘤嘤。出自幽谷，迁于乔木。嘤其鸣矣，求其友声。相彼鸟矣，犹求友声。"（《诗经·小雅·伐木》）中国古代的君子在成就事业的道路上，或许特立独行，自强不息，但总是以同志同人的同向同行为期盼的。因为唯有人与人之间彼此的感染和助力，才能将个体的努力有效地纳入到社会组织中。即使在封建社会，朋友也是与君臣、父子、夫妇、兄弟一样重要的人伦关系。"四海之内，皆兄弟也"，这是《论语》中的话，意谓君子有道就不乏朋友，而朋友可当同胞视之。陶渊明有诗"落地为兄弟，何必骨肉亲"（《杂诗十二首》其一），正道出了对朋友之情的惜爱与珍重。

中国人如此钟情于友朋之道，更在于他们认为友朋关系有时关乎家国社稷。阮籍《通易论》中认为，当"刚柔不和，'天地不交'"时，君子应该施行因应之道，即所谓"君子一类求同，'遏恶扬善'，以致其大"。基于这样的哲学与政治学，朋友间的相交遇合就不单纯是个人感情的沟通问题，而已经成为了安身立命的重要行止。阮籍在其《咏怀》诗中多处涉及朋友主题，他对友朋的呼唤或是对寂寞无应的感慨，自然而然地渗入了深刻的意蕴。朋友之情若能畅行于世，就意味着君子可以求得同类，得其友声，从而消解天地间的刚柔失和、阴阳不交，促使政通人和，棠棣欣荣。《咏怀》其四十七也是一首感叹知音之稀、同类之少的诗，茫然于生命的征途，满怀忧戚之感，唱出了"青云蔽前庭，素琴悽我心。崇山有鸣鹤，岂可相追寻"的心音，这是孤高者在鸣其友声。《咏怀》其五十六写鹡鸰鸣求其类于云天之上，而倾侧偏邪之士不可附丽为友。其六十九则写交道之艰难，有"人知结交易，交友诚独难"之感叹，更有对人与人之间由龃龉不合乃至萌生怨毒的清醒反思，其文曰："险路多疑惑，明珠未可干。彼求飨太牢，我欲并一餐。损益生怨毒，咄咄复何言。"其十九写神女芳姿绰约，翩跹降临，诗人与神女虽愉悦相会却未交接，唯有彼此间的感伤之语。当然，这不是对一般意义上的人神之恋的叙写，而是阮籍对朋友之道书写的一部分，象征着对友情的珍视——它来于天上，关乎神性，有其先天的根据；也象征着朋友间情感交会时的喜悦和共同的命运感，而这种交会又带着遗憾，并不完美。友情难得，其间又常有种种阻隔，有的是人为的设障，有的则是天然的疏离，阮籍表达着对朋友之道的呼唤和反思。他笔下的友情不仅是有伦理意义的，而且是具有政治意义和哲学意义的。在中国文学史上，如此集中而自觉地写友情，而且写得如此寄托深远、洞烛幽微是极其少见的。

　　一阴一阳的智慧表现在处理人与外物、人与人的诸种伦理关系中，这体现了阴阳之道的实践关系，也体现了民胞物与的君子品格、人文精神。在"为生民立命"的历史责任中，个体依然保持了活泼的生命、自由而诗意的存在。"言行，君子之枢机"正是个体的生命的方法论。"枢机"即"门户"，在易学中常以枢机或门户来形容乾坤，乾坤即是易道之门，宇宙化生由此展开。与之对应，这一宇宙观念落实到君子修为，君子的言行便是枢机。也就是说，言行是君子进入世界的枢机，君子的言行具有本体意义。既然如此重要，君子该当如何呢？一是要果行育德，即在立身处世、出处进退中，或者沉默，或者发声，如同乾坤变化，门户开阖，做到动静有致、刚柔分明；一是要同气相求，即遵循兄弟友朋之道、彼此相应，如此方能顺利打开人生局面，乃至"开物成务"，化育百姓，君子德馨。

真理与道都在行动之中。《论语·卫灵公》中说："子曰：'人能弘道，非道弘人。'"这是告诫人们，道或真理不是虚假的理念，而在人的历史实践之中；一个人的道德修养或是仁爱之心不停留在孤立的自我守护与培育之中，而必须通过实践行动进入历史大潮中，去追求共同的美好梦想，去构建人类命运共同体。人与人彼此之间的相互呼应一定能汇聚成动人的力量，体现出崭新的格局和气象。

上述基于友朋感应、个性修为的社会历史活动，用易学的表达就是"一阴一阳之谓道。继之者善也，成之者性也"的说法。一阴一阳是道，落实于生生不息的人世就是"善"，就是"性"，至善和本性存在于自强不息、安土敦仁、范围天地的实践之中。这是一种具有特别的文化气质的本体论、方法论，也即《周易·系辞上传》所谓："《易》与天地准，故能弥纶天地之道。"

文化阐释

一阴一阳而生变化，变化中有动静、刚柔、盛衰、治乱，它们表现在具体的时间和空间关系中，因而《周易》特别重视"时""位"，即主张抓住时机，在恰当的时间和位置上进行具体的行动。时与位是《周易》中的观念，《周易·系辞上传》说："天尊地卑，乾坤定矣。

卑高以陈，贵贱位矣。动静有常，刚柔断矣。""天尊地卑"是乾坤定位的根据，而乾坤定位是易道流行的前提，在易道流行中体现出不同的时位关系，这种时位关系可以通过卦象中的六爻表达出来，如《周易·乾卦第一·彖》云："大明始终，六位时成，时乘六龙以御天。"六爻各自有位，也各有时机，时即是位，位也是时。因为世界运动变化，人与外物形成的态势也是转瞬即逝的，只有顺势而为，才能因应自然，取得成功。还有一种情况就是"藏器于身，待时而动"（《周易·系辞下传》），即为未来可能到来的时机做好充分的准备。君子即使有卓越的才能、高超的技艺，也会退藏于密，苦练本领，在必要的情况下才会把自己的才干展露出来，如《周易》中的《大畜》《小畜》卦，就表达了畜德的观念。

一阴一阳之道是世界变化的基本准则，《周易》中乾坤、四象、八卦，乃至六十四卦，这一套卦象体系就是建立在这一基本准则之上的。阴阳学说把社会上各种复杂的人际关系概括为两种对立的势力，分别以阴和阳来象征，而阴和阳通过不同的卦象、爻象体现出复杂的关系。有的对峙，有的和谐，有的彼此依赖，有的彼此反对，有的彼此成就，有的彼此相病或妨碍……六十四卦即是以象数形式构造而成的六十四种关于冲突与和谐的基本模型。每卦六爻，六十四卦共三百八十四爻，这一卦爻体系的发生作用是通过占筮行为来进行的，人们可以通过占筮行为和卦象系统与世界获得一体化的愿景，进入所谓"易道"。易道既不是羽化登仙的道家境界，也不是佛家的西天净土，更不是彼岸天国，它就存在于现实的人类共同体之中。

比如张载的天地是儒家的天地，他通过易学论证了天地之外别无天地。"一故神，两故化"（《正蒙·参两》）的神化论对佛家寂灭论、道家长生论给予了有力的理论回击。张载说："彼语寂灭者往而不返，徇生执有者物而不化。二者虽有间矣，以言乎失道则均焉。"（《正蒙·太和》）此论诚是。张载以神化论阐释了宇宙大化的运行不止及其天地限度，也张扬了生而为人的存神尽性和与太虚为一的道德理性，从而避免佛、道之弊端。张载的神化论也是一种体用论，在阐释虚气关系时，神化体用论避免了老氏"有生于无"、释家"体虚空为性"的弊端。

《周易》中的一阴一阳之道也是人的安身立命之道，在阴阳动静中人们可以为天地立心，回归本性。只要遵循此道，必然能变化不测，进入到理想境界。当然，这个理想境界不是静止的，也不是空想的，它是一个勇猛精进的历史过程。在这个意义上，《周易》不仅是理想之书，更是忧患之书与智慧之书，因为《周易》关注人世的治乱兴衰，六十四卦中《泰》《否》《剥》《复》典型地表达了治、乱、兴、衰的类型。《泰》卦象征上下相交，政通人和；《否》卦象征上下不交，秩序混乱；《剥》卦可为衰世的象征；《复》卦象征社会政治的中兴。社会的治乱兴衰之象是人事累积而成的，天道取决于人道，这就要求君子努力修为人事，勇敢而坚贞地建功立业。"天行健，君子以自强不息。"（《周易·乾·象》）

一阴一阳之道是《周易》哲学的最高范畴和终极原理，是天地万物的生命本原和存在根据，是一切真善美的价值依托。从筮法上来看，一阴一阳之道，是占筮和术数推算的前提和准则，阴阳变化通过数字来表现出来，从而观占吉凶。阴阳变化这一哲学有其物理基础或科学基础。人们以特定的自然之数为尺度，建立模型来推演自然和人生，这是一种具有理性或科学因素的比类性思维。《周易·系辞上传》曰："天一地二，天三地四，天五地六，天七地八，天九地十。""天数五，地数五，五位相得而各有合。天数二十有五，地数三十，凡天地之数五十有五。此所以成变化而行鬼神也。""大衍之数五十，其用四十有九。分而为二以象两，挂一以象三，揲之以四以象四时，归奇于扐以象闰，五岁再闰，故再扐而后挂。"把十以内的自然数分为阴阳两类，阴阳合数为五十五，表示自然化生之前阴阳之数的总和，而"大衍之数五十"则表示实际参与变化的数字总和，"揲四""归奇""再扐"，则表示综之以四季变化、阴阳合历、平气置闰的原则，从而比较完整地表现宇宙之运行，然后以所得数字六、七、八、九表示所得阴阳，分列六位，形成卦象。这大概就是《易传》以数释道的基本观念，把客观对象放在确定的数量关系和数理模型中去把握和认识，用"数"模拟和阐释生命世界中的时空秩序、因果关系、存在状态、发展趋势。

这一数字模式的运行是占筮行为，它形成意、象、言的符号系统。《周易·系辞上传》说："圣人有以见天下之赜，而拟诸其形容，象其物宜，是故谓之象。圣人有以见天下之动，而观其会通，以行其典礼，系辞焉以断其吉凶，是故谓之爻。言天下之至赜，而不可恶也；言天下之至动，而不可乱也。拟之而后言，议之而后动，拟议以成其变化。"意思是说，通过一定数字模式和符号体系，人们可以窥测到世界变化的苗头，并付诸行动。我们可以将这种认知方式称之为"具身认知"，即在自己与世界形成的同一性关系中，借助数理模式，结合自身感觉与经验，来体察世界变化的奥秘，对未来的吉凶祸福进行预测，进而支持当下行动，获得真实的认知。"君子居则观其象而玩其辞，动则观其变而玩其占"（《周易·系辞上传》），不仅指出占筮活动的体验性，而且指出它的日常性：日积月累地、近乎理性地处理人与世界的关系，规范行为，引领实践；从趋吉避凶的被动占筮行为转变为开物成务、主动参与世界变化的历史实践，最终形成人与世界的和谐关系。

《周易》自汉代被奉为经典以后，两千余年来，人们对《周易》的注解和阐释绵延不断，乃至形成自己的学说，建立自己的体系，累积而成庞大的易学著述体系。易学也在中医、风水、天文、音乐、兵学、炼丹等领域被广泛应用。成书于春秋战国时期的医书《黄帝内经》，在理论上建立了中医学的阴阳五行学说。唐代医药学家孙思邈的《备急千金要方》将《周易》理论运用于医理、药理、养生中，初步形成了医易同源的观念。风水学是研究土地的环境形势的地理方术，《周易》的阴阳思想对风水学产生了重大影响。中国古代兵家将易理的阴阳变易，包括刚柔、虚实、奇正等对立统一关系，应用于运筹帷幄、列阵布兵的军事谋划中。中国古代的炼丹术还将《周易》中包含阴阳、消长、方位、时间的符号架构，应用于炼丹实践。《周易》的智慧可谓无处不在。

《周易》及易学为我们阐释出理想的自然世界、人文世界、审美的世界。易学与诗学的关系尤其值得重视。我们发现集思想家、诗人于一身的士大夫的易学与诗学中有着极其缜密敏锐的理路，他们创造性地阐释前贤的文化精神，建构属于他们的观念与形式，从而形成理性、自足的意、象、言体系。其中的心物关系、审美结构、形式生成都体现出极其独特的文化蕴涵与灵心慧识，寄寓着他们的文化传承、现实诉求、人生图景。《周易》是圣人忧患之书，是君子立身处世的法典，它不会因为历史的变迁而褪色，因为其中坚韧的、素朴的理性因素使它永远是维新的，它在逻辑图式、具身认知、语言符号组成的复杂的思维体系中始终保持着理性、中庸、敏捷的认知与态度。它设置了一个大同世界，与自然天地为一体，现实而理想。

阅读资料

1. 《易学今昔》，余敦康著，中华书局 2016 年 9 月版。

2. 《〈周易〉与中国文化》，杨亚利著，生活·读书·新知三联书店 2018 年 8 月版。

3. 《周易译注（最新增订版）》，黄寿祺、张善文撰，中华书局 2016 年 7 月版。

思考与探究

1. 如何理解人与人之间在交往中的彼此相应？

2. 《周易》重视体察观照世界盛衰治乱的变化规律，你觉得这重要吗？

第五讲
老子：道法自然

李洲良

| 导语 |

　　古代从洛阳取道西安有一必经之地——函谷关。这里山高谷深，地势险要，为历代兵家必争之地。春秋末期，函谷关因为一位圣人的造访而名声大振。这天清晨，函谷关的守将尹喜照常巡视，偶然眺望东方，一道紫气伴随着霞光朝着这里弥漫而来。他下意识感到会有圣人光顾，于是前来相迎。果然，在紫气霞光的掩映下一位须髯飘飘的老者骑着一头青牛飘然而至。

　　老者姓李，名耳，字聃，出生在楚国苦县厉乡曲仁里，是东周王朝的守藏史，掌管着全国的图书，有机会饱读天下图书，成为了博古通今的智者。可当时社会动荡不定，王室内部争斗不止，老子在洛阳失去了官职，便西行赴秦国云游，途经函谷关。守关的长官尹喜怎能错过这次求教的机会呢？

于是恳求道："先生西行退隐，晚辈无法阻拦，但请您一定写下一些东西留给后人。"于是老子写下了《道德经》上下篇五千余字，此后飘然而去，不知所终。

在司马迁《史记》这段亦巫亦史的叙述中，我们看到了老子的神秘，也看到了《道德经》的神秘。老子《道德经》又称《道德真经》《老子》《五千言》《老子五千文》，是道家哲学思想的重要来源，文意深奥，用笔简约，被誉为"万经之王"。《老子》分上下两篇，原文上篇《德经》、下篇《道经》，不分章，后被分为81章。《道经》在前，共37章；《德经》在后，共44章。《老子》讲述宇宙、自然、治国、用兵、修身、养生之理，而多以政治为旨归，属于内圣外王之学，其中"道"贯穿始终，是《老子》最重要的命题。那么老子是怎样说"道"的呢？

其实用"言说"讲述老子之"道"本身就犯了老子的忌讳。《老子》开篇就说："道可道，非常道。"（一章）"道"是可以言说的吗？一经言说的"道"就不是老子所说的那个永恒的"道"了。老子对语言表达思想的不信任，代表了包括黑格尔、尼采在内的东西方哲人的共同困惑，用钱锺书的话说，就是"语文之于心志，为之役而亦为之累焉"（《管锥编》，生活·读书·新知三联书店2019年10月版，第635—636页），这是一方面。另一方面，人类要生存、要发展、要相互交往交流，又片刻离不开语言。语言不仅是人类最基本的交际工具，而且是人的存在方式，用海德格尔的话说：语言是存在的家。认识到语言表达思想的局限又不得不依赖语言来表达，古今中外，概莫能外。老子关于"道"的言说也是如此。

老子·二十五章

有物①混成②，先天地生。寂兮寥兮③，独立不改④，周行⑤而不殆⑥，可以为天地母⑦。

吾不知其名，强字之曰"道"⑧，强为之名曰"大"⑨。大曰逝⑩，逝曰远，远曰反⑪。

故道大，天大，地大，人亦大⑫。域中⑬有四大，而人居其一焉。

人法⑭地，地法天，天法道，道法自然⑮。

> 选自《老子注译及评介》，陈鼓应著，中华书局2020年7月版。陈著本章分三段，这里基于结构分析列为四段，从"吾不知其名"处另起一段。

---

① 物：东西，这里是指"道"。

② 混成：混合而成，指多种物质混合为一个浑然整体的状态。

③ 寂兮寥兮：无声无形。寂，没有声音。寥，没有形体。

④ 独立不改：形容"道"的独立性和永恒性，它不靠任何外力而具有绝对性。改，改变。

⑤ 周行：循环运行。

⑥ 不殆：不息。殆，通"怠"。

⑦ 天地母：天地的根本。

⑧ 强字之曰"道"：勉强命名它叫"道"。

⑨ 大：与"道"同义，形容"道"的无边无际。

⑩ 逝：形容"道"的运行不息、永不停止的状态。

⑪ 反：同"返"。意为返回到原点，返回到原初的状态。

⑫ 人亦大：意为人乃万物之灵。

⑬ 域中：宇宙之间。

⑭ 法：取法，效法，遵循。

⑮ 自然：本来的样子，即自然属性。

有个混然一体的东西，在天地形成以前就已经存在。听不到它的声音，也看不见它的形体，它独立长存而不发生改变，循环运行而永不停息，是万物的本源。

我不知道它的名字，所以勉强把它叫作"道"，再勉强给它起个名字叫作"大"。它广大无边而运行不息，运行不息而无所不至，无所不至又能返回本原。

所以说道大，天大，地大，人也大。宇宙间有四大，而人居其中之一。

人取法于地，地取法于天，天取法于道，而道取法于它本来的自然属性。

| 文本解析 |

老子所说的"道"究竟指的是什么呢？据统计《老子》中的"道"出现七十余次，内涵十分丰富，概括地说，主要有万物的本源、事物的规律、生活的准则、处事的方法等意思，充满了人生的智慧。

本章作为全书最重要的章节之一，主要围绕"道"展开陈述，可分为四层。第一层是"起"，指出"道"是天地万物的根本，并呈现出无声无形、循环运行的特点。第二层是"承"，是对"道"的命名。以"大""逝""远""反"描述"道"的运行规律，即由始到返的循环往复的运动规律。第三层是"转"，道大、天大、地大的同时，引出人也大。天、地、人，古人称为"三才"。"三才"之中，人作为万物之灵可以说是一个特殊的存在。黑格尔说："人到认识自己是主体而外物是对象时，对客观世界才开始有较客观的反映。"（黑格尔著，朱光潜译，《美学》第二卷，商务印书馆1979年1月版，第

24页）也只有人才能把道、天、地作为外在的对象加以审视。离开了人的存在，天地之运行、万物之萌生都失去了意义。因此，人的主体性增强便成为"四大"之一的特别存在。这一"转"为下文的总结作了铺垫。第四层是"合"，以"道法自然"收束。"自然"是"道"的本质，也是天、地、人应该效法和遵循的准则。四层之间起承转合，衔接紧密而有序。第一层是说"道"之体，第二、三层是说"道"之用，第四层又回到"道"之体，从而完成"道"的"体—用—体"的循环叙述过程。下面结合《老子》其他各章对"道"的内涵进行解析。

| 文化阐释 |

一、"道"的基本内涵

第一，"道"是本源。"道"是什么？《老子》一书中出现七十余次，第一章就指出可以言说的道不是老子说的永恒的道。这永恒的道复杂而神秘，有多重内涵，其中首要的内涵就是宇宙的本源。尽管老子不愿意言说，可在本章还是说出来了。首先，宇宙万物是怎样产生的？是神创生的吗？在老子看来是由"道"创生的。"道生一，一生二，二生三，三生万物。"（四十二章）这等于说老子否定了宇宙万物是由神创造的观念，把宇宙的形成归结为"物"（"道"）的创造，尽管"道"为何物、是物质的还是精神的仍有争论。陈鼓应先生调和了主、客观的看法，指出"道"是老子"预设"的。（《老子哲学系统的形成和开展》）但有一点是明确的，宇宙万物不是"神"创造的。这等于客观上否定了宗教神学的创世主张。在"轴心时代"，老子提出"道"是宇宙万物的本体，万物源于"道"的主张是有进步意义的。当然，《老子》的主旨不是探讨宇宙的起源和生成问题，而是基于道生万物的宇宙观念来探讨人生哲学和政治哲学。其次，"道"作为宇宙的本源，是以"无"的状态存在的。本章说"道"先天地而生，无声无形，指出"无"是"道"的存在方式。其他各章也有类似的说法："'无'，名天地之始；'有'，名万物之母"（一章）；"无物之象"（十四章）；"道常无名"（三十二章）；"天下万物生于有，有生于无"（四十章）；"大象无形"（四十一章）……通常意义上，"有"是宇宙万物的存在方式，也是朴素唯物主义的基本认识。然而老子不满足于此，他要探讨的是，"有形"的背后还有一个"无形"的存在，而恰恰是这个"无形"的存在（"道"），生成了"有形"的世界。"无"不是一无所有，而是无处不在，是看不见、听不到、摸不着的存在。对此，任继愈先生说："（老子提出）在中国哲学史上第一个作为万物之本的负概念——无的范畴，是表明人类认识前进的重要里程碑。"（《老子新译》，上海古籍出版社1985年版，第42页）

第二，"道"是规律。"道"是主"静"的，静是动的主宰，"静为躁君"（二十六章）。但"道"要发挥自己的功用便要动起来。"道"的运动有两个规律。其一是本章所说的"周行"。既然天地万物是"道"化孕出的后代，那茫茫宇宙就是它行走的舞台。它无声无形，无边无际，不断行进，伸向遥远，又返回原点。大道之行也，周而复始，循环不怠，成就了道大、天大、地大、人亦大的"四大"奇观。其二，与"周行"相联系，"道"呈现出正反两极的运动和转化。"反者道之动"（四十章）是说"道"向相反的方向转化。如果说"周行"是"道"的总体运动规律，那么反向运动是"道"具体的运行轨迹。这里充满了辩证的智慧。水满则溢，骄兵必败。正反、成败、存亡、福祸、强弱这些对立的事物，发展到一定程度就会产生质的变化。在转化过程中，老子还特别重视"弱"的作用，主张柔弱胜刚强。"弱者道之用。"（四十章）柔弱是"道"的应用。所以他喜欢用柔弱之水喻"道"："上善若水。水善利万物而不争，处众人之所恶，故几于道。"（八章）老子仰观宇宙之大，日出日落，月盈月亏；俯察品类之盛，春秋代序，生生不息。周而复始，相反相成的运动规律促成宇宙万物得以维系、得以延续。

第三，"道"是方法。即"自然"是"道"的本质属性。如果说上述之"道"完成了由体到用的转化，那么本章最后的"道法自然"则完成了由用到体的回归。"自然"在《老子》中出现5次，都不是指自然界的客观存在。本章的"自然"指的是"本来如此"的存在状态。"道法自然"是说"道"取法于它本来的自然属性。表面是说"道"回归本体了，但已经不是简单地回归，而是螺旋式上升，即由发生学意义上的本体特征发展为认识论意义上的本体特征。"道"一名而含三义：发生学意义上的"道之体"经"道之用"的过程而上升为认识论意义上的"道之体"。"人法地，地法天，天法道，道法自然"这句话是说天有天道，地有地道，人有人道，人道是要服从于地道、天道和自然之道的。"道法自然"告诉我们：遵循天道则天行健，遵循地道则地势坤，遵循人道则人事和。如果人为地去干预、破坏这些自然法则，必将受到惩罚。"自然"是"道"的本质属性，也是老子"无为而无不为"（三十七章）思想的集中体现。

所以，本章的结论是："道"是天地万物的本体；"道"是按循环往复、对立转化的规律来运行的；"自然"是"道"的本质属性，"法自然"是人类应遵循的准则。这对我们今天如何认识事物的客观规律，按客观规律办事具有重要的指导意义。

二、"道"的现代启示

在人与自然的关系上，尊重自然、敬畏自然是人类应遵循的第一要义。司马迁在《史记·太史公自序》说："夫春生夏长，秋收冬藏，此天道之大经也，弗顺则无以为天下纲纪。"万物在春天萌生，夏天成长，秋天收获，冬天储藏，这是大自然的规律，如果不顺应它，就不能作为治理天下的纲领。人类只有顺应自然的发展规律才能更好地繁衍生息，逆天而行终将受到自然的惩罚，这是一方面。另一方面，大自然在惠及人类多多的同时也时常带来灾难重重。在规避灾害的同时能否改变或战胜自然？"法自然"的观念告诉我们，人类不能永远被动地承受自然之害。要改变自然，战胜自然，更需要尊重自然规律，即可以改变自然之"形"而不损害自然之"性"。战国时期修建的都江堰水利工程是世界上迄今为止年代最久、唯一留存仍在使用的，以无坝引水为特征的宏大水利工程。该工程充分利用岷江水流和玉垒山形的特点，凿山为沟渠，填石为鱼嘴，依水流和山形顺势而为，才使十年九旱的成都平原变成沃野千里的"天府之国"。

由人与自然推及人与社会的关系，仍然要遵循"法自然"的准则。《庄子·应帝王》讲了"浑沌凿窍"的故事。南海之帝儵和北海之帝忽来到中央之帝浑沌那里，受到了很好的款待。二帝为了报答浑沌、让他享受视听食息的快乐，便为他凿七窍。日凿一窍，结果浑沌七日而死。因为没有尊重混沌的生理特点，好心做成了坏事。人与人之间如此，治国理政又何尝不如此？在《种树郭橐驼传》中，柳宗元讲述了郭橐驼顺应树木的生长规律，才能获得树木的本性（"顺木之天，以致其性"）的种树经验，联想到当地的执政者频繁下乡干涉百姓的日常生活和农耕作息，虽出于好意，却误工误产，劳民伤财，以致民不聊生，虽不如横征暴敛者贪毒，但结果是一样的。与之相反，西汉初年，大难始夷，田野荒芜，民生凋敝。统治者顺应民意及时采取道家无为而治的思想，与民休息，终于迎来了"文景之治"。没有"文景之治"也就没有"汉武盛世"。所以《老子》第二章说："是以圣人处无为之事，行不言之教；万物作而不为始，生而不有，为而不恃，功成而弗居。夫唯弗居，是以不去。"圣人用无为的方法来处事，用不言的方式去教化；任由万物生长变化而不替它创始，生养了万物，但不占为己有，成就功业而不自居。正由于不居功，所以他的功业就不会失去。"无为"不是不作为，而是不妄为，不随心所欲地乱作为。

"法自然"准则也给我们带来美学意义上的启发。《论语·雍也》载孔子之言："知者乐水，仁者乐山。"大自然气象万千、五彩斑斓，给我们带来了无尽的审美享受，只要我们模仿自然就能创造美的艺术，这叫"模写自然"；另一方面，大自然不是十全十美的，有些事物甚至是丑的，需要改造，我们称之为"润饰自然"。"模写自然"只需要选择自然中美的事物加以模写就能完成（如写生、素描等）；"润饰自然"则需要下一番矫改的功夫，将自然中不美的东西创造成美的。那么怎样矫改？能脱离自然吗？不能。还是要按照"美的规律"来创造。这就涉及"自然美"更深一层的含义：不是东施效颦似的矫揉造作，而是巧夺天工的自然浑成。"法自然"一是指取法自然的"天然美"，一是指矫改自然之"形"而不伤自然之"性"的自然而然的美。钱锺书说："学与术者，人事之法天，人定之胜天，人心之通天者也。"（《谈艺录·模写自然与润饰自然》，生活·读书·新知三联书店2019年10月版，第154页）如果我们把"天"理解为"自然"，那么无论是取法自然还是战胜自然，都要以"通于自然"为准则。"通于自然"就是遗"形"取"性"的自然法则。"形"是指大千世界林林总总的诸多表象（"多"）；"性"是促成诸多表象得以形成的内在本质和规律（"一"），也就是"道"。"通于自然"就是"道"与"自然"的"本性"相通。从这个意义上讲，"道"与"自然"可以互文见义，"道法自然"也可以解释为"自然法道"。"人心之通天"是说人一旦把握了大自然何以自然而然的内在法则（"道"），就达到了最高的审美境界。

三、道与逻各斯的"对话"

钱锺书还将"道"与西方哲学范畴"逻各斯"（ratio）联系起来。他在《管锥编》中指出："古希腊文'道'（logos）兼'理'（ratio）与'言'（oratio）两义，可以相参，近世且有谓相传'人乃具理性之动物'本意为'人乃能言语之动物'。"（生活·读书·新知三联书店2019年10月版，第639页）"逻各斯"的"理"与"言"可以和《老子》"道可道，非常道"相互参照。钱锺书将"逻各斯"翻译为"道"更令人脑洞大开，更加凸显出"道"与"逻各斯"的可比性。也许是受了钱锺书的启发，张隆溪进一步阐释了东方哲学老庄之"道"与古希腊以来的西方哲学中的"逻各斯"在"言"与"理"两个层面的相似性[①]。"言"是指话语表达的意思，而"理"是思想、是理念，属于内容方面的问题。可见，"道"与"逻各斯"作为东西方哲学两个重要范畴是可以开展"对话"的。

古希腊哲学家赫拉克利特在其著作残篇中最早提出"逻各斯"概念。他认为世界万物都有一个共同的"始基"，这个"始基"就是"活火"。火有分寸有比例地燃烧，熄灭，再燃烧，再熄灭以至无穷，形成了世界万物。物质世界是否由赫拉克利特所说的"活火"构成并不重要，重要的是赫拉克利特在"活火"基础上提出了一个抽象的"逻各斯"。这一概念被后人格思里归纳出10种含义（见汪子嵩、范明生等著，《希腊哲学史·第一卷（修订本）》，人民出版社2014年1月版，第384—385页），其中最主要的是指世间万物变化中潜藏着一种微妙尺度、准则、方法和规律，也称之为一种隐秘的智慧。这与

[①] "换句话说，'逻格斯'既意味着思想（Denken）又意味着言说（Sprechen）……'道'这个汉字也同样再现了最重要的哲学思想，它也同样在一个词里包含了思想与言说的二重性。"见张隆溪著，冯川译，《道与逻各斯：东西方文学诠释学》，四川人民出版社1998年1月版，第72页。

老子所说"道"是宇宙万物变化的本源、规律和方法的思想是相通的，但也有不同。从宇宙生成论的角度看，"道"与"逻各斯"都是宇宙万物的本源，都是对于"存在"的抽象思辨得出的规律性认知。但"逻各斯"是对始基"活火"进行形而上的抽象思辨得来的，是基于"有"（活火）的分析和归纳得出的，是一种客观的逻辑的分析式的判断、推理的方法。老子的"道"看似是基于对世界万物（"有"）的抽象思辨得来的，但老子不满足于此，他以直觉的方式透过"有"（有形的世界）参悟到"无"（无形的世界），并以"无"能生"有"的思辨方法来解释宇宙万物的本源。这个"无"不是一无所有，而是无处不在，但看不见摸不着，是一种特殊的存在，也就是"道"，只能通过直觉的方式"悟"到，而不是通过客观分析逻辑推演得到。这就显示出"道"与"逻各斯"两种不同的思维方法。"逻各斯"是长于分析的理性判断，从而奠定了未来西方的理性精神和科学传统；"道"是精于妙悟的诗性直觉，从而奠定了东方的诗性精神和艺术传统。

那么"逻各斯"怎么又有"言说"的意思呢？古希腊哲人们非常重视语言的"言说"功能。"言说"就意味着是在用语音表述，所以逻各斯中心主义又称之为语音中心主义。用语音表述一定是"在场"的，听觉效应也就成了视觉效应，所以逻各斯中心主义又称为视觉中心主义。如果说"言说"意味着"在场"的话，那么书写就可能意味着"不在场"。西方哲学家重视语言在场表述的传统从古希腊哲人就开始了。谁在说（who），说什么（what），怎么说（how）都是在场言说的。"逻各斯"就是用语言表述出来的，没有语言就没有"逻各斯"，所以说"逻各斯"的第一要义是语言表述，进而引申为说出的话，说出的话含有尺度、比例、原因、规律的内容，进而归结为由语言表述所达到的理性能力等诸多内涵。海德格尔甚至认为："Logos

的基本含义是话语……Logos 这个词的含义的历史，特别是后世哲学的形形色色随心所欲的阐释，不断掩蔽着话语的本真含义。"（海德格尔著，陈嘉映、王庆节译，《存在与时间（修订译本）》，生活·读书·新知三联书店 2014 年 9 月版，第 38 页）

所以，在"言""理"关系上，"道"与"逻各斯"有相通之处，但也有不同。"逻各斯"是借助语言表述来传达的，没有语言表述就没有"逻各斯"，诚如上文所说"人乃具理性之动物"本意为"人乃能言语之动物"。老子则不然，老子认为他所说的"常道"是不能用语言表述的。也就是说，"逻各斯"只能依托于"言"，而"道"可以与"言"剥离。于是引发了另一个问题，离开语言靠什么传"道"呢？老子破解语言阻障的办法是智慧的。如果说在"轴心时代"西方哲人意识到语言达意的局限性，又不得不依赖语言达意的话，那么东方的老子则针对人类"言不尽意"这一困惑提出了智慧的解决方案。如同《周易》所说"圣人立象以尽意"（《周易·系辞上传》）一样，"象"成了传"道"的载体。本章中的"大""逝""远""反"是"象"；"执大象，天下往"（三十五章）"大象无形"（四十一章）是"象"；"上德若谷，大白若辱，广德若不足，建德若偷"（四十一章）也是"象"；"谷神不死，是谓玄牝。玄牝之门，是谓天地根。绵绵若存，用之不勤"（六章）还是"象"。"尚象"成为传"道"的主要方式。"象"的直观性、丰富性、隐喻性、象征性以及由此形成意涵的多样性的特点，幽微玄远、难以言传，恰好体现了"道"的幽深玄妙、无所不在。

简言之，"道"与"逻各斯"是一个永恒的话题。二者的"对话"不是分庭抗礼、一较高低，而是同中求异、异中求同。二者的同中之异、异中之同丰富了东西方哲学的精神世界。而且这一"对话"还留下很多空白，留待未来去填补。

| 阅读资料 |

1. 《老子注译及评介》，陈鼓应著，中华书局 2020 年 7 月版。

2. 《老子新译（修订本）》，任继愈译著，上海古籍出版社 1985 年 5 月版。

3. 《老子注译》，高亨著，清华大学出版社 2010 年 8 月版。

| 思考与探究 |

老子《道德经》的"德"是指什么，与"道"是什么关系？请结合原文加以分析。

第六讲
庄子：心与物游

李洲良

| 导语 |

在先秦诸子中有一位最会讲故事的人，他就是庄子。庄子，名周，战国中期宋国蒙（今河南商丘东北）人。曾为蒙地漆园吏，大约生活在与梁惠王、齐宣王同时。他身居陋巷，一生贫困，但学识渊博，见识高妙，鄙薄富贵，拒入仕途，后世与老子并称"老庄"，为道家学派的代表人物。《庄子》为庄子及其门人所著。据《汉书·艺文志》载，《庄子》一书为52篇，然而今存仅33篇，包括内篇七、外篇十五、杂篇十一，已非原貌。一般认为，《内篇》为庄子自著，《外篇》《杂篇》为庄门后学所著。清王先谦《庄子集解》、清郭庆藩《庄子集释》及今人陈鼓应《庄子今注今译》为较好的注本。本篇中庄子为我们讲述了一个"逍遥游"的故事。

逍遥游（节选）

北冥^①有鱼，其名曰鲲^②。鲲之大，不知其几千里也。化而为鸟，其名为鹏^③。鹏之背，不知其几千里也；怒^④而飞，其翼若垂^⑤天之云。是鸟也，海运^⑥则将徙^⑦于南冥。南冥者，天池^⑧也。

《齐谐》^⑨者，志^⑩怪者也。《谐》之言曰："鹏之徙于南冥也，水击^⑪三千里，搏^⑫扶摇^⑬而上者九万里。去^⑭以六月息^⑮者也。"野马^⑯也，尘埃^⑰也，生物^⑱之以息^⑲相吹也。天之苍苍，其正色邪？其远而无所至极^⑳邪？其视下也，亦若是则已矣。

且夫水之积也不厚，则其负大舟也无力。覆^㉑杯水于坳堂之上^㉒，则芥^㉓为之舟；置杯焉则胶^㉔，

① 北冥：北海。冥，亦作"溟"，海。
② 鲲（kūn）：本指鱼子，这里借指大鱼之名。
③ 鹏：这里借指最大的鸟。
④ 怒：奋力。
⑤ 垂：边远，同"陲"。
⑥ 海运：海风动。
⑦ 徙：迁移。
⑧ 天池：天然的大水池。
⑨ 《齐谐》：书名；一说人名。
⑩ 志：记载。
⑪ 击：激，拍打。
⑫ 搏：拍击。
⑬ 扶摇：盘旋而上的暴风。
⑭ 去：指离开北海。

⑮ 息：风，夏六月风盛大，便于托举大鹏展翅飞翔；一说停歇，大鹏一飞半年，到南海才休息。
⑯ 野马：空中游气。雾气浮动状如奔马，故名"野马"。
⑰ 尘埃：空中游尘。
⑱ 生物：概指动物。
⑲ 息：气息。
⑳ 极：尽。
㉑ 覆：倾倒。
㉒ 坳（ào）堂之上：厅堂地面上的坑凹处。坳，坑凹处。
㉓ 芥：小草。
㉔ 胶：粘住。

水浅而舟大也。风之积也不厚，则其负大翼也无力。故九万里，则风斯①在下矣，而后乃今②培风③；背负青天而莫④之夭阏⑤者，而后乃今将图南⑥。

蜩⑦与学鸠⑧笑之曰："我决⑨起而飞，抢⑩榆枋⑪，时则不至而控⑫于地而已矣，奚以⑬之⑭九万里而南为？"适⑮莽苍⑯者，三飡⑰而反⑱，腹犹⑲果然⑳；适百里者，宿㉑舂粮；适千里者，三月聚粮。之㉒二虫㉓又何知！

小知㉔不及大知，小年不及大年。奚以知其然也？朝菌㉕不知晦朔㉖，蟪蛄㉗不知春秋，此小年也。楚之南有冥灵㉘者，以五百岁为春，五百岁为秋；上古有大椿㉙者，以八千岁为春，八千岁为

---

① 斯：则，就。

② 而后乃今：这之后方才。

③ 培风：乘风。

④ 莫：没有什么力量。

⑤ 夭阏（è）：又写作"夭遏"，遏阻、阻拦。

⑥ 图南：打算向南飞。图，打算、试图。

⑦ 蜩（tiáo）：蝉。

⑧ 学鸠：一种小灰雀，这里泛指小鸟。

⑨ 决（xuè）：迅疾的样子。

⑩ 抢（qiāng）：触，撞。

⑪ 榆枋：两种小树名。

⑫ 控：投。

⑬ 奚以：何以。

⑭ 之：去到。

⑮ 适：往，去到。

⑯ 莽苍：绿色苍茫的郊野。

⑰ 飡（cān）：同"餐"。

⑱ 反：同"返"。

⑲ 犹：还。

⑳ 果然：饱的样子。

㉑ 宿：这里指一夜。

㉒ 之：这。

㉓ 二虫：指上述的蜩与学鸠。

㉔ 知（zhì）：通"智"，智慧。

㉕ 朝菌：朝生暮死之虫。

㉖ 晦朔：一日的时光。晦，夜。朔，旦。

㉗ 蟪蛄（huìgū）：寒蝉，春生夏死或夏生秋死。

㉘ 冥灵：溟海灵龟。

㉙ 大椿：传说中的古树名。

秋，此大年也。而彭祖①乃今②以③久特④闻⑤，众人匹⑥之，不亦悲乎！

汤⑦之问棘⑧也是已⑨：

汤问棘曰："上下四方有极乎？"

棘曰："无极之外，复无极也。穷发⑩之北有冥海者，天池也。有鱼焉，其广数千里，未有知其修⑪者，其名曰鲲。有鸟焉，其名为鹏，背若太山⑫，翼若垂天之云，搏扶摇羊角⑬而上者九万里，绝⑭云气，负青天，然后图南。斥鴳⑮笑之曰：'彼且奚适也？我腾跃而上，不过数仞⑯而下，翱翔蓬蒿之间，此亦飞之至⑰也。而彼且奚适也？'"此小大之辩⑱也。

故夫知效⑲一官⑳，行㉑比㉒一乡，德合一君而㉓征㉔一国者，其自视也亦若此矣。而宋荣子㉕

---

① 彭祖：古代传说中有名的长寿人物。

② 乃今：现在，这才。

③ 以：凭。

④ 特：副词，特别。

⑤ 闻：闻名于世。

⑥ 匹：配，比。

⑦ 汤：商汤。

⑧ 棘：汤时的贤大夫。

⑨ 已：句末语气词。

⑩ 穷发：不长草木的地方。

⑪ 修：长。

⑫ 太山：大山。一说即泰山。

⑬ 羊角：旋风，回旋向上如羊角之状。

⑭ 绝：穿过。

⑮ 斥鴳（yàn）：池泽中的小麻雀。斥，池、小泽。

⑯ 仞：八尺为一仞。

⑰ 至：极点。

⑱ 辩：通"辨"，辨别、区分的意思。

⑲ 效：验证，这里引申为胜任的意思。

⑳ 官：官职。

㉑ 行（xìng）：品行。

㉒ 比：通"庇"，做事能庇护一方之地。一说为合。

㉓ 而：转折语。一说"而"通"能"。

㉔ 征：取信。

㉕ 宋荣子：宋国人，战国时期思想家，也称宋牼、宋荣、宋钘。

犹然①笑之。且举②世而誉之而不加劝③，举世而非④之而不加沮⑤，定乎内外之分，辩乎荣辱之境，⑥斯已矣。彼其于世未数数然⑦也。虽然，犹有未树也。夫列子⑧御⑨风而行，泠然⑩善也，旬⑪有⑫五日而后反。彼于致⑬福者，未数数然也。此虽免乎行，犹有所待⑭者也。

若夫乘天地之正⑮，而御⑯六气⑰之辩⑱，以游无穷者，彼且恶⑲乎待哉！

故曰，至人⑳无己㉑，神人㉒无功㉓，圣人㉔无名㉕。

选自《庄子今注今译》，陈鼓应注译，中华书局2020年6月版。

① 犹然：笑的样子。
② 举：全。
③ 劝：受到鼓励，奋勉。
④ 非：责难，批评。
⑤ 沮：沮丧。
⑥ 定乎内外之分，辩乎荣辱之境：在庄子看来，精神定力是内在的，毁誉是外在的，在精神上有定力，才能不被外物所动。内外，这里分别指身内和身外之物。境，界限。
⑦ 数（shuò）数然：急急忙忙的样子。
⑧ 列子：郑国人，名叫列御寇，战国时代思想家。
⑨ 御：乘。
⑩ 泠（líng）然：飘然，轻妙之貌。
⑪ 旬：十天。
⑫ 有：又。
⑬ 致：得。
⑭ 待：凭借，依靠。
⑮ 乘天地之正：顺万物之性，即顺自然之道。乘，顺应。天地，这里指万物，指整个自然界。正，万物的本性。
⑯ 御：因循、顺应之意。
⑰ 六气：阴、阳、风、雨、晦、明。
⑱ 辩：通"变"，变化的意思。
⑲ 恶（wū）：何，什么。
⑳ 至人：指道德修养最高尚的人。
㉑ 无己：忘掉自己，与万物化为一体。
㉒ 神人：指道德修养超脱于物外的人。
㉓ 无功：不建立功业。
㉔ 圣人：指修养臻于完美的人。
㉕ 无名：不追求名位。

译文

在苍茫幽邃的北海深处生长着一条大鱼，它的名字叫鲲。鲲之大，不知道有几千里长。变化成鸟，它的名字就叫鹏。鹏的脊背，不知道有几千里长。当它奋起直飞的时候，翅膀好像天边的云彩。这只鸟，大风吹动海水的时候就要迁徙到南海。南海是一个天然的大水池。

《齐谐》这本书，是记载怪异事情的。书上说："鹏往南海迁徙的时候，翅膀拍打水面，水花激起达三千里，搏击着狂风盘旋着飞上九万里的高空。它是乘着六月的大风离开北海的。"野马奔腾似的游气，飘动着的尘埃，这些都是由于生物气息的吹拂而浮动起来的。天空那苍苍茫茫的样子，那是它本来的颜色吗？它的辽阔高远是没有尽头的吗？鹏俯视地面，就是这样的光景。

如果水聚集得不深，也就没有力量负载大船。在堂前低洼的地方倒上一杯水，一棵小草可以当船，放一个杯子在上面就会粘住，这是水浅而船大的原因。如果风聚集得不够大的话，那么就没有力量负载巨大的翅膀。因此，鹏在九万里的高空飞行，厚积的风在它的身下，凭借着风力，背负着青天毫无阻挡，这之后才试图朝南飞。

蝉和小鸟讥笑鹏说："我们奋力而飞，碰到榆树和枋树树梢就停止了，有时飞不上去，落在地上就是了，何必要飞上九万里的高空然后到南海去呢？"到近郊去的人，只带当天吃的三餐粮食，回来肚子还是饱饱的；到百里外的人，要用一整夜时间舂米准备干粮；到千里外的人，要储备三个月的粮食。这两只虫鸟又知道什么呢！

小智比不上大智，短命比不上长寿。怎么知道是这样的呢？朝生暮死的虫子不知道黑夜与黎明；春生夏死、夏生秋死的寒蝉，不知道一年的时光。这就是短寿命。楚国的南方有一只灵龟，将五百年当作一个春季，五百年当作一个秋季；上古时代有一棵大椿树，以八千年为一个春季，八千年为一个秋季。这就是长寿。可彭祖到如今还因长寿而特别闻名，众人都想比附他，岂不可悲吗？

商汤问棘，谈的也是这件事。

汤问棘说："上下四方有极限吗？"

棘说："没有极限之外，还是没有极限。在草木不生的极远的北方，有大海，是天然的水池。里面有条鱼，它的身子有几千里宽，没有人知道它有多长，它的名字叫鲲。有一只鸟，它的名字叫鹏。鹏的背像大山，翅膀像天边的云；借着大风盘旋而上九万里，超越云层，背负青天，然后向南飞翔。小泽里的麻雀讥笑鹏说：'它要飞到哪里去呢？我一跳就飞起来，不过数丈高就落下来，在蓬蒿丛中盘旋，这也是飞行的极限了。而它还要飞到哪里去呢？'"这是小和大的分别。

所以有些人才智能胜任一官之职，行为能够庇护一乡百姓，德行能符合一个君王心意而取得全国信任，他们自鸣得意，也像上面说的那只小鸟一样。而宋荣子对这种人是嘲笑的。宋荣子这个人，世上所有的人都称赞他，他并不因此而更加努力；世上所有的人都诽谤他，他也并不因此感到沮丧。他能认定自己和外物的不同，分辨荣辱的界限，就这样罢了。他对待世俗声誉，并没有汲汲去追求。即使如此，他还是有未达到的境界。列子乘风而行，飘飘然，妙极了，十五天以后返回。他对于求福的事，也没有汲汲去追求。这样虽然免于步行，但毕竟有所倚恃。

倘若能顺应天地万物的本性，顺应六气的变化，遨游于无穷的境地，他还要倚恃什么呢？

所以说，修养最高的人能忘掉自己，神人无意于求功，圣人无意于求名。

| 文本解析 |

本篇选自《庄子》第一篇《逍遥游》的前半部分。"逍遥"是连绵字，又写作"消摇"，安闲自得、无拘无束的意思。前半篇说"有所待"，从鲲鹏说到朝菌，从幻化之境说到现实人事，都是因受到各种局限而不能做到逍遥自在；后半篇说"无所待"，只有做到无己、无功、无名，摆脱形骸的束缚，顺应自然万物之性，精神世界才能获得自主自由。因此，《逍遥游》可以分"有所待"与"无所待"两大部分，本篇只选了"有所待"部分。为了不割裂全篇，以下进行整篇分析。

文章开篇为我们展示了一幅鲲鹏展翅、扶摇海天的寥廓画卷，可谓气吞山海，孤放横绝。从不知其几千里长的鲲之大，到不知其几千里长的鹏之背，描述展示鲲鹏的无穷之大；忽而转写穿行于榆树、枋树梢上的蝉与小鸟，通过它们的自我满足和对大鹏一飞万里的嘲笑，展示它们的无穷小。通过大小对比，得出的结论是"小知不及大知"。这为第一层，是从空间的局限上说的。以"朝菌不知晦朔，蟪蛄不知春秋"说时间之短，又以"八千岁为春，八千岁为秋"的大椿树说时间之长。通过长短对比，得出结论这是小年和大年的差距。此为第二层，是从时间的局限上说的。从幻化的自然界说到纷扰的人世间，那些"知效一官，行比一乡，德合一君而征一国者"，自以为是、自鸣得意，其实与斥鷃的自我满足是一样的。这是第三层，是从事业功名的局限上说的。在庄子看来，这几则故事中的生灵，无论是大小空间之辨，长短时间之辨，还是社会角色之辨，各自都有局限，都"有所待"，或受制于时空，或受限于个人，都达不到他所说的逍遥自在。那么，怎样做到"无所待"呢？庄子认为"若夫乘天地之正，而御六气之辩，以游无穷者，彼且恶乎待哉"，继而提出"至人无己，神人无功，圣人无名"的主张。这是第四层，在总结前三层

"有所待"之后，正面提出"无所待"（"恶乎待"）的主张。

行文至此进入全文第二部分，在写法上也由叙论转为对话。对话共有三则。第一则是尧让天下给隐士许由的故事，许由以不贪图虚名加以拒绝，这是第一层，说的是圣人无名。第二则是肩吾和连叔的对话，引出"肌肤若冰雪，绰约若处子，不食五谷，吸风饮露"的"神人"，他不肯"分分然以物为事"，这是第二层，说的是"神人无功"。第三则是庄子与惠子的对话，是关于大葫芦和大樗树的"无用之用"的论辩，大葫芦不必剖开作为容器，可以将其系于腰间浮游于江湖之上，何其逍遥！大樗树因其无用而未遭到砍伐，顺乎自然，自由生长，人们可以在树下寝卧、乘凉，逍遥自在，哪里有什么困苦！这是第三层，说的是"至人无己"。

通观全篇，"有所待"意在承前，是否定命题；"无所待"意在启后，是肯定命题。"待"为全篇之"眼"，从而形成全篇大对比、大对称式结构。其中"无所待"是《逍遥游》的中心命题，有必要对其做进一步的阐发。

| **文化阐释** |

一、"无所待"与"三无"思想

如上所说，庄子从空间、时间和个人能力的角度讲述什么是"有所待"，结论很清楚，只要有所待就不会逍遥自在，大到一飞万里的鲲鹏，小到晨生暮死的朝菌概莫能外。但在讲述什么是"无所待"时，庄子用语玄幻，让人费解。

1. 意涵：何谓"无所待"。

"若夫乘天地之正，而御六气之辩，以游无穷者，彼且恶乎待哉！"意思是说，只有顺应自然万物的本性、规律，顺应"六气"的变化，才能无所待，才能逍遥自在。那么，作为个体的人怎样才能做到顺应自然万物的本性和规律呢？庄子说："至人无己，神人无功，圣人无名。"将这两句话前后联系起来，"无所待"意味着只有摆脱外在的诱惑，忘掉自我，化自我于自然中或委顺于自然，才能做到自由自在。

那么，"三无"（无己、无功、无名）思想是同义还是另有差别，有两种不同的解释。成玄英认为"三无"同义而称谓不同："至言其体，神言其用，圣言其名，其实一也。"（王先谦撰，沈啸寰点校，《庄子集解·逍遥游》，中华书局1987年10月版，第4页）另一种解释认为"三无"有差别，刘凤苞云："神、圣之称，以无功、无名为极则，而使人共见为神、圣，不若至人之相忘于无己也。故神、圣在至人之下，无己而功名不足言已。"（刘凤苞著，方勇点校，《南华雪心编·逍遥游》，中华书局2013年1月版，第10页）结合《庄子》一书，后一种解释更为合理。

2. 去蔽："无名"与"无功"。

首先，要摆脱世俗的名分。儒家是很讲求名分的，"名不正，则言不顺；言不顺，则事不成；事不成，则礼乐不兴；礼乐不兴，则刑罚不中；刑罚不中，则民无所错手足。"（《论语·子路》）定名分是儒家从事一切社会活动的前提，庄子则断然否定了名分。许由以鹪鹩巢枝、鼹鼠饮河的比喻拒绝了尧让天下的请求，表明庄子心中的圣人是不要名位的。其次，庄子笔下的神人也不要功。名虚而功实，世俗之人可以不要名，但不可不要功，而庄子笔下的神人，他身上掉下来的灰垢和秕糠可以团捏成尧舜，还要什么功？这里庄子不仅否定了儒家的事功思想，也和老子提出的"功遂身退"思想有很大不同。老子旨在功成身退，庄子则主张无功而退。在庄子看来，罩在人身上的世俗功名的光环，看似光鲜，实际是对人性的束缚，是让人得不到自由的。因此，在现实世界里无名无功就是一个"去蔽"的过程，只有摆脱世俗功名之累才能放飞自己。

3. 去执："无己"与"吾丧我""物化"。

如果说神圣与功名之间存在着用与不用的功利化关系，那么至人则摆脱了这一关系，达到了"无用之用"的境界。"无用之用"就是从功利化的"用"上升到无功利的"用"——自由、审美的艺术境界。剖瓠为瓢是为了"用"，却以牺牲瓠的完整为代价；腰瓠而游是享受、是审美，从而保存了瓠的完好无损。大樗树臃肿卷曲，无所可用，因其无用而免遭斤斧之祸，保全了它的完整，人们可以往来徘徊，寝卧树下，物我浑一，自在逍遥。如果说神圣与功名之间存在主与客、物与我的二元对立关系，那么至人（"至人无己"）则泯灭了主客、物我间的关系。"本来无一物，何处惹尘埃。"至人已经放下自我了，何来外界功名的诱惑？放下自我就是破除内心"执念"，就是《庄子·齐物论》中提到的"吾丧我"和"物化"。按陈鼓应的解释，"吾丧我"的"我"指偏执的我，"吾"是真我。（《庄子今注今译》，中华书局2020年6月版，第40页）"丧我"就是抛开偏执的我，与自然万物冥合为一，也就是庄周梦蝶浑然为一的"物化"之境。从这种意义上说，"无己""吾丧我""物化"是摆脱内心执念的自由之境。

4. 自由：个体自由价值存在的意义。

章太炎说："庄子发明自由平等之义，在《逍遥游》《齐物论》二篇。逍遥游者，自由也；齐物论者，平等也。""《逍遥游》所谓'自由'，是归根结底到'无待'两字。"（孟琢著，《齐物论释疏证·序》，上海人民出版社2019年12月版，第7页）这为我们阐释庄子自由思想打开了现代视角。卢梭在《社会契约论》卷首有句名言："人生而自由，却无往不在枷锁中。"庄子把"人为物役"，不

能自由生活所引起的种种困境称之为"天刑"(《庄子·德充符》),
他所"关心的不是伦理、政治问题,而是个体存在的身(生命)心
(精神)问题"(李泽厚著,《中国古代思想史论》,生活·读书·新知
三联书店 2008 年 6 月版,第 189 页),先秦诸子中儒家、墨家、法
家包括道家的老子,无不围绕着"治国平天下"来著书立说,著书
立说的背后潜藏着他们内心做"帝王师"的人格梦想,唯有庄子第
一次突出了个体自由存在的价值和意义。他对礼法观念、等级制度、
专制暴政的批判("窃钩者诛,窃国者侯","儒以诗礼发冢"等)是
基于对个体自由存在价值的捍卫;他对荣华富贵、功名利禄的鄙视
("鹓鶵腐鼠","蜗角虚名"等)是基于个体自由人格价值的坚守;
他甚至超然地跨越了人世间难以跨越的生死大限("庄子妻死,鼓盆
而歌"等)①,也是基于个体精神自由价值的肯定和高扬。如果说儒
家从人与社会的关系中确定个体存在的价值,那么庄子则摆脱了人
与社会的关系来寻求个体身心的自由价值。两千多年前的庄子就深
刻地意识到了个体身心自由价值如何才能免遭社会之网("天刑")
的危害,对于后工业时代网络化、数字化、智能化如同一张"天网"
笼罩世界的今天,如何保护个体身心自由不被遮蔽、不被"异化",
庄子个体自由价值观念仍具有启发和警示意义。

二、自由之思想与优美之文学

庄子的哲学是美学(李泽厚《中国古代思想史论》,同前,第
186 页),庄子的思想是艺术化成的思想,庄子的艺术是思想充盈的
艺术,二者密不可分。郭象《庄子序》评曰:"其言宏绰,其旨玄
妙。"(郭庆藩撰,《庄子集释》,中华书局 1961 年 7 月版,第 2 页)

---

① 又《庄子·大宗师》:"大块载我以
形,劳我以生,佚我以老,息我以
死。故善我生者,乃所以善我死也。"
《庄子·至乐》:"死,无君于上,无
臣于下;亦无四时之事,从然以天地
为春秋,虽南面王乐,不能过也。"

李白在《大鹏赋》赞庄子"吐峥嵘之高论，开浩荡之奇言"。刘熙载在《艺概·文概》评其曰："意出尘外，怪生笔端。"都旨在说明《庄子》思想与艺术的完美统一。但二者是如何完美统一的？《庄子·齐物论》说："恢诡谲怪，道通为一。"如果我们把"恢诡谲怪"代指《庄子》艺术，"道通为一"代指自由思想的话，那么"无自由之思想，则无优美之文学"（陈寅恪著，《寒柳堂集》，生活·读书·新知三联书店2015年7月版，第73页）。可以说是自由之光照亮了《庄子》的艺术殿堂。由自由之思想引发的《庄子》艺术是神奇的、恢诡的、恣肆的，既有大鹏振翼、横绝六合的气势和力量，又饱含着人间的浪漫与脉脉温情。

1. 神奇的想象。庄子的想象是自由驰骋、无拘无束的，他发想无端，意出尘外，惊世骇俗，气吞八荒，非神奇闳廓不足以概括。在他笔下，望洋兴叹河伯求教于海神，枯辙之鱼求水于庄周，罔两问景何以不能独行，风和骷髅戏谈死后之乐，蜗之左角触氏与蜗之右角蛮氏争地而战伏尸数万……《逍遥游》则以鲲鹏起兴，为我们展现了一幅"大鹏飞兮振八裔"（李白《临路歌》），"抟摇直上九万里"（李白《上李邕》）的神奇闳廓的境界。鱼鲲化鹏的故事如果简化一下，可以理解为北海之鲲到南海的一次旅游。以它数千里长的身躯和力量游到南海不是问题，但问题是鲲不想从海里游过去，而是要从天上飞过去，它要化作脊背不知几千里长的大鹏，要拍打海水激起数千里的水花，乘着六月的大风飞到九万里的高空，背负着青天，南向而飞。与早期化生神话有所不同的是，鲲化而为鹏是将游动的生命直接跨过地面行走的生命，化成了可在广袤的天空奋翅翱翔的生命！如果不是出于对自由的极度渴望，哪里会有如此迥落天外的想象？庄子塑造的大鹏的形象太神奇太瑰伟了，已超出了庄子的本意（鹏亦"有所待"），成为华夏民族志存高远、前途远大的精神象征——鹏程万里。康德说："由一种想象力的媒介超过了经验的界限——这种想象力在努力达到最伟大东西里追迹着理性的前奏——在完全性里来具体化，这些东西在自然里是找不到范例的。"（康德著，宗白华译，《判断力批判》上卷，商务印书馆1964年1月版，第161页）庄子这种神奇的想象力只有后来的屈原和李白可与之比肩。

2. 恢诡的意象。作为说理文，本篇说理不是依靠逻辑的推演和缜密的分析来完成，而是通过恢诡谲怪的意象群来展示。庄子秉承《周易》《老子》言不尽意的观念，主张"荃者所以在鱼，得鱼而忘荃；蹄者所以在兔，得兔而忘蹄；言者所以在意，得意而忘言"（《庄子·外物》）。而"得意忘言"的最佳方法是立象以尽意。水击三千、一上九万里的大鹏，翱翔蓬蒿之间却不可理喻的斥鴳，晨生暮死的朝菌，不识春秋的蟪蛄，千年灵龟，万年椿树，鹪鹩巢林，偃鼠饮河，狸狌跳梁，还有御风而行飘然而游的列子，肤若冰雪吸风饮露的神人，佯狂不仕以躬耕为务的接舆，将自己比喻为太阳升起后一支烛火的尧，淡然尘外不肯以治理天下为事的许由……这些千奇百怪仪态万方的意象构成了《庄子》独有的意象群，或隐喻或排比或叙述或描写或论辩，星罗棋布地散落在全篇中，看似散漫无际、毫无章法，却经过庄子之"道"的统摄，变成一粒粒珍珠镶嵌在云锦上，熠熠生辉。"恢诡谲怪，道通为一。"世上千奇百怪的事物是由"道"打通的。这里的"道"如同天马行空、无拘无碍、让自由的思想情绪任意驰骋。或浪漫高蹈、遗世独立，或嬉笑怒骂、愤世嫉俗，或戏谑调侃、荒唐怪诞，或正襟危坐、不苟言笑：它们以"道"统摄于恢诡谲怪的意象群中，凸显出《庄子》散文形散神聚的艺术特色。

3. 恣肆的文风。与自由的思想、神奇的想象和恢诡的意象相联系的，还有汪洋恣肆的文风。本篇作为《庄子》一书的代表篇目，充分体现了庄子散文的这一风格。首先表现在以"待"字为轴心形成的大对称式的结构，如同大鹏张开的一对翅膀：左翼展现出"有所待"的一面，右翼展现出"无所待"的一面，在大开大阖中展现汪洋恣肆、酣畅淋漓的文风。相较于亚马孙雨林里抖抖翅膀的蝴蝶，大鹏的高飞远举更有震天撼地的力量。其次，在大开大阖的结构下，恣肆的文风还表现在段落间收放自如的叙事节奏上。以鲲鹏展翅九万里的壮举起笔，又以翱翔蓬蒿间的小鸟斥鴳收束；以晨生暮死的朝菌起笔，又以万年不老的椿树收束。收放之间，反差之大，超乎想象，却又自然而然，水到渠成。由善治一方的能臣起笔，引入隐士宋荣子的嘲笑，再以传说中列子御风而行收束。能臣、隐士、列子鱼贯而出，显得顺理成章，为下文"犹有所待"埋下伏笔。接下来三则对话中讲述越俎代庖、神人超凡、腰葫而游、吴越水战、吾有大樗的故事，或源于现实，或基于想象，或借助传说，或采用寓言，既想落天外，又入情合理，张弛有度，意到笔随。最后，每一则故事的讲述充满了张力。如越人水战一节，起始介绍宋人因有不龟手的药方，常年以漂洗丝絮为业，生活平凡而艰难，有位客人听说这种药方，便许以百金购买。这是采用全知视角来记述。接着宋人合家商量是否卖出药方一事采用了限知叙事，心态描写惟妙惟肖。宋人卖了药方以为赚了大便宜，可孰不知客人将药方献给吴王，吴越冬季水战，凭不龟之药大败越人，客人还获得了封地之赏，这又是以客人为限知视角来叙事。叙事视角的不断转换让故事充满了张力，在叙事的张力中，宋人受金鬻方的快乐便成了尴尬无比的讽刺。

总之，庄子毕生追求个体身心自由的思想激发出了神奇的想象、恢诡的意象和恣肆的文风，成就了《庄子》一书自由之思想与优美之文学的完美统一。《逍遥游》将神话、自然、历史与现世打通为一，展现了庄子幽深玄妙而又睿智洞达的人生智慧，体现了《庄子》汪洋恣肆、仪态万方的散文风格。

| 阅读资料 |

1. 《庄子今注今译》，陈鼓应注译，中华书局 2020 年 6 月版。

2. 《庄老通辨》，钱穆著，生活·读书·新知三联书店 2005 年
2 月版。

| 思考与探究 |

庄子为什么主张"无用之用"？这对我们有何启发？

第七讲
禅悟：一瞬间的永恒之思

谭　惟

| 导语 |

佛教起源于印度，两汉之际传播到中国。禅宗是中国佛教的一个宗派，在印度本土并没有这么一个专门的派别。中国近代的高僧太虚法师曾经讲过，中国佛教的特质在禅。禅宗，强调禅悟，就是在一瞬间领悟到宇宙的真理和人生的价值。

关于禅宗起源，有一个充满诗意的故事，叫作"拈花微笑"。相传佛教创始人释迦牟尼在灵鹫山举行法会，大梵天王（佛教中的护法神）率信众把一朵金莲花献给佛陀，请求宣讲最上大法。佛陀拈起莲花，意态安详，却含笑不语。大家都不明白他的意思，面面相觑，只有释迦牟尼的大弟子摩诃迦叶破颜而笑。佛陀当即宣布："吾有正法眼藏，涅槃妙心，实相无相，微妙法门，不立文字，教外别传。付嘱摩诃迦叶。"

摩诃迦叶被奉为禅宗始祖。南北朝时，第二十八代祖师菩提达摩将禅法传到中国，达摩被奉为中国禅宗"第一代祖师"，此后代代相传，直到众所熟知的第六代祖师惠能。《坛经》就是惠能的自述和讲法记录，其中记述了第五代祖师弘忍传法给惠能的过程。

六祖坛经（节选）

祖一日唤诸门人总来：吾向汝说。世人生死事大。汝等终日只求福田，不求出离生死苦海。自性若迷，福何可救？汝等各去自看智慧，取自本心般若①之性，各作一偈②，来呈吾看。若悟大意，付汝衣法，为第六代祖。

…………

神秀③作偈成已，数度欲呈。行至堂前，心中恍惚，遍身汗流，拟呈不得。前后经四日，一十三度呈偈不得。秀乃思惟，不如向廊下书著，从他和尚④看见，忽若道好，即出礼拜，云是秀作。若道不堪，枉向山中数年，受人礼拜，更修何道。是夜三更，不使人知，自执灯，书偈于南廊壁间，呈心所见。偈曰：

身是菩提树⑤，心如明镜台⑥。时时勤拂拭，勿使惹尘埃。

…………

---

① 般若：梵语音译，一般读作 bōrě，意译就是智慧的意思。

② 偈：梵语意译，又译颂，四句整齐韵语，用于表达对佛法理解的一种赞颂。

③ 神秀：俗姓李，河南开封尉氏人。当时是弘忍的首席大弟子，后来受唐王朝礼遇，他的禅学流派在历史上称为禅门北宗。

④ 和尚：指五祖弘忍。

⑤ 菩提树：印度的一种常绿乔木，传说释迦牟尼在此树下觉悟成佛，故名菩提树。

⑥ 明镜台：明镜，佛教经论中常把众生的心喻作镜子。

祖已知神秀入门未得，不见自性。

…………

复两日，有一童子①于碓坊过，唱诵其偈。惠能一闻，便知此偈未见本性。……童子引至偈前礼拜。惠能曰：惠能不识字，请上人②为读。时有江州别驾③，姓张，名日用，便高声读。惠能闻已，遂言：亦有一偈，望别驾为书。……惠能偈曰：

菩提本无树，明镜亦非台。本来无一物，何处惹尘埃。

书此偈已，徒众总惊，无不嗟讶。各相谓言：奇哉！不得以貌取人。何得多时使他肉身菩萨。

选自《六祖坛经笺注·行由品第一》，丁福保笺注，一苇整理，齐鲁书社2012年1月版。

---

① 童子：还没有正式出家的少年，或小沙弥一类。

② 上人：本是对德行高者的尊称，这里惠能用以称呼童子，是表示格外尊重的意思。

③ 别驾：官名，刺史的佐僚。

有一天，五祖把众多门人都召集起来，说："我有话向你们说。人生在世最大的问题是看破生死，彻悟真理。你们却每天只想通过修行来求得福报，不去想怎样超脱生死的苦海。自己本有的清净本性如果迷失了，修行的福德怎么能拯救你们超脱苦海呢？你们都下去，各自运用智慧，从自己的内心发现般若之性，每人作一首偈语，送上来给我看。如果谁能觉悟佛法大意，我就把衣钵法脉都传给他，让他继任第六代祖师。"

…………

神秀作好了偈语，好几次准备呈送给五祖，可走到禅堂前，心中就恍惚犹豫，浑身流汗，想呈送却不敢去。这样经过了四天，做了十三次尝试都没有勇气呈送上去。神秀于是想，不如把偈语写在廊壁上，让五祖弘忍自然看见。他要是说好，我就出来礼拜说是我作的；他要是说不好，那说明我白白在山中修行了几年，白白受人礼敬，还修什么佛道呢？于是，当天夜里三更天，神秀不让人知道，自己拿了灯，把偈语书写在南面的走廊墙壁上，表达自己对清净本性的见解。偈语是："身是菩提树，心如明镜台。时时勤拂拭，勿使惹尘埃。"

…………

五祖已经知道神秀还没有真正悟道，没有明白自己的清净本性。

…………

又过了两天，寺院中一个小童从碓房门前经过，一边走一边唱诵神秀的偈语。惠能一听，就知道这首偈子没有认识自己的本性。……童子引导惠能来到偈语前礼拜。惠能说："我不识字，请上人给我念一念。"这时正好有一个信佛的江州别驾，姓张，名叫日用，站在旁边，就高声朗诵这篇偈语给他听。惠能听后，就说："我也有了一首偈子，希望别驾替我写到壁上。"……惠能就念偈语："菩提本无树，明镜亦非台。本来无一物，何处惹尘埃。"张别驾把偈子写出来，众门徒看了都很吃惊，没有不感叹的，互相说："不可思议！看来不能以貌取人，他来的时间还不长，怎么就成了肉身菩萨了！"

文本解析

五祖弘忍选拔接班人，设了考题，让每人写一首偈子，通过所作诗偈，来判断究竟谁已经悟道，可以作为自己的禅法继承人。弟子们都不敢写偈子，因为他们都认为神秀是最优秀的弟子，自己不如神秀。神秀也非常想要成为六祖，他深思熟虑了好几天才写出了一首偈子，并且不敢直接说这首偈子是自己创作的。于是，他把偈子写在五祖弘忍经常路过的墙上，如果五祖说偈子很好，他就承认是自己写的，如果五祖说偈子不好，他就不承认是自己写的。可见他步步安排、经营布局，心思非常缜密——这种做事方式，已经反映出他没有悟道了。禅宗特别强调"当下即是""不加思量"，即在面对一个处境的时候，真正的智慧是由内心自然直接流露出来的，而不是处心积虑安排做作而得的。相比较而言，惠能听到神秀作的偈子，当下便口述了一首，且不论内容如何，这种机敏的反应和自信的态度，就是得道禅师应该具有的基本品质。

从神秀和惠能分别所作的偈子来看，"菩提树""明镜台"分别比喻人的身和心，身心都具有最美好的本性——这个肉身是菩提智慧的基础，这颗心灵如明镜一般无二。而惠能则更高一筹，他认为人的身心都是空的，不可把捉，甚至不可比拟为具体化的菩提树和明镜台，并且认为在根本的意义上，人心本来就是清净无染的，只是在现实的意义上，因为有迷、悟的区别，人心就背离了清净本性。一般人因为迷执，看不到自己内心的本来面目，哪怕用功勤劳擦拭内心这面镜子，镜子上总还是会有灰尘。关键要看到内心本空的清净本性，才可以不用擦拭，也就能自然脱离染污与执着，自在清静。所以，五祖弘忍认为惠能才是真正的悟道了。

| 文化阐释 |

一、"活在当下"的智慧

"禅"是佛教"禅那"的简称，是梵语的音译，其意译为"思维修"或"静虑"。"禅"原本是佛教的一种修持方法，即保持精神的虚灵宁静，使精神在反观自身中，体认到宇宙人生的真相。佛教在两汉之际传入中国之后，"禅"这种修持方法受到了极大的重视，到唐代就发展形成了既契合佛陀基本教义、又契合中国文化特性的一个佛教宗派——禅宗。禅宗把"禅"发挥到了极致，强调禅悟、禅定在认识宇宙真相和解脱烦恼中具有核心性和基础性的地位。

禅宗追求觉悟。所谓"成佛"就是指成为觉悟的人。禅宗把"悟"作为修行的重要方式和根本目的，所谓"不悟即佛是众生；一念悟时，众生是佛"（《坛经·般若品》），特别强调禅悟的重要性。禅悟，也称"顿悟"，是指一瞬间的彻悟，是长期苦思冥想之后的豁然贯通，于是刹那间断除了烦恼，证得了真理。禅悟，强调的是对真理的个人体验和自我的直接把握。禅悟不是理智和逻辑推理的结果，而是内心直接把握真理的生命体验。

悟道之后，禅者的生活和之前看起来似乎没有什么不同，但在日常生活中却安详、充实、喜悦、洞达。体认到当下平平常常的生活，就是圆满真理的落实和体现，这就是"活在当下"的含义，也可以说是禅宗经常讲的"平常心是道"。唐朝有位庞蕴居士，他有首偈语"神通并妙用，运水及搬柴"（《五灯会元》），就是说运水搬柴这种普普通通的日常生活，即佛教里经常讲的"神通妙用"。后来更流行的禅宗偈语"担水砍柴，无非妙道"，表达的也是这个意思。

有一则禅宗故事，可以很好地诠释"活在当下"：

> 有源律师来问："和尚（大珠慧海）修道还用功否？"师曰："用功。"曰："如何用功？"师曰："饥来吃饭，困来即眠。"曰："一切人总如是，同师用功否？"师曰："不同。"曰："何故不同？"师曰："他吃饭时不肯吃饭，百种须索。睡时不肯睡，千般计校。所以不同也。"律师杜口。（《景德传灯录·越州大珠慧海禅师》）

禅宗大师们常以"饥来吃饭，困来即眠"来教导参禅者，用以比喻平常心，并作为参禅的一种修养功夫。在一般人看来，"饥来吃饭，困来即眠"人人都能做到，算什么功夫？禅师却认为，一般人吃饭的时候不能好好吃饭，睡觉的时候不能安稳睡觉，总是东思西想，要这要那。这和不用其心、顺其自然的"饥来吃饭，困来即眠"是完全不同的。人世间，有许多事物本来是很简单而平常的，可是常常被人为地搞得复杂而神奇：人们不能安住和享受当下的生活，总是在沉迷既往或悬想未来；人们往往忽略了吃饭睡觉这样的日常琐事，而总是在追求伟大和崇高。于是，人们总是不能在当下感到喜乐和幸福，不能在日常小事和现实生活中体会到生命的价值和意义。禅宗提倡"活在当下"，就是强调要珍惜眼前的时光和生活，进而按照事物的本来面目来认识事物，如实地面对历史与未来，才能找寻到人生真正的价值和意义。

二、"明心见性"的智慧

禅宗坚信人人具有清净本性。所谓悟道，就是认识到自己的这一本性。如果看不到自己的清净本性，那么就还是凡夫俗子，没有悟道。禅修的目的就是让人看到自己的本来面目，犹如"拨云见日"，只要一瞬间悟到了自己本性的光明，那这一瞬间便化作永恒的智慧。

那么如何达到这样的境界呢？神秀认为就是要不断地严格要求自己，他把身体比作"菩提树"，把人心比作"明镜台"，即明亮的镜子，提出要时时刻刻去擦拭它，让它不要被污染、不要被灰尘遮盖，也就是要时刻小心呵护，让自己的内心处于安宁、洁净的状态。对普通人来说，这当然也是很好的，可以成为一个道德高尚的人。但在惠能看来，这还不够，并没有彻底悟道，没有真正认识自己的内心。惠能如何看待呢？他说人心本来就不能被比作这个"明镜台"，而是"无一物"的，即是"空"的，又哪里会被污染、被灰尘遮盖呢？如果还把自己的心看作一个实际存在的事物，本身就是不了解人心的特点，只会让人心落入是非、善恶、美丑等对立两分的状态，又谈何自在解脱呢？惠能的主张实际上是不离开日常的心灵，而去体悟此心的清静本性。

三、禅宗智慧对现代社会的影响

到了隋唐时期，中国佛教的发展达到了鼎盛时期，形成了三论宗、法相宗、天台宗、华严宗、密宗、律宗、净土宗和禅宗等各大宗派。至宋以后，中国汉传佛教的大部分宗派渐趋衰微，但禅宗却发展壮大，成为中国汉传佛教的主流。直到今天，众多禅宗法系的寺院遍布大江南北，参禅悟道已经成为僧人普遍采用的修行方式。不仅如此，禅悟注重以直觉体验把握真理的思维方式，也已经远远超出了佛教的范围，而深刻地影响了中国人的文化习性和心理特点。

中华文明的诸多成果，比如琴棋书画、诗酒茶花、武术医术、香道园林等，都受到了禅宗的影响浸润。比如，唐代诗人王维，他的字叫"摩诘"，就是出自《维摩诘经》。王维素有"诗佛"之称，他的很多诗歌都充满禅意，如那首著名的《鸟鸣涧》——"人闲桂花落，夜静春山空。月出惊山鸟，时鸣春涧中"——就很好地表达了禅悟的意境。人们没有了闲事挂在心头，看到春夜寂静的山谷中，桂花在簌簌飘落；一轮圆月从远处的山头升起，栖息在树林里的山鸟惊醒了，在涧谷中一声啼鸣飞向天际。这首诗的头两句表述的是"真空"，后两句是"妙有"，这是一瞬间的情景，更是宇宙间永恒的实相。中国是诗的国度，自唐宋以来，王维之外还有很多诗人受到了禅宗的影响，创作了数不胜数的禅诗。禅诗构成了中国诗歌园林之中重要而大放异彩的朵朵奇花。

随着以人工智能为代表的现代高科技迅速发展，人类获得了对生存环境越来越多的改造能力。但与此同时，人类创造的现代高科技的广泛开发和应用，也成了控制和支配人类自身的一种强大力量，人们的生活容易变得紧张、机械和单调乏味，精神也日渐贫乏和空虚，以至于找不到人生真实价值之所在，从而引发了从个人到群体的种种心理问题和社会问题。一般人在通常情况下遇到一些烦恼或痛苦时，大多是推脱于客观环境，不断怨天尤人，很少有人能反躬自省。其结果则常常是不仅摆脱不了原来的烦恼或痛苦，甚至会产生更多新的烦恼或痛苦。其实，在许多情况下，烦恼是自寻的，痛苦是自造的。因此，就个人来讲，由自我入手，立足当下，通过认识自我的本来面目来摆正自我，充分发挥自我的主观能动作用，才是解除烦恼或痛苦的根本方法和途径。在这方面，禅宗对于医治现代人精神上的这种病症和痛苦是大有裨益的。

禅宗以清净本性为人的本来面目，认为如果人们争名夺利、追逐欲望，就会迷失自我的清净本性、陷入无穷的纷繁苦恼。禅宗认为，有三种"心"是导致人类自我迷失、精神痛苦的根源，即贪欲心、嗔怒心和愚痴心，即所谓"三毒"。具体来说，"贪"是对己所爱好的财物、名声等永不满足的精神作用；"嗔"是对不称己意的人、事、物等充满憎恶的精神作用；"愚"是对自己所不明的事、理等固执愚昧的精神作用。人类的行为、言语、意念一旦受到这些精神作用的驱使，便会陷入逐欲不止、纷争不已、偏执不明的痛苦而难以自拔。禅宗就是让人们不要一味向外追求，而要向内提升自我的觉悟，去除贪欲心、嗔怒心和愚痴心，净化自己的心灵，从而实现真正的清净自我，能够安住于当下的处境，获得一种生命的大智慧，处乱而不惊，游刃而有余。

| 阅读资料 |

1. 《禅宗十五讲》，孙昌武著，中华书局 2016 年 8 月版。

2. 《禅宗概要》，方立天著，中华书局 2011 年 1 月版。

| 思考与探究 |

1. 请结合你的日常生活，谈谈你对禅宗公案中"饥来吃饭，困来即眠"这句话的理解。

2. 请结合课文中惠能的这首诗偈，谈谈你对"顿悟"的理解。

第八讲
王阳明：知行合一致良知

韩德民

┃导语┃

  王阳明，名守仁，字伯安，浙江绍兴府余姚县（今属宁波）人，明代思想家、政治家、军事家。曾隐居绍兴会稽山中阳明洞，自号阳明子，后世通称王阳明或阳明先生。去世后，官方谥号文成，后世也称王文成公。王阳明的先祖，可以追溯到晋光禄大夫王览。王阳明性格豪迈，28岁考中进士，多次率兵剿匪、平叛，历任江西庐陵知县、南京兵部尚书等职，为明王朝中期的政治稳定作出过重要贡献。中国近代以后许多著名人物，如曾国藩、康有为、章太炎等，都曾受到过他的影响。

  《大学》是先秦典籍《礼记》中的一篇，宋代以后受到特别重视。王阳明思想的核心命题，如"知行合一"和"致良知"，都是通过重新解说《大学》的方式进行论证的。王阳明对《大学》的新解说，在《大学问》一文中有集中体现。

大学问（节选）
王阳明

　　大人者，以天地万物为一体者也，其视天下犹一家，中国犹一人焉。若夫间①形骸②而分尔我③者，小人矣。大人之能以天地万物为一体也，非意④之也，其心之仁本若是，其与天地万物而为一也。岂惟大人，虽小人之心，亦莫不然，彼⑤顾自⑥小之耳。是故见孺子⑦之入井，而必有怵惕⑧恻隐⑨之心焉，是其仁之与孺子而为一体也。孺子犹同类者也，见鸟兽之哀鸣觳觫⑩，而必有不忍之心焉，是其仁之与鸟兽而为一体也。鸟兽犹有知觉者也，见草木之摧折，而必有悯恤⑪之心焉，是其仁之与草木而为一体也。草木犹有生意者也，见瓦石之毁坏，而必有顾惜之心焉，是其仁之与瓦石而为一体也。是其一体之仁也，虽小人之心亦必有之。是乃根于天命之性，而自然灵昭⑫不昧⑬者也，是故谓之"明德"。小人之心既已分隔隘陋⑭矣，而其一

---

① 间：分隔。

② 形骸：躯体。

③ 尔我：你我。

④ 意：刻意。

⑤ 彼：他。此处代指上句所说的"小人"。

⑥ 顾自：执意顺着自己个人的念头做。

⑦ 孺子：幼儿。

⑧ 怵惕（chùtì）：惊惧。

⑨ 恻隐：同情，怜悯。

⑩ 觳觫（húsù）：因恐惧而发抖。

⑪ 悯恤：怜悯。

⑫ 灵昭：闪亮，清楚。

⑬ 不昧：不晦暗，不湮灭，不遗忘。

⑭ 隘陋：识见狭隘卑陋。

体之仁犹能不昧若此者，是其未动于欲，而未蔽^①于私之时也。及其动于欲，蔽于私，而利害相攻，忿怒相激，则将戕物^②圮类^③，无所不为。其甚至有骨肉^④相残者，而一体之仁亡矣。是故苟无私欲之蔽，则虽小人之心，而其一体之仁犹大人也。一有私欲之蔽，则虽大人之心，而其分隔隘陋，犹小人矣。故夫为大人之学者，亦惟去其私欲之蔽，以自明其明德，复其天地万物一体之本然而已耳。非能于本体之外而有所增益之也。

选自《阳明先生集要·理学编卷二·大学问》，[明]王阳明原著，[明]施邦曜辑评，王晓昕、赵平略点校，中华书局2008年10月版。标点有改动。

---

① 蔽：遮蔽，蒙蔽。
② 戕物：伤害其他无辜的生物。
③ 圮（pǐ）类：毁伤同类。
④ 骨肉：指相互有直系血缘关系的人。

| 译文 |

所谓大人，就是能把天地万物都看成一个整体的人。他们看全天下的人就像是一家人，看全中国的人就像是一个人。反之，如果看不到个体间的相通性，斤斤计较你和我和他之间的界限，这就属于小人。大人把天地万物看成整体，不是刻意要这么做（以显示自己与众不同），而是心中的仁爱使他们确实产生这样的感觉，感觉与天地万物连通一体。哪里只是大人才会产生这种感觉呢？就连小人也没有不是这样的，只不过他们（受私欲蒙蔽后）非要把自己看得太小罢了。（基于这种仁爱的感觉）看到小孩掉进井里，就必定生出惊惧痛苦的感觉，这表明他的仁爱的心与孩子是连通一体的。孩子属于同类，就算是看到鸟兽悲鸣发抖，也必定生出不忍的感觉，这表明他的仁爱的心和鸟兽是连通一体的。鸟兽和人同属有知觉的动物，就算是看到草木被践踏或折断，也必定生出怜悯体恤，这表明他的仁爱的心跟草木是连通一体的。草木和人还同属有生意的东西，就算看到砖瓦石块被无端毁坏，也必定生出惋惜的心情，这表明他的仁爱的心跟砖瓦石块是连通一体的。（这些现象足以表明）和天地万物连为一体的仁爱，就算在小人心中也必定是存在的。这种仁爱植根在天赋的本性中，会自然而然地澄明闪亮，所以称作"明德"。小人因为斤斤计较和自我封闭而变得心地狭隘卑鄙，其与天地万物连通一体的品质却还能够像这样显露出来，是在他的心还没有被欲望绑架，没有被私念阻遏的时候。一旦他的心被欲望绑架，被私念阻遏，陷入利害冲突中，激发出愤怒情绪，这时就可能转而无端地残害生物、伤害同类，无所不用其极，极端情况下至亲骨肉也会相互残杀。这种时候，那与万物连通一体的仁爱的心就消失了。所以在没有私欲阻遏时，就算小人的心，与万物连通一体的仁爱也跟大人是一样的；一旦有了私欲的阻遏，即使本来是大人的心，也会变得像小人一样狭隘卑鄙。所以志在追求大人之学的人，需要做的，就是克服私欲的阻遏，使自身的明德展示光亮，恢复与天地万物一体的本来状态。不是说能够在本来状态之外，另外再给它增加什么。

▏文本解析▏

世界各主要文明传统中，都存在类似"人为万物之灵"这样的思想，但到底这"灵"的具体表现是什么，理解上往往会出现分歧。孟子最早提出"良知""良能"的说法，认为人之成其为人，是因为天生具备特殊的能力，这种特殊的能力就是对于善恶是非的意识能力。说特殊是因为其他物种不具备，或至多只表现出类似能力的萌芽。"良"的意思是天然的，"知"就是意识、体验。"良知"的具体表现，孟子列举了恻隐、羞恶、辞让、是非四种类型。恻隐是看到他人的伤痛后，自己内心感到痛苦的能力；羞是对出现在自己身上的丑恶感到不安的能力，恶是对呈现在他人身上的丑恶表示反感的能力；辞让是面对利益时表示谦让的意愿及行为；是非是对善恶正邪作出直觉性反应的能力。王阳明从孟子的"良知"观念出发，更明确地提出了"致良知"的命题。"致"就是存养、应用、推广。人成其为万物之"灵"，就在于先天赋有"良知"。只有自觉存养、应用、推广"良知"，才能算是不负此生使命，所过的也才称得上是真正的人的生活。

先秦儒家和汉儒，习惯于从孝悌角度界定仁爱的内涵。王阳明同样重视父子兄弟之爱，但与此同时他更强调，只有由此不断提升，才有可能达到以天地万物为一体的大人境界。他最大限度地拓展了仁爱的对象范围。按他的思路，世界的本来状态，是天地人贯通一体的，人作为万物之灵，其天赋的良知，特性就在于能自觉意识到这种贯通一体的关系；反之，如果良知暗昧不明，那世界不同部分相互间的贯通性就会被阻断。王阳明所说的"良知"，不是心理学意义上的个体意识经验，而是哲学意义上的整个天地世界存在的根本支撑。既然"良知"及作为"良知"载体的"心"，是天地世界存在的根本支撑，那也可以说天地世界的存在离不开"良知"和"心"。在这样的意义上，他进而提出"心外无理""心外无物"等命题。

"良知"是先天自然能力，超越于现实社会的具体伦理规范之上。王阳明"四句教"的第一句说"无善无恶是心之体"，"无善无恶"强调的是"良知"对具体社会伦理规范的超越性。但人作为社会群体的一员，其生命意志在意识经验层面的发动，具体内容不能不受现实环境的影响，不能不受现实伦理规范的评判，这就会导致善恶的分化，所以"四句教"第二句说"有善有恶是意之动"。但在根本上，每个人都有天赋的"良知"，"良知"使他有可能通过不断反思，意识到自己心中的善恶分化，所以"四句教"第三句说"知善知恶是良知"。意识到心理意识中的善恶分化，作为有理想追求的人，就有责任发扬其中善的因素，克服恶的成分，对随时涌动的各种心理动机做鉴别、纠正的功夫，这就是所谓"格物"，所以"四句教"最后说"为善去恶是格物"。通过这样的过程，"良知"得到拓展，人超越了自己作为个体的局限，达到"以天地万物为一体"的境界，这也就是"大学"致力于达到的目标。这个目标，好像十分高大上，但按王阳明"致良知"的逻辑，它既谈不上高大上，也谈不上复杂，而只不过是恢复每个人内在本来就有的自然天性，恢复人心的本来面目而已。

| 文化阐释 |

汉代有条司法原则，叫作"原心定罪"。"心"指主观动机或用心，"原"是推究、还原，"原心定罪"就是通过推究、还原当事人的

内在心理动机，来判定当事人有罪还是无罪、罪轻还是罪重。据《董仲舒春秋决狱》记载，某甲的父亲某乙和第三人某丙斗殴，过程中，某丙以佩刀击刺某乙，某甲情急之下，以木杖击打某丙，误中某乙致其受伤。审案过程中，有人提出，某甲殴父，对照律条应判处杀头。征求董仲舒意见，董引用《公羊传》上的记载，说许悼公生病，儿子许止端药给他，悼公喝药后死了。许止没有被治罪，因为推究许止的本意，不是要毒死父亲，只不过所送的药不适当，才导致了意料之外的结果。与此类似，某甲本意不是要杖击某乙，因此不应按照律条上的殴父罪判杀头。

司法实践中的"原心定罪"，有放纵司法者的想当然的弊端，自古就有争议。相对而言，在道德评判中，主要参照当事人主观心理动机的做法，在无论古今中外，都具有更广泛影响，只是王阳明的心学思想在这方面表现得格外突出。

王阳明说的"知""行"，和现代读者对这两个概念的理解存在差异。按现代读者的通常理解，"知"就是认识，包括诸如物理、化学、生物等科学研究活动都属于认识活动；"行"就是实践，涉及生产、生活等各种人类活动。但王阳明所谓"知"，指的主要是道德性认知；其所谓"行"，则指道德践行。道德认知，是主体对于"应该"如何的判断。对于"应该"的判断基于主体内在的"良知"，"良知"作为情感性动机，内在地包含着转化为"行"的冲动，甚至情感冲动本身就可以理解为一种特殊的"行"。就"行"来说，道德践行的关键，不是外在的客观成效，而是内在主观动机，只要当事人具备充分的主观动机，无论客观效果如何，在道德层面都可以说已经"行"了。反之，如果缺乏相应动机，就算取得了客观成效，也很难说行为具备道德性。都天庙联语说："百行孝为先，论心不论事，论事贫家无孝子。""事"就是外在行为效果。是否称得上孝子，不能根据口头的空话，而要根据是否有孝行。但判断是否有孝行，不意味着给"行"设置外在客观指标，而主要看当事人是否有行孝的心愿。道德评价关注的是当事人的道德品格，不能拿超出当事人主观意志之外的因素作为依据，只能参照其主观心愿本身。这样就容易明白，所谓"行"的关键，与"知"一样，都是当事人的"良知"，或说主观意志抉择。道德意志的抉择，不仅意味着"知"，同时也意味着"行"。孝子行孝的心愿，只要条件许可，自然会落实为冬温夏清、晓夕承奉等行为。但"行"的有无，不完全决定于这种实际行为的有无，而首先决定于心念中的有无。就算孝子由于身不由己，没有对父母行冬温夏清这类孝行，只要他确有这样的心意，那也不影响他作为孝子的品行。基于"知""行"的这种特性，甚至可以说，"知行合一"的命题，仍不足以体现王阳明心学中"知""行"关系的密切性。因为，说"合一"就意味着"合"之前还不是"一"，不是"一"就意味着毕竟是两个东西。但严格遵循"致良知"说的思维逻辑，会发现其所谓"知"和"行"，实际上是异名同实的关系。

| 阅读资料 |

《咏良知四首示诸生》［明］王阳明

| 思考与探究 |

1. 《大学问》中的"大人""小人"和现代汉语中的什么词语比较接近？谈谈你的理解。

2. 评价道德行为，应该更多地关注行为背后的动机，还是其行为所导致的客观后果？

第九讲
内美修能

方　铭

| 导语 |

　　屈原是战国时期楚国的一位政治家，同时也是中国历史上影响极为深远的伟大诗人，是中国极具国际影响力的诗人。屈原在《离骚》中提到了"内美"与"修能"，"修能"也可以理解为"修态"。《史记·屈原贾生列传》说屈原"正道直行"，这是就其"内美"而言；又说屈原"博闻强志，明于治乱，娴于辞令"，这是就其"修能"而言。

　　《汉书·古今人表》把古今人分为上、中、下三类九等，列屈原为"上中"的"仁人"之中。在中国古代的人物评价体系中，"仁人"是仅次于"圣人"的人生境界，代表后代人需要不断敬仰的伟大人格。

　　屈原是1953年世界和平理事会推举的四位世界文化名人之一，另外三位是波兰天文学家哥白尼、法国作家拉伯雷、古巴作家何塞·马蒂。2009年，以纪念屈原为核心内容的中国端午节及其传说进入联合国教科文组织"人类非物质文化遗产代表作名录"，这说明屈原及其文化内涵，具有世界意义。

离骚（节选）

屈原

帝①高阳②之苗裔③兮，朕④皇考⑤曰伯庸⑥。

摄提贞于孟陬兮，惟庚寅吾以降。⑦

皇⑧览揆⑨余于初度⑩兮，肇⑪锡⑫余以嘉⑬名。

名余曰正则兮，字余曰灵均⑭。

纷⑮吾既有此内美⑯兮，又重⑰之以修⑱能⑲。

扈⑳江离与辟芷㉑兮，纫㉒秋兰以为佩㉓。

---

① 帝：春秋战国时所谓"帝"，专指"三代"之前的"五帝"而言。五帝以道治天下，实行禅让制度，先下为公。

② 高阳：帝颛顼，五帝之一。

③ 苗裔：远孙。

④ 朕：我，屈原自称。"朕"本是古人自称，自秦代开始专为帝王自称。

⑤ 皇考：对故去的父亲的尊称。

⑥ 伯庸：屈原父亲的字。近代学者也有人认为是屈原远祖或屈氏得姓之祖名，案下文"皇览揆余"，则"皇考"即"皇"，以父亲为正确。

⑦ 摄提贞于孟陬（zōu）兮，惟庚寅吾以降：一般认为这句话指太岁在寅，正月始春，庚寅之日，屈原降生。摄提，星名。也有认为是摄提格的省称。贞，正当，正在。孟，开始。陬，正月。降，降生。

⑧ 皇：上文"皇考"的省称。

⑨ 览揆：观察并且揣度。览，观察。揆，揣度。

⑩ 初度：出生的年月时节。也有人认为是出生时的态度或者气象。

⑪ 肇：始，也有以为当"乃""于是"讲。

⑫ 锡：同"赐"。

⑬ 嘉：美、善。

⑭ 正则、灵均：有人认为它们是从屈原的名字中化出。

⑮ 纷：繁盛的样子。

⑯ 内美：内在之美。

⑰ 重：加上。

⑱ 修：美。

⑲ 能：才能。一作"态"。

⑳ 扈（hù）：披。王逸曰："被也。楚人名被为扈"。

㉑ 江离、辟芷（zhǐ）：离、芷皆是香草名。离生于江中，芷生于幽僻之处，故曰江离辟芷。离，一作"蓠"。

㉒ 纫：连结，以线贯针为纫。

㉓ 佩：佩饰，古人佩饰象征品德。

汩①余若将弗②及兮，恐年岁之不吾与。

朝搴③阰④之木兰⑤兮，夕揽⑥中洲⑦之宿莽⑧。

日月忽⑨其⑩不淹⑪兮，春与秋其代序⑫。

惟⑬草木之零落⑭兮，恐美人⑮之迟暮⑯。

不抚⑰壮⑱而弃秽⑲兮，何不改乎此度⑳也？

乘㉑骐骥㉒以驰骋㉓兮，来㉔吾道㉕夫先路㉖！

昔三后㉗之纯粹㉘兮，固㉙众芳㉚之所在。

---

① 汩（yù）：水流疾速的样子。

② 弗：一作"不"。

③ 搴（qiān）：采，取。

④ 阰（pí）：山坡。一说是楚地的山名。

⑤ 木兰：乔木名。

⑥ 揽：采。一作"擥"。

⑦ 洲：水中陆地。一作"州"。

⑧ 宿莽：经冬不死的草，楚人称为宿莽。楚人称草为莽。

⑨ 忽：一作"曶"，疾也。

⑩ 其：语助词。

⑪ 不淹：不久停留。

⑫ 代序：更替。

⑬ 惟：思。

⑭ 零落：凋零，坠落。零，一作"苓"。

⑮ 美人：此处自喻。也有人以为是指楚怀王。

⑯ 迟暮：岁暮年老。暮，一作"莫"。

⑰ 抚：凭据，持。

⑱ 壮：壮年。

⑲ 弃秽：丢弃恶性。

⑳ 度：行为，态度。一说法度。

㉑ 乘：一作"椉"，一作"策"。

㉒ 骐骥：骏马。

㉓ 驰骋：马快速奔跑。喻楚王施政有作为。

㉔ 来：招呼、引导之词。

㉕ 道：引导。一作"导"。

㉖ 先路：意思如前驱。一说，是车名，"路"通"辂"。

㉗ 三后：三王。三后具体何指，大概有两类看法，一类认为是古代的君主，另一类认为是楚国的先王。案"三后"指"三王"较为可靠。三王当指三代之贤王，即夏禹、商汤、周文王、周武王。

㉘ 纯粹：至纯至美。

㉙ 固：本来。

㉚ 众芳：喻群贤、美才。

杂①申椒②与菌桂③兮，岂维④纫夫蕙茝⑤！

彼尧舜⑥之耿介⑦兮，既⑧遵⑨道⑩而得⑪路⑫。

何⑬桀纣⑭之昌被⑮兮，夫唯捷径⑯以窘步⑰。

惟党人⑱之偷乐⑲兮，路幽昧⑳以险隘㉑。

岂㉒余身之惮殃㉓兮，恐皇舆㉔之败绩㉕！

忽㉖奔走以先后㉗兮，及㉘前王㉙之踵武㉚。

---

① 杂：兼集，不同种类的聚集在一起。

② 申椒：申地产的花椒。花椒味香，申地所产的花椒尤其香烈。申，叔齐后代的封国，周穆王时封于平阳，在今陕西宝鸡一带。周幽王娶申侯女，生太子宜臼。周幽王欲废太子，申侯联合鄫国、犬戎杀幽王，西周遂东迁。申属秦地，古代秦椒闻名。申椒当即秦椒。另有南申国，在河南南阳谢邑。又有西申国，在今河南信阳一带。皆为楚占。

③ 菌桂：一种香木。菌，一从"竹"。

④ 岂维：难道只是。

⑤ 蕙茝：蕙、茝都是香草名。蕙草一名熏草，茝一说为白芷。

⑥ 尧舜：唐尧、虞舜，五帝之二，倡导天下为公之大同。

⑦ 耿介：光明正大。

⑧ 既：以，因。

⑨ 遵：遵循。

⑩ 道：正道。

⑪ 得：登上，得到。

⑫ 路：道路，路径。

⑬ 何：为什么。一说何等。

⑭ 桀纣：夏桀和商纣王，夏朝和商朝因为暴虐无道而亡国的君主。

⑮ 昌被：一作"猖披"，衣服不束带的样子，这里喻行为不自我约束。

⑯ 捷径：能快速到达的邪出小路。

⑰ 窘步：窘困难行。

⑱ 党人：指楚朝中结党营私之人。《论语》曰："君子矜而不争，群而不党。"君子之交，为了谋取道义，是为"朋"；小人之交，抛弃真理和正义，以集团利益或者个人利益至上，是为"党"。

⑲ 偷乐：苟且享乐。偷，一作"媮"。

⑳ 幽昧：不明，昏暗。

㉑ 险隘：危险狭窄。

㉒ 岂：难道。

㉓ 惮殃：畏惧祸患。

㉔ 皇舆：大车，代指国家。皇，大也。

㉕ 败绩：车颠覆曰败绩。

㉖ 忽：一作"曶"，一作"急"，快速的样子。

㉗ 奔走以先后：前后奔走的意思。

㉘ 及：追上。

㉙ 前王：泛指前代贤王，此处应是指以"三王"为代表的前代贤王。

㉚ 踵武：代指前王的事业。踵，脚跟。武，脚印。

荃^①不揆余之中情^②兮，反信谗而齌怒^③。

余固知謇謇^④之为患兮，余忍^⑤而不能舍^⑥也。

指^⑦九天^⑧以为正^⑨兮，夫惟灵修^⑩之故也。

选自《楚辞全注》，方铭注，人民文学出版社2021年4月版。

① 荃（quán）：一种香草，喻指楚王。

② 中情：内心的真情。中，一作"忠"。

③ 齌（jì）怒：疾怒。齌，一作"齐"，一作"齎"。

④ 謇（jiǎn）謇：此处指直言进谏而难以出言的样子。一作"蹇蹇"。

⑤ 忍：此处指按捺而不言。

⑥ 舍：舍弃。

⑦ 指：指着。

⑧ 九天：古时言天有九重。

⑨ 正：证明。

⑩ 灵修：此处谓怀王。灵，神明。修，美。

我是圣帝高阳氏的子孙，我已去世的父亲是伯庸。岁星在寅那年的孟春月，正当庚寅日那天我降生。父亲仔细揣测我的生辰，于是赐给我相应的美名。父亲给我取名叫正则，（成年以后）我的字是灵均。

我有很多先天的美德，同时我又不断加强自己的修养。我把江离芷草披在肩上，把秋兰结成佩饰挂在身上。光阴似箭，害怕岁月不等待人。早晨我在山坡采集木兰，傍晚在小洲中摘取宿莽。

时光迅速逝去不能久留，四季更相代谢变化有常。草木在飘零凋谢，我常常担心美人也会日益衰老。何不趁壮年扬弃污秽，为何还不改变自己的错误行为呢？乘上千里马纵横驰骋吧，来呀，我在前面为君主引路！

夏商周三王德行完美，所以群贤都在那里聚会。杂聚申椒与菌桂，岂止仅仅有茝和蕙。唐尧虞舜光明正直，他们沿着正道登上坦途。夏桀殷纣狂妄邪恶，贪图捷径必然走投无路。

结党营私的小人苟且为乐，任由他们猖狂社会必然黑暗而充满险阻。难道我害怕招灾惹祸吗？我只担心祖国因此震灭。我前前后后奔走，希望君王赶上先王的脚步。君主不了解我的忠心，反而听信谗言对我发怒。

我早知道忠言直谏有祸，原想忍耐却又控制不住。苍天它给我做证吧，我所做的一切都为了君王的缘故。

《离骚》开端两句讲明了屈原的身世和出生，屈原说，他是帝高阳之苗裔，父亲名叫伯庸，他生在寅年寅月寅日这样一个吉利的日子，父亲根据他出生的情况，给他取了一个大吉大利的名字，名正则，字灵均。他既有这么多的先天"内美"，又后天叠加了"修能"，用江离、辟芷、秋兰等香草为佩。时间流逝，他担心年岁不等人。朝搴木兰，夕揽宿莽，日月忽然而去，春去秋来，草木零落，美人迟暮。他要乘骐骥而驰骋，为楚国开辟未来宽广的道路。屈原和楚王同宗共祖，因此，屈原深觉自己和楚国是一个利益共同体，他对楚国的兴亡负有责任，这也是屈原具有忠君爱国情怀的心理依据。所以，他希望自己能为楚国的复兴和发展作出自己的贡献。

屈原的生日、名字的不平凡，预示了屈原不同于一般人的人生期许。而屈原因此也特别重视培养自己高洁的人格和杰出的才能，让自己有能力辅佐君王，振兴国家。夏禹、商汤、周文王、周武王等三代明君的"纯粹"，以及他们容纳"众芳"的胸怀，唐尧虞舜的"耿介"，以及他们天下为公，以"道"治国的正"路"，是屈原"美政"理想的内容。三王纯粹，因此集有众芳。尧舜耿介，所以能遵道得路。桀纣无道，因此寸步难行。党人偷乐，所以一片黑暗和危险。屈原自己不怕惹祸，只是担心国家覆亡！因此他先后奔走，希望能追踪前王的脚步。但楚王并不了解他的中情，反而听信谗言发怒。屈原自己知道一个忠直之人是有灾难的，但他为了国家和人民，不愿意变心从俗。他指着九天发誓，他的一切努力，都是为了让楚王走上正道。

| 文化阐释 |

屈原在《离骚》中，首先陈述自己的才能，接着批评楚国谗佞当道，楚王不觉悟，不但不能近君子而远小人，反而远君子而近小人。楚国的领导人不是唐尧虞舜，也不是夏禹、商汤、周文王、周武王，而很可能是夏桀、商纣王一类的暴君昏君，楚国的大臣中充满了小人，屈原的理想并没有很好的实现途径，只能徒生叹息。屈原面对党人的谗言，以及楚王的不信任，仍然希望有机会为国家服务。但是，楚王变化无常，使他不得不选择离开。

屈原虽然知道楚国社会黑暗阴险，但决不妥协。屈原曾经"上下而求索"，但所有的努力都失败了。他忖度自己在楚国不可能有任何前途，因此告别楚国出游。《离骚》整篇文章所要表达的，就是这种不得不去，又不愿意离去的"离别的忧愁"。

《离骚》是最充分最完整地展现屈原人生境界和人生观的作品。屈原在《离骚》中，始终贯彻着儒家的价值观和人生理想，在诗句中，也是明用或者暗用孔子及儒家经典语言。概括而言，《离骚》所体现的屈原的人生观和价值观，最核心和最根本的，就是希望通过自己正直的行为，能促进建立一个公正的社会秩序。当然，屈原的理想肯定是实现不了的，这也是被历史所证明了的。

《离骚》体现了屈原正道直行的人生态度。屈原在《离骚》中说他父亲以"正则"给他命名，说明他父亲希望他把"正道直行"当作自己的处世原则。屈原的作品中，展示的是一个正直的君子所蒙受的不白之冤，以及他勇敢的抗争过程。屈原对自己所具有的"清白""正直""信直""端直""端操""正气"是充满信心的，也坚信自己的正直就是"中正"之道。屈原的行为体现了"刚健中正""文明以健""言必先信，行必中正""忠信以为宝""立义以为土地"的境界。

《离骚》也体现了屈原忧国忧民的家国情怀。屈原的忧国忧民，体现了深沉的爱国主义关怀，同时，也是以传承先圣道统为基础的。

屈原首先忧心的是楚国能不能建立一个"明法度之嫌疑""国富强而法立"的制度体系。屈原认为唐尧、虞舜遵道得路，即依法行政；夏桀、商纣昌被，时俗工巧，所以背离规矩绳墨，即随心所欲，作威作福。屈原的"法立"，就是建立善法，依法治国。屈原"忧国"，是因为他"忧民"。

《离骚》体现了屈原追求美政的坚定理想。屈原说的"美政"，就是善政，就是实行尧、舜、禹、汤、文、武、成王、周公之道，这也是孔子及原始儒家提倡的德治政治的核心内容。

五帝三王的政治是善政的典范。《离骚》中巫咸有一段话说古代的明君和贤臣的故事，包括禹与咎繇、汤与挚、武丁与傅说、周文王与吕望、齐桓公与宁戚几对。这些故事中的名臣都是出身低微、没有背景的人，他们遇到明君，因此脱颖而出，与君主一同在正确的道路上不断进步。这其中挚与商汤的故事可能更加有吸引力。挚即伊尹，本是厨师，后来受到商汤的信任，与商汤合作，共同推翻了夏桀的暴政。在商汤去世以后，伊尹曾经辅佐几任商王，并曾流放商王太甲，亲自摄政，待商王太甲改过自新后归政。伊尹之所以能有这样的机缘，就在于商汤很信任他，而他也没有辜负商汤的信任。

《离骚》体现了屈原九死不悔的底线意识。所谓底线意识，就是面对挫折，绝不退缩；面对诱惑，决不妥协。对于屈原来说，受重用则正道直行，坚持理想，忧心百姓；被放流则坚持底线，毫不动摇。

坚守底线，归根结底就是做一个好人，做一个善人。在中国古代社会，正直并不必然得到福佑，因此，一个人如果没有强大的一心向善的决心，就会屈服于现实。而屈原用他的生命，捍卫了自己的尊严。

| 阅读资料 |

1. 《史记·楚世家》［汉］司马迁

2. 《史记·屈原贾生列传》［汉］司马迁

3.《楚辞要论》，褚斌杰著，北京大学出版社 2003 年 1 月版。

4.《楚辞全注》，方铭注，人民文学出版社 2021 年 4 月版。

5.《屈原及楚辞研究》，方铭著，商务印书馆 2023 年 1 月版。

| 思考与探究 |

1. 如何理解屈原的家国情怀与爱国主义？

2. 试着阐述屈原对中国人的精神世界的影响。

第十讲
圣贤气象

韩德民

| 导语 |

　　圣贤是圣人和贤人的合称，圣贤连称时，语义偏指圣人，说圣贤气象与说圣人气象基本上是同义的。南宋朱熹和吕祖谦合编《近思录》，其中第十四卷"圣贤气象"专门汇辑前人有关圣贤问题的事迹与言论。该书认定圣贤 15 位，15 位中，程颢所占篇幅最大，这从一个侧面表明，在朱熹等人看来，程颢的为人处事对于帮助读者理解什么叫作圣贤气象，最有启发意义。

　　"行状"起源于东汉，最初称"状"，后来也称为"行述"或"事略"。唐代规定，重要官员去世，家人应将有关其世系、生平、事迹、功业等的材料加以整理，报送专门机构存档以备修史时参考，行状的写作因此日益普及。程颐和程颢是兄弟俩，程颢去世后，程颐为哥哥所写行状，对其家世源流、成长经历、政治立场、为官风格等，都进行了具体介绍。本讲节选的文章部分，专注于有关程颢个性气质的描写，正与《近思录》第十四卷所谓"圣贤气象"的主题相应。

明道先生行状（节选）

程颐

　　先生资禀既异，而充养有道。①纯粹如精金，温润如良玉。宽②而有制③，和而不流④。忠诚贯于金石⑤，孝悌通于神明⑥。视其色，其接物也，如春阳之温；听其言，其入人也，如时雨之润。胸怀洞然，彻视无间。测其蕴，则浩乎若沧溟⑦之无际；极其德，美言盖不足以形容。

选自《近思录集释》，[宋]朱熹、吕祖谦纂，张京华辑校，岳麓书社2010年10月版。

① 先生资禀既异，而充养有道：儒家思想传统中，孟子的性善观念最为著名，但与此同时，主张人性本恶、人性无善无恶、人性善恶混杂、人性品级不同等观念，也始终保持着强大的影响。但无论主张性善还是性恶，儒家学者在有一点上是存在共识的，那就是后天的修养学习最为关键。此处说程颢不仅天赋资质优异，同时后天成长过程中也能努力用恰当方式完善自己的内在心性。

② 宽：宽厚，随和。

③ 制：原则，法度。

④ 和而不流：原指音乐中正平和而不失于放纵，此处指为人和顺但不随波逐流。

⑤ 贯于金石：穿透金属或石头类硬物。传说古时有个叫熊渠子的人，夜行路遇林中卧石，误以为伏虎，情急中搭弓射箭，箭头没入其中。近前观察，却原来只是卧石。再弯弓向石头射箭，却连痕迹也无法在石面上留下。前后射箭效果差别如此大，关键在于射箭时的心理状态不同。古人以此说明，有没有真诚的心态，对行为效果影响巨大。

⑥ 孝悌通于神明：儒家十分强调孝悌品格的地位，《孝经》中提出，孝悌的品格达到一定程度，能够无所不通，以至感动神明。通，沟通、相互交流。

⑦ 沧溟：大海。

先生天赋资质比一般人好，又很重视后天修习努力。他的品格因此十分纯粹，给人感觉就像足金一样，同时又十分温润，如同没有瑕疵的美玉。为人宽厚但有自己的尺度，和顺却不随波逐流。用心专注能够穿透金石，孝悌情深足以感动神明。观察其待人接物，如同春天的太阳般温煦和暖；聆听其言语措辞，如同及时雨滋润万物般沁人心脾。胸怀坦荡，表里如一，看不到任何遮蔽。要测量他的胸怀学养，会发现如同大海无边无际；要界定他的德行品格，会意识到用最美好的言辞也不足以完全概括。

汉代的经学，着重经典知识的积累，有声望的经学家大都是老年人。魏晋时期的玄学也重视经典，但着重探究其中有关宇宙人生的根本问题，想要理解这些问题，具体知识不是十分重要，有没有天赋的悟性和思辨能力才是关键，因此玄学时期推崇天才成为普遍的社会风尚。未及弱冠的王弼，仅仅因为一场论辩，就赢得当时学界领袖何晏的推崇，就是这种风尚的典型体现。受名教制度影响，汉朝人着重从道德层面对人进行评价，魏晋人则把有关人的评价的重心，从道德转到了审美欣赏方面。

理学认同经学的政治和伦理立场，但就思维方式来说，对玄学也多有继承。有关学问的用途，经学强调治国理政也就是政治方面，魏晋人则更加重视学问对个人生命状态能够发挥的影响。理学和玄学一样，都把为学的重心放在自身性情的涵养方面。宗白华说，晋人向外发现了自然，向内发现了自己的深情。《世说新语》保留了很多这方面的资料。如当时人评价嵇康的为人，说他的身姿傲然独立，像挺拔的孤松；他的醉态像高耸的玉山，给人将要倾倒的感觉。这类评价关注的，是内在的个体精神气质。精神气质是无形的，晋人习惯于把个体的精神气质和树木、山岩、流泉等具体物象类比，通过这种方式将无形的生命精神转化为具体可感的形象。对无形的东西做形象性的转化，这体现的实际上是一种欣赏或者说审美的趣味。这种趣味在理学中也有体现。本讲选文对于程颢的描写，就是典型的例证。如将程颢的品格德行比喻为精金美玉，说其待人接物给人的观感如同春天的太阳，形容其言辞动人如同及时雨之滋润万物，等等。

｜文化阐释｜

按儒家伦理，"孝悌"是人最基本的道德责任。"孝"即子女对父母的敬爱和感恩，"悌"即兄弟相互之间的友爱。孝悌伦理精神体现为具体的人格类型，就是所谓君子。

借助西汉中期以后的名教制度，孝悌伦理延伸为整个社会生活的主导性价值理念。名教借助政治手段激励社会成员的道德自觉，有推动社会风气改善的作用，但时间久了，也滋生出形形色色的伪君子。所谓伪君子，就是有君子的外在行为，却没有君子的内在用心。没有君子之心，却要刻意行君子之行，是因为在名教制度下，君子之行如果引起关注，就能获得经济上的奖励乃至政治上的提拔。东汉末期后，名教的弊端日益明显，引起普遍性的社会反弹，作为人格范型的君子也因此受到非议。汉代学术的主流是经学，就社会文化功能来说，经学的目标就是要为名教制度提供理论支持；名教制度的僵化、衰落反过来也导致了经学的边缘化，玄学作为新的学术形态随后崛起。这种时代潮流的转换体现在人格观念层面，就是"名士"对"君子"的取代。就名教和自然的关系说，君子恪守名教，名士则醉心自然；就社会规范和个体性情的关系说，君子以规范为先，名士则更忠实于自我的内在性情；就治学方式说，君子重视有关经典的知识，而名士则更推崇悟性和思辨能力。

宋明以后，通过吸收佛、道教思潮，儒学建立了自己新的形态，即理学。在政治和伦理问题上，理学和玄学立场不同，但就崇尚个性意识、寻求生命体验中的"乐"来说，理学受玄学影响也很大。区别在于，魏晋名士为了追求"乐"而往往走向对名教的排斥，理学家则坚持认为，只有消化社会伦理规范，才有可能超越自然生命的局限，提升主体的情怀和视野，最终达到"民胞物与"的崇高境界，这才有可能体会真正意义上的生命之乐。理学家对名士风度不以为然，但又觉得就激发个体心理自信、推动个性精神的觉醒来说，君子概念也有局限，所以就在君子之上，另行对社会公众以圣贤相激励。王阳明说，每个人内心本来都是圣人，只是因为不自信，被后来种种杂念遮蔽了。本来从传统儒家人性本善的观念，也能够推出"人皆可以为尧舜"的结论，但王阳明不说"可以成为尧舜"，而直接说每个人都"本来"就是圣人，这就具有更强烈的心理震撼性。

理学因为重视生命之"乐"，十分强调为学过程中的自得。自得，就是让学问在自己身上发挥陶冶濡染性情的效果。为学目的不在知识的积累，而在于借知识陶冶身心，提升修养。适应这样的要求，对急切浮躁、过于功利的为学方式，理学家持反对态度，而倡导从容涵泳的治学方法。在理学家看来，只有通过这种不假外求、专注自得的过程，人心中天赋的圣人属性才能去除遮蔽，恢复本来面目。随着为学的进步，气质发生变化，渐次达到圣贤境界。圣贤修养高于普通人，其内在气质必然会在举止神态上有所流露，甚至在自己周围产生特殊气场，这就是所谓圣贤气象。《近思录》中有条记载，有个名叫朱光庭的人跑到汝州去向程颢请教学问，回来后对人叙述感受说，光庭在春风中坐了一个月。这就是成语"如坐春风"的来历。

| 阅读资料 |

　　1. 《寻求快乐》，见《中国哲学简史》第24章第5节，冯友兰著，赵复三译，生活·读书·新知三联书店2009年5月版。

　　2. 《魏晋风度》，见《美的历程》第5章，李泽厚著，生活·读书·新知三联书店2009年7月版。

| 思考与探究 |

　　比较"圣贤"和"名士"，谈谈你对这两类人的相同与不同之处的理解。

第十一讲
濂溪乐处

韩德民

| 导语 |

圆明园位于北京市海淀区，与北京大学、清华大学隔街相望。这里原是清代皇家园林，名胜古迹众多，园中主要建筑损毁于1860年英法联军和1900年八国联军侵入北京的两次战乱，现为遗址公园。"濂溪乐处"位于圆明园北部区域，占地约五万平方米，是圆明园中最大的"园中园"，属"圆明园四十景"之一。

"濂溪乐处"园中心为湖面环绕的岛屿，湖四面筑山，形成山水相连的景观效果。园景取意于北宋思想家周敦颐短文《爱莲说》，水面广植荷花（又称"菡萏"）。

周敦颐是北宋道州（今湖南永州道县）人，世居名为"濂溪"的河边。后移居江西庐山莲花峰下，对新居旁的溪流，他延用了故乡"濂溪"的名称，进而又将之作为自己的号，世人因此称他"濂溪先生"。周敦颐去世后，获得"元公"的官方谥号，所以文集又被定名为《周元公集》。

　　周敦颐是理学兴起阶段的代表人物，对后来的社会风气产生了很大影响。皇家园林景观以周敦颐的号命名，这从一个侧面表明了周敦颐身后的社会影响力。

爱莲①说

周敦颐

水陆草木之花，可爱者甚蕃②。晋③陶渊明④独爱菊。自李唐⑤来，世人甚爱牡丹。予⑥独爱莲之出淤泥而不染⑦，濯⑧清涟⑨而不妖⑩，中通外直⑪，不蔓不枝⑫，香远益清，亭亭⑬净⑭植⑮，可远观而不可亵玩⑯焉⑰。

予谓菊，花之隐逸者⑱也；牡丹，花之富贵者

---

① 莲：多年生水生草本植物，在长期人工栽培过程中，形成许多变种，最常见的有藕莲、花莲和子莲三种，其中藕莲的花又称荷花。

② 蕃：通"繁"，多的意思。

③ 晋：中国历史上的一个王朝（265—420），包括西晋、东晋两个阶段。

④ 陶渊明：名潜，"渊明"是他的字，又字元亮，号"五柳先生"。东晋诗人。早岁为官，因为不习惯官场的刻板和虚伪，后辞官回归乡村生活，被视作隐逸诗人的代表。陶渊明对菊花表现出特别的欣赏态度，诗作中多有咏菊的名句，如"采菊东篱下，悠然见南山"（《饮酒》）等。

⑤ 李唐："唐"是中国历史上的一个王朝，因为皇帝姓李，所以习惯上称"李唐"。

⑥ 予：我。

⑦ 染：被污染。

⑧ 濯：洗涤。

⑨ 清涟：本意指水清沏而有微波荡漾，此处指清水。

⑩ 妖：有谄媚色彩的艳丽。

⑪ 中通外直：指莲荷类植物的茎杆外形挺直而内里空通的特点。

⑫ 不蔓不枝：指莲荷类植物的茎杆中间不生发枝茎。"蔓"和"枝"本来都是名词，这里作动词使用。

⑬ 亭亭：耸立的样子。

⑭ 净：洁净。

⑮ 植：通"直"，直立。

⑯ 亵（xiè）玩：不庄重地玩弄。

⑰ 焉：语气词，置于句末，表示感叹。

⑱ 隐逸者：传统社会指那些本来有官位却主动选择辞官、或有做官资格能力却拒绝做官的读书人。者，……的人（或物）。

也；莲，花之君子者也。噫！菊之^①爱，陶后鲜^②有闻；莲之爱，同予者^③何人？牡丹之爱，宜乎众矣！

选自《周敦颐集》，[宋]周敦颐著，陈克明点校，中华书局1990年5月版。

① 之："菊"本是动词"爱"的宾语，正常语序应是"爱菊"，此处用"之"表示将宾语前置到所属动词的前边。

② 鲜（xiǎn）：少。

③ 同予者：和我一样的人。

明　王穀祥　《荷花》

水中、陆上各种草本、木本花卉，值得喜爱的很多。晋代陶渊明唯独喜爱菊花。自李唐以来，世上的人都很喜爱牡丹。我个人却偏喜爱莲花。莲花从水下污泥中长出，却能保持自身不被污染；被清水洗得鲜亮明净，却并不因此显得轻浮娇媚。莲茎内里空通而外形挺拔，不生多余的枝蔓，愈是站在远处，愈是能清楚地嗅到那缕清香。它笔直地站立在水面中间，吸引人们远远地观赏，不允许轻浮者过于靠近把玩。

在我看来，菊花是花中的隐逸者；牡丹，属于花中的富贵者；莲花，则可以算是花中的君子吧！唉！对于菊花的特别喜爱，陶渊明以后就很少听说了。对于莲花的喜爱，与我志趣相投的还有谁呢？至于对牡丹的喜爱，应该就是非常普遍的了。

| 文本解析 |

《爱莲说》全文仅百余字，篇幅短小，但内容精粹。开篇至"可远观而不可亵玩焉"为前半部分，描写莲花的形象特征；余下为后半部分，通过与菊花、牡丹的对照，表达作者对莲花文化象征意蕴的理解。

文章首句表达作者热爱自然、追求美好的人生情怀。依托这样的话语背景，后文展开有关莲花的描写和议论就十分自然。文章以陶渊明为据，从中引申出花卉欣赏的个性化偏好问题。对中国读书人而言，自古以来，就存在两种不同的生存范式：一是入世做官，建立功名；二是隐逸林泉，完养心性。对应两种不同的范式，形成了儒家和道家两种人生哲学。陶渊明是诗人，又是隐逸林泉这种生存范式的代表。陶渊明的身份特征，决定了文章对花卉偏好问题的讨论，会很自然地与人生态度和人格品行问题形成对应关系。陶渊明禀性高洁，不为五斗米折腰，这不是世俗常人所能做到的。体现在欣赏趣味上，陶爱凌霜傲放的秋菊，李唐以来的时尚却是追捧雍荣富贵的牡丹。至于作者自己，不同于流俗的爱慕雍荣富贵，但也和陶渊明的隐逸世外有所区别，最欣赏的是莲花。文章对莲花形态特征的刻画，既是写莲花，也具有自抒怀抱的性质。在作者看来，如同莲花的出淤泥而不染，读书人不必隐逸出世，一样能保持自己的节操。文章后半部分，进一步明确了寄托在莲花身上的这种人生志趣，表达了自己寻求志同道合者的强烈愿望。事实上，周敦颐这篇短文中表达的人格理想，确实赢得了后人的普遍呼应。

┃文化阐释┃

《爱莲说》以莲花象征"君子"。这种意义上的"君子"，既与"隐逸者"相对，又与"富贵者"相对。不同于"隐逸者"的消极出世，"君子"仍保持着自己对现实的热忱关怀；与此同时，"君子"也刻意与世俗时尚拉开距离，表现出清高自持的特征。

周敦颐对"君子"的理解，透露出时代精神的新的趋向。春秋以前，"君子"指有地位的贵族，"小人"指普通庶民，与此相应，人们也普遍相信，作为贵族的"君子"品格较高，作为下层社会成员的"小人"品格修养相对较低。春秋末期之后，人们对这个问题的认识开始发生变化，越来越怀疑地位高低与品格之间的对应关系。顺应这样的趋向，儒家逐步把"君子"改造成了与社会地位无关的、道德性的称谓。

理学不同于汉唐时期的经学，也不同于孔孟的原始儒学，它从道家特别是佛教思想中吸收了很多养分。《爱莲说》虽短，却集中体现了理学赋予"君子"形象以新的内涵的努力。不同于儒家对"名"的重视，道家推崇"无名"的状态，佛教更主张"一切法空""法无自性"。体现在生命趣味层面，理学吸收佛教和道家思想的结果，就是淡化了建功立业的进取和急切，转而表现出淡泊、超脱、清高的心志情怀。《爱莲说》的主要意义，就是它对理学时期出现的情趣转向作了集中宣示。《爱莲说》表达的观念在当时并不孤立，北宋诗人黄庭坚、苏轼、苏辙的作品中，都有类似话语。

| 阅读资料 |

    1.《圆明园四十景图咏·濂溪乐处》，［清］爱新觉罗·弘历：

        苑中菡萏甚多，此处特盛。小殿数楹，流水周环于其下。每月凉暑夕，风爽秋初，净绿纷红，动香不已。想西湖十里，野水苍茫，无此端严清丽也。左右前后皆君子，洵可永日。

        水轩俯澄泓，天光涵数顷。

        烂漫六月春，摇曳玻璃影。

        香风湖面来，炎夏方秋冷。

        时披濂溪书，乐处惟自省。

        君子斯我师，何须求玉井。

    2.《孝悌与君子》，韩德民著，北京联合出版社 2019 年 10 月版。

| 思考与探究 |

    1. 实地考察圆明园濂溪乐处遗址，对照园景图和遗址现状。

    2. 查阅相关资料，简单说说你对"隐士"的理解。

第十二讲
心忧天下

刘淑丽

┃导语┃

　　位于湖南省岳阳市的岳阳楼，与湖北武汉的黄鹤楼、江西南昌的滕王阁都是因文学名篇而家喻户晓的名楼。但是在北宋庆历六年（1046）的时候，却很少有人注意到这座楼。当时主持修建岳阳楼的滕宗谅说，天下山水，非有楼观登览者不为显，楼观非有文字记述者不为久，文字非出于雄才巨匠之手则不会著名（见滕宗谅《求记书》）。刚修建成的岳阳楼，就像一个刚出生的巨婴，因为没有名人为它撰写文字进行介绍，虽然形体俱在，却黯然矗立。于是，滕宗谅就请求雅好山水、文章事业享有盛名的范仲淹为岳阳楼撰写记文。滕宗谅随信还寄去一幅《洞庭晚秋图》，希望对范仲淹写作记文有所帮助。这时的范仲淹，正在邓州任上。此前，为了整顿吏治、裁撤冗官、节省财政、提高效率等，范仲淹向仁宗上书，提出改革措施，仁宗采纳了范仲淹的大部分建议，施行了新政，这就是历史上的庆历新政。但新政触犯了一些官僚的利益，范仲淹与韩琦、富弼、欧阳修相继被排挤出京，庆历五年（1045），新政失败。当接到同样被贬谪巴陵郡的同年滕宗谅的请求时，知邓州的范仲淹慨然应允，写下了这篇《岳阳楼记》。此文产生了广泛影响。到南宋李曾伯作《重建岳阳楼记》时，还特别提到，范仲淹这篇记文使岳阳楼受到了前所未有的重视。可见范仲淹这篇记文赋予了岳阳楼以灵魂，范仲淹的风范也与岳阳楼一起屹立于中华大地，绵长永久。

元 夏永 《岳阳楼图》

岳阳楼①记

范仲淹

庆历四年②春，滕子京③谪守巴陵郡④。越明年，政通人和⑤，百废具兴⑥，乃重修岳阳楼，增其旧制，刻唐贤、今人诗赋于其上，属予作文以记之。

予观夫巴陵胜状，在洞庭一湖。衔远山，吞长江，浩浩汤汤⑦，横无际涯⑧，朝晖夕阴，气象万千，此则岳阳楼之大观也，前人之述备矣。然则北通巫峡，南极潇湘，迁客⑨骚人⑩，多会于此，

① 岳阳楼：位于岳阳市古城西门的城墙上，向下可以俯视洞庭湖，向前可以看到君山，自古就有"洞庭天下水，岳阳天下楼"的美誉，岳阳楼与湖北武汉的黄鹤楼、江西南昌的滕王阁并称为"江南三大名楼"。

② 庆历四年：1044年。庆历，宋仁宗赵祯的年号，由庆历元年至庆历八年（1041—1048）。

③ 滕子京：名宗谅，子京是他的字，河南人，与范仲淹同一年中进士。古人的名、字并行，出生后命名，到了成年后（一般男子二十岁，女子十五岁）取字，《颜氏家训》："名以正体，字以表德。"一般名和字互为表里关系，字是名的补充。人们一般称呼对方的字，本文也是称呼滕宗谅的字。

④ 谪（zhé）守巴陵郡：贬官做了巴陵郡的知州。谪，被贬官、被降职。巴陵郡，即岳州郡，治所在今湖南岳阳。

⑤ 政通人和：政事顺遂，人民和乐，形容国泰民安。

⑥ 百废具兴：各种废止了的事情或事业都兴办了起来。百，形容多。废，这里指荒废、废止了的事情或事业。具，通假字，通"俱"，都、全。兴，复兴、兴旺。

⑦ 浩浩汤（shāng）汤：形容水势浩大的样子。汤汤，形容水流大而急。

⑧ 横无际涯：无边无际。横，这里指广远。际涯，边界、边际。

⑨ 迁客：被降职流放的人。

⑩ 骚人：屈原创作了长篇抒情诗《离骚》，后来人们也称诗人为骚人。

览物之情，得无异乎？

若夫①淫雨②霏霏③，连月不开，阴风怒号，浊浪排空④，日星隐曜⑤，山岳潜形，商旅不行，樯倾楫摧⑥，薄暮冥冥⑦，虎啸猿啼。登斯楼也，则有去国怀乡，忧谗畏讥⑧，满目萧然，感极而悲者矣。

至若⑨春和景明⑩，波澜不惊，上下天光，一碧万顷，沙鸥⑪翔集⑫，锦鳞游泳，岸芷汀兰⑬，郁郁青青。而或长烟一空⑭，皓月千里⑮，浮光跃金⑯，静影沉璧⑰，渔歌互答，此乐何极⑱！登斯楼

---

① 若夫：用在句子或段落的开头，表示开始，或提起一件事，可以翻译为"至于""比如""像那"。

② 淫（yín）雨：连绵不停的过量的雨。

③ 霏霏：这里指雨下得很大。

④ 浊浪排空：浑浊的波浪像山一样冲向岸边。

⑤ 日星隐曜（yào）：太阳和星星隐去了光芒。隐，消失。曜，光芒、光辉。

⑥ 樯（qiáng）倾（qīng）楫摧：桅杆倒下，船桨断折。樯，指船上的桅杆，是悬挂帆布和旗子的木杆。倾，倒下。楫，船桨，用来划船的工具。摧，折断。

⑦ 薄暮冥冥：傍晚天色昏暗。薄暮，迫近黄昏。薄，近、迫近。冥冥，昏暗的样子。

⑧ 忧谗畏讥：担心被说坏话、惧怕被批评指责。忧，担忧。谗，谗言、坏话。畏，害怕。讥，讥讽、嘲讽、嘲笑。

⑨ 至若：连词，表示另起一个话题，可以翻译为"至于"。

⑩ 春和景明：春风和暖，风景鲜明艳丽。

⑪ 沙鸥：沙洲上的水鸟。

⑫ 翔集：时而飞翔，时而停下。翔，飞翔。集，停下来休息、栖息。

⑬ 岸芷汀兰：岸上与小洲上的花草。岸，指岸边、岸上。芷，一种香草。汀，水边平地或水中的小洲。兰，兰花。

⑭ 长烟一空：大片的云雾完全消散。一，完全。空，消散。

⑮ 皓月千里：明亮的月光千里都可以看见。皓月，形容月光皎洁。千里，形容距离遥远。

⑯ 浮光跃金：形容日光或月光照在水面上，水面上金色的光斑跳动。浮光，这里指月光。

⑰ 静影沉璧：静静的月光映照在平静的水面上，像沉入水中的玉璧，形容水面十分平静，月光怡人。璧，圆形的玉。

⑱ 此乐何极：这快乐哪有穷尽啊。此，这。乐，快乐。何，怎么、哪里。极，穷尽。

也，则有心旷神怡①，宠辱偕忘②，把酒临风，其喜洋洋者矣。

嗟夫！予尝③求④古仁人⑤之心，或异二者之为，何哉？不以物喜，不以己悲，居庙堂⑥之高，则忧其民，处江湖⑦之远，则忧其君。是进亦忧，退亦忧。然则何时而乐耶？其必曰：先天下之忧而忧，后天下之乐而乐乎！噫！微⑧斯人⑨，吾谁与归⑩！时六年九月十五日。

选自《范仲淹全集》，[宋]范仲淹撰，李勇先、刘琳、王蓉贵点校，中华书局2020年5月版。

---

① 心旷神怡：心境开阔，精神愉快。旷，开阔。怡，愉快。

② 宠辱偕忘：受宠或受辱都不计较，形容一种超然脱俗的精神状态。偕，全、都。

③ 尝：曾经。

④ 求：探求。

⑤ 古仁人：古代的仁者，古代品德高尚的人。

⑥ 庙堂：指朝廷。庙，宗庙。堂，殿堂。

⑦ 江湖：江河湖泊，这里指远离朝廷的四面八方。

⑧ 微：没有。

⑨ 斯人：这里指这样的人。

⑩ 吾谁与归：我与谁同道呢？谁与归，就是"与谁归"。归，归依，这里引申为同道。

译文

庆历四年的春天，滕子京被降职到巴陵郡做太守。到了第二年，政事顺利，人民和乐，各种废止了的事业都兴办起来了。于是滕子京命人重新修建岳阳楼，将旧有的规模扩大，把唐代名家和当代诗人的诗赋刻在上面，嘱托我写一篇文章来记述这件事情。

我看那巴陵美景，全在洞庭湖上。衔接着远山，吞吐着长江，浩浩荡荡，无边无际，清晨阳光照耀，傍晚暮色阴沉，一天之中，气象千变万化。这就是从岳阳楼上看到的雄伟景象，前人有关它的记述已经很详尽了。既然这样，那么它向北通到巫峡，向南连接潇水和湘水，被降职的官员和往来的诗人聚在这里，他们观赏自然风景而触发的情感，难道会有所不同吗？

像那阴雨绵绵（的时候），连续一个月都不放晴，阴风怒吼，浑浊的浪冲向天空，太阳和星星隐去了光芒，山岳也隐藏了它的形状。商人和旅客不能通行，桅杆倒下，船桨折断，傍晚天色昏暗，虎在长啸，猿在哀鸣。此时登上这座楼，就会有一种离开故国、怀念家乡、担心被人说坏话、害怕遭人讥讽指责，满眼萧条、感慨悲伤到了极点的感觉。

至于那春风和煦、阳光明媚的天气，水面平静，没有惊涛骇浪，天光与湖光相映，碧绿无边无际；沙洲上，鸥鸟时而飞翔，时而歇息，五颜六色的鱼游来游去；岸上的香草、小洲上的兰花青翠茂密。有时弥漫的烟雾完全消散，皎洁的月光一泻千里，波光上跳动着金色的斑点，静静的月影就像沉入水中的玉璧，渔夫们你唱我和地歌唱着，这种乐趣真是无穷无尽啊！此时登上这座楼，就会感到心胸开阔、精神愉悦，一切的荣耀与屈辱都忘掉了，临风端着酒杯，心情真是高兴啊！

唉！我曾经探求古代品德高尚的人的内心，或许他们的心与以上这两种人的是不一样的吧？为什么呢？不会因外物而喜，也不会因外物而悲。在朝廷做官时，为老百姓担忧；在江湖这样遥远的地方，则担忧他的国君。这样说来，是在朝为官也忧，在江湖做普通百姓也忧，那么，什么时候才会感到快乐呢？他们一定会说："在天下人担忧之前就担忧，在天下人快乐之后才快乐。"唉，如果不是这种人，我与谁同道呢？写于庆历六年九月十五日。

文本解析

《岳阳楼记》是分五个层次来写的。首段写这篇记文的由来。接下四段分别由"予观夫""若夫""至若""嗟夫"领起，写了岳阳楼的景观以及观楼、观景后心中所感。首先，作者总写在岳阳楼上鸟瞰的洞庭湖全景。写洞庭湖衔远山吞长江，波涛汹涌，气势壮阔，气象万千，变幻莫测。又点明此地为接通巫峡与潇湘的交汇点，因此由景引出人，又引出人观此景的心情变化，并抛出问题："览物之情，得无异乎？"观看了洞庭美景，人的心情难道没有什么不一样吗？

接下来两段承接上段末句的疑问，写了阴风怒号的天气与春和景明的天气带给人的不同感受，以及对人心情的不同影响。见恶景，则使人容易产生被贬谪他乡、害怕他人进谗言的忧悲心理；见美景，则又容易产生心旷神怡、宠辱皆忘的快乐心情。最后，由登楼之人产生的忧喜情绪，作者引出"古仁人之心"。什么是"古仁人之心"呢？作者认为，"古仁人之心"是不受外界变化影响的，他们"不以物喜，不以己悲"，无论处于什么样的境地，都会为民、为君担忧，即使有乐，也是先忧后乐。这是本文思想的升华所在。

范仲淹是没有去过巴陵郡的，并没有亲眼见过岳阳楼和洞庭湖，所以滕宗谅才会寄去《洞庭晚秋图》，让他借此感受一下洞庭环境。

但是，我们在这篇记文中，却感觉范仲淹不仅写出了洞庭早晚以及四时的美景，还将景物的变化写得具体细腻、鲜活逼真。这是为什么呢？因为范仲淹在写作中注入了自己的想象，而这些想象又是具有很明显的象征的。与其说范仲淹写的是洞庭美景，不如说他是通过写洞庭美景而写人的内心，写人是如何因应外界变化的种种。因此，既是写实景，又非仅写实景。

作者开笔直接写岳阳楼。它是重修的，是政通人和、百废俱兴之后修建的，而且是"增其旧制"，就像人心在遭受挫折后重建一样。岳阳楼既是自然性灵的汇集之地，钟灵毓秀，又是人文风雅的荟萃之地，聚集了南来北往许许多多的迁客骚人。迁客骚人是普通人，是失意被贬的人，是政治上遭受打击的人，他们的处境，与同样被排挤、被贬谪的范仲淹、滕宗谅相似。由于迁客骚人心中积郁不平，所以他们在登上岳阳楼观看美景时，难免内心起伏波动。遇上春和景明的天气还好，似乎还可以做到心情愉悦而波澜不惊。但若遇上阴风怒号、浊浪排空、樯倾楫摧的恶劣天气，内心怎么能不受到触动而产生悲戚心理呢？这时候的迁客骚人，心中充满了恐惧忧怨，忧谗畏讥的心理折磨得人无法平静。普通遭受贬谪的迁客骚人如此，那么同样遭受排挤、贬谪的范、滕二人如此，不也很正常吗？所以，范仲淹表面上是在写迁客骚人，实际上也是在写他们自己。

但是，范仲淹又不是一个普通人，他有自己的思考和看法，因此他在文中借"古仁人"而说出了自己的理想与期许。他说古代的仁人碰到这样的情形，是不会受到影响的，他们能做到"不以物喜，不以己悲"，能够摆脱自然变化与人事遭际对人的自我与内心的影响。古仁人之所以能做到这一点，是由于他们不局限于小我，他们的心里装着天下。因此，得意时为君王分忧，被贬到偏远地方时心中还装着百姓，为百姓的生计担忧。这样的人，无论进与退，无论浮与沉，都心忧天下，他们"先天下之忧而忧，后天下之乐而乐"。范仲淹虽然说的是古仁人，但是古仁人却道不孤，因为范仲淹就是和古仁人一类的人。由写景而写人，再写到古仁人，由古仁人最后直接写到自己，这是范仲淹写作此文的深意所在，也是他对像滕宗谅一样和他同遭排挤、贬谪的士人同道的一种委婉劝诫与期许，希望他们能同自己一样，突破小我，成为一个心忧天下百姓的人，一个为天下百姓谋福祉的人。

中国古代登楼作品不少，无论诗词歌赋，大多抒发的是登楼而产生的悲伤心绪，离不开个人的浮沉得失，也脱不去一己之悲，而范仲淹却能于悲喜之中，很好地处理心与物的关系，寻求一种对外界变化的因应之道，使心灵找到归宿。这种归宿就是如"古仁人之心"一样，超越个人的悲喜，而达到忧怀天下、民胞物与的境界，因此也成就了以范仲淹为代表的宋代士大夫独特的精神内涵和人格气象。

范仲淹的内心又是丰富的，不是一味说教的，所以我们在他的笔下看到了浩浩汤汤、横无际涯的壮阔美景，看到了气象万千的自然大观，看到了自然的动荡，也看到了上下天光、一碧万顷的天人合一，这是自然的美景，同时又是人格的外化，是壮美景物与伟大人格的完美融合。

| 文化阐释 |

范仲淹所说的"古仁人之心"到底指的是什么？他的"先天下之忧而忧"的理论背景又是什么呢？

范仲淹的思想中，以儒家思想为主，欧阳修说他"为文章论说必本于仁义"（《资政殿学士户部侍郎文正范公神道碑铭》），富弼也说他"作文章尤以传道名世，不为空文"（《范文正公仲淹墓志铭》）。

不仅作文发论如此，在实践中，范仲淹也躬行儒家思想，"每道圣贤事业，辄跂耸勉慕，皆欲行之于己"，"以儒者奉武事"（富弼《范文正公仲淹墓志铭》）。范仲淹希望他所在的时代像孟子渴望恢复王道一样，能够"王道复行"（《上执政书》）。他一生中虽然多次逆龙鳞、遭排挤、被外放，却没有像一般受此遭遇的人那样失意、怨恨，而是始终内心平和、思报圣恩。这从他的诗文中可以明显感受到。如其《谪守睦州作》说："重父必重母，正邦先正家。一心回主意，十口向天涯。铜虎恩犹厚，鲈鱼味复佳。圣明何以报，没齿愿无邪。"在《出守桐庐道中十绝》其二中说："君恩泰山重，尔命鸿毛轻。一意惧千古，敢怀妻子荣。"他有《萧洒桐庐郡十绝》，每首以"萧洒桐庐郡"起句，吟咏桐庐郡之山水美景、地杰人灵，充满发自内心的怡然自足，如"萧洒桐庐郡，开轩即解颜。劳生一何幸，日日面青山。""萧洒桐庐郡，公余午睡浓。人生安乐处，谁复问千钟。"（其二、其四）范仲淹于宝元元年（1038）在《与胡安定屯田书》中说："某念入朝以来，思报人主，言事太急，贬放非一。然仆观《大过》之象，患守常经。九四以阳处阴，越位救时，则王室有栋隆之吉。九三以阳处阳，固位安时，则天下有栋挠之凶。非如艮止之时，思不出位者也。吾儒之职，去先王之经，则茫乎无从矣，又岂暇学人之巧，失其故步？但惟精惟一，死生以之。"表达了虽然屡遭贬放但仍能自我反省、"思报人主"之心始终不改的思想与抱负。且认为儒生之职，就是要"惟精惟一，死生以之"，始终报效朝廷，尽救时补弊之职。范仲淹不仅是这样认为的，也是这样践行的。像范仲淹这样的境界与高度，恐怕少有人能及之。

正是因为范仲淹有着大抱负与大境界，所以能放下一己之私，每到一个地方，就以能为当地百姓办实事为乐，心灵也因此收获到快乐，所以我们从范仲淹的诗文中常能感受到宠辱不惊的从容与淡定、

加府刑部仁兄伏惟

起居萬福 旃

鄉曲之惠占江山之勝

優哉樂乎此閒邊事風庶勞

苫伏

朝廷威靈耶目寧息亦漸有

倫序 鄉中交親俱荷

大在幸甚 師道之奇尤近

教育乞

自重自重不宣

知府刑部仁兄

淹 拜上

春 三月十

平静与喜乐，从中也能看出他深受孟子民本思想的影响。不仅如此，孟子主张"穷则独善其身，达则兼善天下"（《孟子·尽心章句上》），范仲淹也常有类似表达，如："萧望之口陈灾异，盖无负于本朝；公子牟身处江湖，徒不忘于魏阙"，"进则持坚正之方，冒雷霆而不变；退则守恬虚之趣，沦草泽以忘忧"（《润州谢上表》），"进则尽忧国忧民之诚，退则处乐天乐道之分"（《谢转礼部侍郎表》）。范仲淹有关出处进退方面的观念，大都可以看到孟子思想的影子。由此，我们知道，范仲淹所说的"古仁人"，大约就是指像孟子这样具有民本思想并渴望恢复王道的人。

但范仲淹又不是简单受孟子思想影响，他的思想中其实有很深的忧患意识。他在文章中指出，有太多的官员为官不够尽心，离不开个人的利益得失，只顾经营自己的名声，苟且偷安，所谓"奈何在下之时，饰身修名，邀其清举；居上之后，志满才乏，怠于素持？止能偷安，未至覆悚，故贤愚同等，清浊一致。此乃朝廷避怨于上，移虐于下，俟其自败，民何以堪！"（《上执政书》）所以他才希望为官者能够为天下生灵着想，为坚固国家的根本做事，产生了希望突破一己之悲喜、心忧天下的思想。而且，范仲淹不止一次引用《周易》的"穷则变，变则通，通则久"，并以《易》之卦象（《坤》《丰》卦）比喻君臣，希望执政者从诸多方面及早变通，防患于未然。这种忧患意识是他精于《易》理，具有把控大局、发展变化的眼界所致，因此，他才会写出"居庙堂之高，则忧其民；处江湖之远，则忧其君。是进亦忧，退亦忧"这样的话，并最终淬炼出"先天下之忧而忧，后天下之乐而乐"这样被后世知识阶层奉为至高精神圭臬的思想。

孟子"穷则独善其身，达则兼善天下"的观念，成为后代士人一直奉行的精神信条，很多士人也是这样看待自己的仕宦沉浮、处理自己的出处进退的。

到了唐代，陈子昂、杜甫、白居易等做过拾遗的士人，自觉肩负起劝谏帝王、关心百姓、下情上达、批判现实的重任，所谓"惟歌生民病，愿得天子知"（白居易《寄唐生》）。这种精神，可以视之为"拾遗精神"。它对士人的精神世界起到了一定的建构作用，并对后世产生影响。范仲淹继承了这种拾遗精神，以及韩愈文以载道的复古思想，希望"兴复古道"（《奏上时务书》）。他在谈论诗歌时非常赞同"与时消息，不失其正"的诗风（《唐异诗序》），说明他是很注重士人的刚正品格的，认为不仅在作文时应当如此，在处理政事时也应当如此。当时的北宋，西北有西夏政权的侵扰，政治制度中又存在着日益严重的问题，这些内忧外患的现状使范仲淹的心中产生深深的忧虑，从而形成了他的忧患意识。他说："经曰：'祸兮福所倚，福兮祸所伏。'又曰：'防之于未萌，治之于未乱。'圣人当福而知祸，在治而防乱。故善安身者，在康宁之时，不谓终无疾病，于是有节宣方药之备焉。善安国者，当太平之时，不谓终无危乱，于是有教化经略之备焉。"（《奏上时务书》）范仲淹认为，无论是个人还是国家，都应居安思危，防患于未然。这种忧患意识出于他对国家政权、百姓生活的关心，也是他作为士大夫的责任所系。

　　范仲淹的忧患意识和先忧后乐思想，为儒家积极入世的思想注入了执着而刚毅的养分，扩大了士人的精神视野，提升了他们的精神境界，培养了他们勇往无前的精神。范仲淹这种对于国家天下的认识，以及心忧天下的思想、勇猛刚毅的精神，铸就了士人的家国情怀与不屈不挠的精神，烛照了宋代士大夫阶层及其后中国士人的精神世界，对中国知识阶层的精神世界产生了不可估量的深远影响，为中国知识分子的人格注入了心忧天下的人文情怀。

| 阅读资料 |

1. 《范仲淹全集》，［宋］范仲淹撰，李勇先、刘琳、王蓉贵点校，中华书局 2020 年 5 月版。

2. 《求记书》，［宋］滕宗谅，见《全宋文》第 19 册，曾枣庄、刘琳主编，上海辞书出版社、安徽教育出版社 2006 年 8 月版。

3. 《〈岳阳楼记〉的文脉断裂与情怀超越》，张剑，《求是学刊》2019 年第 2 期。

| 思考与探究 |

1. 范仲淹的"古仁人之心"是指什么？请谈谈你的理解。

2. 结合范仲淹的经历与思想，请你谈谈他的"先天下之忧而忧，后天下之乐而乐"的思想是怎样形成的。

3. 你对范仲淹的哪首词比较感兴趣？请说说你的想法。

壬戌之秋七月既望蘇子與
客泛舟游于赤壁之下清風
徐來水波不興
誦明月之詩
歌窈窕之章
舉酒屬客
少焉月出於東山之上徘徊
於斗牛之間白露橫江水
光接天縱一葦之所如凌
萬頃之茫然浩浩乎如馮虛

第十三讲
自然超脱

刘淑丽

|导语|

　　元丰二年（1079）七月二十八日，苏轼被人构陷，遭遇乌台诗案，从湖州任上被捕，押入京师御史台监狱，十二月二十六日被贬为黄州团练副史。出狱后的苏轼一刻也不敢停留，于元丰三年（1080）元月一日即出发赴任，二月一日到达黄州，从此开始了四年贬谪黄州的生涯。黄州时期是苏轼生活、思想发生巨变的关键时期，也是他创作颇为丰富的时期。他死里逃生，从遭受打击的消沉中逐渐恢复过来，曾经惊心动魄的遭遇迫使他开始深思自我与人生的意义，思考如何才能获得心灵真正的安宁与喜乐。黄州地僻多雨，生计艰难，苏轼初到黄州时并无住所，只得寓居定慧院，后在友人帮助下迁居临皋亭，在东坡垦荒，开始真正务农，并自称"东坡居士"。他说："某见在东坡，作陂种稻，劳苦之中，亦自有乐事。有屋五间，果菜十数畦，桑百余本，身耕妻蚕，聊以卒岁也。"（《与李公择十七首》其九）黄州当地盛产鱼蟹、橘子、柿子、芋头，春酒亦不薄，苏轼常"扁舟草履，放浪山水间，与樵渔杂处，往往为醉人所推骂"，"自喜渐不为人识"（《答李端叔书》），逐渐融于当地，结识了一帮朋友。黄州风光宜人，有临皋亭、承天寺、赤鼻矶，苏轼常竹杖芒鞋，往来其间；或雇一小舟，邀三五好友，纵舟月下，消磨时光。他在《书临皋亭》中说："东坡居士酒醉饭饱，倚于几上，白云左绕，清江右洄，重门洞开，林峦坌入。当是时，若有思而无所思，以受万物之备，惭愧！惭愧！"他在给范镇儿子的信中说："临皋亭下不数十步，便是大江，其半是峨眉雪水，吾饮食沐浴皆取焉，何必归乡哉！江山风月，本无常主，闲者便是主人。"（《与范子丰八首》其八）这些真实而世俗的生活以及江水风月给苏轼带来了许多乐趣，也慢慢抚平了他心灵的创伤，使他逐渐从中有所觉悟，变得乐天而知命。作于元丰五年（1082）的《赤壁赋》就是这一变化的标志。

得託遺響於悲風　蘇子
曰客亦知夫水與月乎　逝者
如斯而未嘗往也　盈虛者
如彼而卒莫消長也　蓋將
自其變者而觀之則天地
曾不能以一瞬　自其不變
者而觀之則物與我皆無
盡也而又何羨乎　且夫天地
之間物各有主　苟非吾之
所有雖一毫而莫取　惟
江上之清風與山間之明

赤壁賦
壬戌之秋七月既望蘇子與
客泛舟游于赤壁之下清風
徐來水波不興
誦明月之詩
歌窈窕之章
舉酒屬客
少焉月出於東山之上徘徊
於斗牛之間白露橫江水
光接天縱一葦之所如凌
萬頃之茫然浩浩乎如馮虛
御風而不知其所止飄飄乎
如遺世獨立羽化而登僊
於是飲酒樂甚扣舷而
歌之歌曰桂棹兮蘭槳
擊空明兮泝流光渺渺兮
余懷望美人兮天一方容有

宋　苏轼　《赤壁赋》（局部）

赤壁^①赋

苏轼

　　壬戌^②之秋，七月既望^③，苏子与客泛舟^④，游于赤壁之下。清风徐来，水波不兴^⑤。举酒属客^⑥，诵明月之诗^⑦，歌窈窕之章^⑧。少焉，月出于东山之上，徘徊于斗牛^⑨之间。白露横江，水光接天。纵^⑩一苇^⑪之所如^⑫，凌^⑬万顷^⑭之茫然^⑮。浩浩乎如冯虚御风^⑯，而不知其所止，飘飘乎如遗世独立，羽化而登仙。

　　于是饮酒乐甚，扣舷而歌之。歌曰："桂棹兮兰桨，击空明^⑰兮溯^⑱流光^⑲。渺渺兮予怀，望美人兮天一方。"客有吹洞箫者，倚歌而和之，其声呜呜然，如怨如慕，如泣如诉。余音袅袅，不绝如

---

① 赤壁：这里指湖北黄冈的赤鼻山，又称赤壁。三国时期发生赤壁之战的赤壁是在今湖北蒲圻。

② 壬戌：宋神宗元丰五年（1082）。

③ 既望：阴历每月十六日。

④ 泛舟：船行水上。

⑤ 水波不兴：水面上没有涟漪和波纹，十分平静。

⑥ 属客：为客人斟酒，劝客饮酒。

⑦ 明月之诗：指《诗经·陈风·月出》。

⑧ 窈窕之章：指《月出》之首章："月出皎兮，佼人僚兮。舒窈纠兮，劳心悄兮。""窈纠"同"窈窕"。也有学者认为是指《诗经·周南·关雎》一诗。

⑨ 斗牛：星宿名，即斗宿、牛宿。

⑩ 纵：任凭。

⑪ 一苇：比喻船极小。

⑫ 如：往，去。

⑬ 凌：越过。

⑭ 万顷：形容江面宽广。

⑮ 茫然：极其旷远的样子。

⑯ 冯（píng）虚御风：乘风腾空而遨游。冯虚，凭空、凌空。冯，同"凭"。虚，天空。

⑰ 空明：月亮倒映在水上，呈现出澄明之色。

⑱ 溯：逆流而上。

⑲ 流光：在水波上闪烁的月光。

缕。舞幽壑之潜蛟，泣孤舟之嫠妇。

苏子愀然，正襟危坐，而问客曰："何为其然也？"客曰："'月明星稀，乌鹊南飞。'此非曹孟德①之诗乎？西望夏口②，东望武昌③。山川相缪④，郁乎苍苍。此非孟德之困于周郎⑤者乎？方其破荆州⑥，下江陵⑦，顺流而东也，舳舻⑧千里，旌旗蔽空，酾酒⑨临江，横槊赋诗，固一世之雄也，而今安在哉？况吾与子渔樵于江渚之上，侣⑩鱼虾而友麋⑪鹿。驾一叶之扁舟，举匏尊⑫以相属。寄蜉蝣⑬于天地，渺沧海之一粟。哀吾生之须臾，羡长江之无穷。挟飞仙以遨游，抱明月而长终。知不可乎骤得，托遗响于悲风。"

苏子曰："客亦知夫水与月乎？逝者如斯，而未尝往也。盈虚者如彼，而卒莫消长也。盖将自其变者而观之，则天地曾不能以一瞬。自其不变者而观之，则物与我皆无尽也，而又何羡乎？且夫天地之间，物各有主。苟非吾之所有，虽一毫而莫取。

---

① 孟德：曹操的字。

② 夏口：今湖北武昌。

③ 武昌：今湖北鄂城。

④ 缪（liáo）：通"缭"，缠绕、盘绕。

⑤ 孟德之困于周郎：指建安十三年（208），吴国周瑜在赤壁之战中打败号称有八十万大军的曹操部队。周郎，即周瑜，周瑜二十四岁为中郎将，故称周郎。

⑥ 荆州：相当于现在的湖北、湖南等地。

⑦ 江陵：当时湖北首府，今湖北县名。

⑧ 舳舻（zhúlú）：这里指战船。

⑨ 酾（shī）酒：滤酒，这里指斟酒。

⑩ 侣：以……为侣。

⑪ 麋（mí）：鹿的一种。

⑫ 匏（páo）尊：葫芦做的酒器。匏，葫芦。尊，同"樽"。

⑬ 蜉蝣（fúyóu）：一种生存期极短的昆虫，这里比喻人生短暂。

惟江上之清风，与山间之明月。耳得之而为声，目遇之而成色。取之无禁，用之不竭。是①造物者②之无尽藏③也，而吾与子之所共食④。"客喜而笑，洗盏更酌。肴核既尽，杯盘狼藉⑤。相与枕藉乎舟中，不知东方之既白。

选自［宋］苏轼撰，［明］茅维编，孔凡礼点校，《苏轼文集·卷一》，中华书局1986年3月版。

① 是：这。
② 造物者：指天地自然。
③ 无尽藏（zàng）：无尽的宝藏。
④ 食：享。

⑤ 杯盘狼藉（jí）：形容宴饮将完或已完时杯盘碗筷杂乱的样子。狼藉，杂乱的样子。

|译文|

元丰五年秋天，七月十六，苏轼与客人们一起坐船，游览于湖北黄冈赤壁江岸之下。清风徐徐吹来，水面平静，没有一点儿波澜。主人高举酒杯，劝客进酒。诵读《诗经·月出》之诗，又吟唱了首章。一会儿的工夫，月亮从东山上升起，徘徊于南斗和北牛之间。白茫茫的雾露笼罩了江面，闪闪的波光连接着天边。任凭如芦苇叶一样的扁舟自在而往，漂浮于茫茫然万顷烟波上。水面浩大无边，犹如御风而行，不知停止在哪里。飘飘忽忽，就像离开整个世界而独自存在，羽化飞升，成为神仙。

这时，饮酒的兴致很高，扣着船舷、打着节拍唱歌："桂树制作的棹啊、兰木做的桨，划开空明的夜色，迎着对面的水光。幽远辽阔啊，我的胸怀；我思念的美人呀，与我天各一方。"客人中有吹洞箫的，随着歌唱的节拍伴奏。那声音呜呜咽咽，好像在哀怨、在思慕，又好像在啜泣、在倾诉。余音悠长，细细柔柔，如未断绝的丝缕，幽谷深潭里潜伏着的蛟龙为之起舞，野水孤舟中独守的寡妇为之哭泣。

苏轼亦不禁感伤动容，正襟危坐地问客人："这箫声为何如此凄苦悲凉？"客答道："'月明星稀，乌鹊南飞'，这难道不是曹孟德的诗吗？西望夏口，东望武昌，山川相连缭绕，烟气迷蒙，郁郁苍苍，这难道不是曹孟德被周郎所困、惊惶逃跑的古战场吗？当初他攻破荆州，南下江陵，大军从上游顺流而下，战船相接，绵延千里，雄旗飘舞，遮蔽了天上的太阳，他举酒临江、横槊赋诗，也算得上是气吞一世的英雄了，而如今他又在哪里呢？何况我与先生您像渔人与樵夫一样，泛舟浪迹于江湖之上，和鱼虾为友，与麋鹿为伴，驾驶着一叶扁舟，相对举杯劝酒。将我们如蜉蝣般渺小而短暂的生命寄托于天地之间，在汪洋无际的大海中，如渺小的一粒粟米一样。哀叹人生如匆匆过客，寿命不过一瞬之间，羡慕长江的流水如此永无止尽。想挟着飞仙去一起遨游，愿拥抱着明月而万古长终。明知道这样好的时机不会被我碰上，只有借着箫声，把无穷的遗恨托付给江上的悲风。"

苏轼说："客也知道水和月亮吗？日夜不停地流逝的如这江水，但又可以说水从未曾流逝；或圆或缺的如这月亮，但也可以认为月一直圆满或亏缺，从未改变过。从变的角度来看，整个天地之间没有一瞬间的停止不动；从不变的角度来看，万物与我都是无穷无尽的存在，而又何必羡慕长江的无穷无尽呢？并且，天地之间，物都各有其主，假如不是我所应该有的，哪怕是一丝一毫，也不能取用。唯独这江上的清风和山间的明月，耳朵听到了，就是有声音的，眼睛看到了，就是美丽的画面。取用不受禁忌，用也用不完，这是造物主的无尽宝藏，而我和你可以尽情占有和享受。"客听后欢喜，笑了。大家又洗碗涮杯，重新斟酒而饮。酒饮完了，菜和水果也吃完了，杯盘散乱，大家相互枕靠着，在船上睡着了，连东方太阳升起都不知道。

| 文本解析 |

本赋继承了汉赋的传统，仍以主客问答的形式展开。首段前三句交代了时、地、人、事，之后便将读者引入一个梦幻虚空的世界。这个世界里，明月在天，水光接天，苏轼与客乘坐小舟，如纵一苇叶，在万顷碧波上飘荡。此时的水面，"清风徐来，水波不兴"，"白露横江，水光接天"。这平静安宁的世界，是现实，也未尝不是苏轼内心世界的呈现：他的心在明月下的水面上是愉悦的，没有愁苦，波澜不惊。因为乐之至，于是吟诵诗歌。在这种如梦境般的虚幻中，诗人的内心亦如凭虚御风，飞升了起来，就像要遗世独立、羽化登仙一样。因为"乐甚"，所以"扣舷而歌"，歌词唯美，在空明的江水与

流光中，似有期盼，美好而遥远，让人想起了屈原《九歌》中的"若有人兮山之阿，被薜荔兮带女萝。既含睇兮又宜笑，子慕予兮善窈窕"（《山鬼》），又令人想起了《说苑》里记载的一段动人诗歌："今夕何夕兮，搴中洲流，今日何日兮，得与王子同舟，蒙羞被好兮，不訾诟耻，心几顽而不绝兮，知得王子，山有木兮木有枝，心悦君兮君不知。"客人中有吹洞箫者，倚歌而和，声音如怨如慕、如泣如诉，凄美无比。感情与氛围也由乐而转为悲，进而引出了苏子的问与客的答。

苏子不知道客的洞箫声为何如此凄绝，客说出了其中的理由。他首先举出曹操的诗歌，进而引出当年赤壁之战，曹军船队前后相接千里，是何等浩浩荡荡、气势逼人；当年破荆州、下江陵时，横槊赋诗，临江把酒，是何等意气风发，如今不也全部消失不在了吗？进而，客人对比自己与苏子，都渔樵于江渚，与鱼虾和麋鹿为伴，属于隐者，根本无法和当年的曹操相比，自然更容易消失在天地之间。自己的生命，就像朝生夕死的蜉蝣寄于天地之间一样，又像苍茫大海中的一粒粟米，渺小无比。知道生命的短暂而不可能长生，所以心生悲感和遗憾，"托遗响于悲风"。这时候的风不再是起初的"清风"了，转而成为了"悲风"。

赋中吹洞箫的客人，据考证是苏轼的道士朋友杨世昌，他善吹洞箫。赋中借杨世昌之口说出生命短暂、无法与日月长久共存的悲伤苦恼，实际也折射了苏轼自己心中的疑惑与不解。苏轼遂以水与月作比，阐述了变与不变、短暂与永恒、自我与世界的关系。他说，你看那水，每天都在流逝，似乎是少了，但"水"这个事物是一直存在的；月有圆也有缺，这是我们看到的，但是"月"这个事物本身并没有消长，是一直存在的。苏轼从"变"与"不变"的角度来看待世间万物。从变的角度来看，天地间的任何事物不能存在一瞬间；从不变的角度来看，万物与我都是无穷尽的，不会消失的，又有什么可羡慕的呢？解决了瞬间与永恒的关系之后，苏轼又指明了天地间物各有主的事实：不是自己的，虽一毫都不取。实际是解决了如何满足人的欲望的问题。人的各种欲求是不容易满足的，得到了还需要更多的得到，如此下去，心灵永远没有满足的时候，也就永远处在痛苦和不甘中。苏轼的解决办法是在大自然中寻找满足。无论是清风还是明月，大自然中的一切，无论如何观赏，都是取之不尽、用之不竭的，是造物主的无尽藏。既然取之不尽、用之不竭，那人的需求自然也就没有不满足的时候了。

客听完苏轼的话，心中的不惑转为释然，完全放下心结，情绪由悲转喜。这个"喜"不同于简单的快乐，而是心中明了、悟道之后内心真正的愉悦。

全篇情、景、理交织，在描写赤壁下的水月风景之外，主要解决了如何破除迷惑，转悲为喜，解脱痛苦。苏轼的解脱痛苦之道是改变人们一味想得到的心理，转换思路、转换角度去看待人与世界的关系，摆脱局限于小我的痛苦，站在更广大宇宙中，接近生命的本质，并通过自然山水之助而缓解人的焦虑与欲求，在与自然的交往中得到逍遥与超脱。所以，赋中之景并不仅仅是说理的触媒，其本身恰是引导人的心灵得到慰藉与超脱的归宿。

| 文化阐释 |

苏轼在赋中所表达的思想，其实是他在黄州时期思考和感悟的结果。苏轼初到黄州时，寓居在定慧院，内心是孤独犹疑的，也是无所自适的，如他的《卜算子·黄州定慧院寓居作》所示：

缺月挂疏桐，漏断人初静。时见幽人独往来，缥缈孤鸿

影。　　惊起却回头，有恨无人省。拣尽寒枝不肯栖，寂寞沙
洲冷。

　　这里的"幽人"，实是指"孤鸿"，写孤鸿在夜深人静的月下独
自往来，写它的犹疑不决、徘徊不定，写它心中有恨却没有人能够理
解，写它在寂寞的沙洲上飞翔，拣尽寒枝，却没有一处是自己想落脚
的地方，没有一处是理想的栖息之地的孤愁无奈、形单影只。这孤鸿
与它孤单的影子恰恰是苏轼当时心境的外化，它像极了刚死里逃生的
苏轼惊悸未定又孤独迷茫的精神状态。到了这年（元丰三年）九月
的重阳节，苏轼的心情稍微缓和过来了，他说"尘世难逢开口笑。年
少。菊花须插满头归"，他说"古往今来谁不老。多少。牛山何必更
沾衣"（《定风波·重阳括杜牧之诗》）。那个乐天的苏轼似乎又回来
了。但是，苏轼的心情仍时有起伏，不免有见花落泪的伤感，如他作
于元丰四年（1081）年春天的《水龙吟·次韵章质夫杨花词》：

　　　似花还似非花，也无人惜从教坠。抛家傍路，思量却是，无
情有思。萦损柔肠，困酣娇眼，欲开还闭。梦随风万里，寻郎
去处，又还被、莺呼起。　　不恨此花飞尽，恨西园、落红难缀。
晓来雨过，遗踪何在？一池萍碎。春色三分，二分尘土，一分流
水。细看来，不是杨花点点、是离人泪。

　　咏花其实亦是自伤、自怨、自怜。他在元丰四年（1081）重
阳节作的《南乡子》中说"万事到头都是梦，休休。明日黄花蝶也
愁"，也仍然驱不走颓废与忧愁。包括元丰五年（1082）二月作的
《江城子》，虽然已经能感受到雨水充足、乌鹊报喜所带来的欣慰与
踏实，但仍有"梦中了了醉中醒""吾老矣，寄余龄"的消极悲观。
直到从这一年三月七日作的《定风波》中，我们才感受到苏轼的精神
产生了巨大蜕变：

　　　莫听穿林打叶声。何妨吟啸且徐行。竹杖芒鞋轻胜马。谁

怕？一蓑烟雨任平生。　　料峭春风吹酒醒。微冷。山头斜照却相迎。回首向来萧瑟处。归去。也无风雨也无晴。

苏轼终于从内忧外患中，从精神与心灵的苦难中得到解脱，他不再害怕各种变故，内心犹如无风无雨亦无晴一样，多了宠辱不惊的平静与从容。从苏轼此后的词作中，也能看到其精神蜕变后的坚定、执着、自在，以及不甘屈服与妥协的心理，例如："谁道人生无再少？门前流水尚能西。休将白发唱黄鸡"（《浣溪沙》），"梦里栩然蝴蝶、一身轻……求田问舍笑豪英。自爱湖边沙路、免泥行"（《南歌子》），"酒醒还醉醉还醒，一笑人间今古"（《渔父》）。

而几乎同作于元丰五年（1082）七月的《念奴娇·赤壁怀古》则可谓是苏轼黄州时期有关人事与自然对比在词中的集中体现：

大江东去，浪淘尽、千古风流人物。故垒西边，人道是、三国周郎赤壁。乱石穿空，惊涛拍岸，卷起千堆雪。江山如画，一时多少豪杰。　　遥想公瑾当年，小乔初嫁了，雄姿英发。羽扇纶巾，谈笑间、强虏灰飞烟灭。故国神游，多情应笑我，早生华发。人间如梦，一尊还酹江月。

经过两年多的躬耕东坡、亲近自然与当地淳朴民风的浸染，苏轼心境更阔，眼界更大，他意识到人生活在世间是短暂的，无论曾经建立过多么显赫的功业，无论曾经是多么叱咤风云的人物，如周瑜、诸葛亮，都会如大浪淘沙一样被淘洗干净，踪影全无，而江山与水月等自然景象却是永恒的，是不会随人世沧桑而被代谢掉的。这种有关人事与自然的思考、看法更为透彻地表现在他的《赤壁赋》中。《赤壁赋》的精彩，它给予人的启发，与其所体现的思想深度有很大关系。

苏轼在《赤壁赋》中所体现的思想受到佛道思想的影响，这是人所共知的。比如，"纵一苇之所如，凌万顷之茫然。浩浩乎如冯虚御风"，正是《庄子·逍遥游》中列子御风而行的逍遥境界；"自其变者而观之，天地曾不能以一瞬。自其不变者而观之，则物与我皆无尽也"，又受到《庄子·齐物论》中"天地与我并生，而万物与我为一"思想的影响；而"自其变者而观之……自其不变者而观之"的叙述方式，也与《庄子·德充符》"自其异者视之，肝胆楚越也；自其同者视之，万物皆一也"类似。至于蜉蝣与沧海一粟的比喻，也与《庄子·逍遥游》中朝菌、蟪蛄的比喻类似。但是，本篇受儒家思想尤其是《周易》思想的影响，却很少有人提及。

宋代许多杰出的思想家、文学家，都对易学有或深或浅的涉猎或研究。这是他们思考人生与精神世界的坚实理论基础。苏轼一生钻研易学，受其影响不小。他说："策曾忤世人嫌汝，《易》可忘忧家有师。"（《病中闻子由得告不赴商州三首》其三）他说："斋罢何须更临水，胸中自有洗心经。"（《赠治〈易〉僧智周》）他是将《周易》看作是"可忘忧"的"洗心经"的，可见《周易》在苏轼贬谪黄州期间所起到的精神治疗作用。苏轼在黄州给滕达道写的信中说："某闲废无所用心，专治经书。一二年间，欲了却《论语》《书》《易》。"（《与腾达道六十八首》其二十一）在给文彦博的书信中也说："到黄州，无所用心，辄复覃思于《易》《论语》，端居深念，若有所得，遂因先子之学，作《易传》九卷。"（《黄州上文潞公书》）并且在元丰五年写作《赤壁赋》时，已完成《东坡易传》初稿。《赤壁赋》中"变"与"不变"的思想以及两者之间的关系，其实是受了苏轼易学思想中"通二为一"思想的影响（《东坡易传·卷八》），所谓"变者两之，通者一之"（《东坡易传·卷七》），"一者，不变也"（《东坡书传·卷七》），"世之所谓变化者，未尝不出于一，而两于所在也"（《东坡易传·卷七》）。可知苏轼在《赤壁赋》中以"变"与"不变"角度来处理人与自然的关系绝非偶然，这是他思想的一贯体现。正如他在解释"见群龙无首，吉"时说："论卦者以不变，论爻者以变。"（《东坡易传·卷一》）他认为"《易》将明乎一，未有不用变化"，"致一而百虑皆得也，夫何思何虑？"（《东坡易传·卷八》）一是根本，是不变，只要掌握了根本，无论如何变化，又有什么可担心的呢？《赤壁赋》中苏子的笃定与豁然，是完全明白了《周易》中所谓一与变化之间的内在必然联系，故能笼万物于心而不迷惘。

《赤壁赋》可挖掘的思想文化内涵很丰富，在此不必一一细说。要强调的一点是，虽然《赤壁赋》富有哲理，内涵丰富，但它又不是枯燥无味、如同嚼蜡地寄托儒道佛思想的理窟。在美丽的自然山水、秀丽如画的风景中，在人与自然美好的相遇与感知中，通过真实而丰富的人生感慨，它体现了作者以审美的方式完成超越痛苦、达到自然超脱的心灵历程。这是天才的苏轼的贡献，也是这篇赋最值得称道的地方。

孔子提出"知者乐水，仁者乐山"（《论语·雍也》），说明在与自然的接触中，自然并不仅仅能带给人即目之乐、声色享受，而且还可以带给人"仁"或"知"，即道德与智慧方面的感悟。中国古人喜欢自然山水，尤其是在遭遇到打击和政治挫折时，更容易选择大自然作为逃避之所，由此产生了老庄思想，产生了中国古代山水田园诗，也涌现出了许多了不起的山水田园诗人，如陶渊明、谢灵运、王绩、王维、孟浩然、柳宗元等等，他们在山水自然中栖息，弥补仕途失意、遭受打击带来的人生缺憾，治愈自己的心灵，创造属于自己的心灵世界。但是在这当中，在逃避与超脱当中，他们又背上了"沉重"而不自知的宗教与"思想"的负担。无论道家思想，还是佛教思想，在向它们靠拢的同时，有时又不免会感到有些无力和迷茫，总有缝隙被力所不至填满，会让人产生瞬间的迷惘和无措。理与情，宗教与鲜活的生活，在某种维度上，总难以达到水乳交融，总有一块虚空，横亘在其中。而苏轼，恰恰填补了这一虚空。这也是他将情与性、命融为一体的思想的体现。苏轼在释《乾》卦之"乾道变化，各正性命。保合太和，乃利贞"之"贞"时说：

> 方其（指乾道）变化各之，于情无所不至。反而循之，各直其性以至于命，此所以为贞也……君子之于道，至于一而不二，如手之自用，则亦莫知其所以然而然矣，此所以寄之命也。情者，性之动也，溯而上，至于命；沿而下，至于情，无非性者。性之与情，非有善恶之别也，方其散而有为，则谓之情耳。命之与性，非有天人之辨也，至其一而无我，则谓之命耳。其于《易》也，卦以言其性，爻以言其情。情以为利，性以为贞。其言也互见之，故人莫知明也。……故曰：六爻发挥，旁通情也。（《东坡易传·卷一》）

从以上引文可以看出，苏轼的伟大贡献就在于肯定"情"在性、命、情三者之中的地位，所谓"方其变化，各之于情"，所谓"六爻发挥，旁通情也"，这与程颐继承王弼以来的将"理"置于"性""命"中很重要位置的观点（"穷理则尽性，尽性则知天命矣"，见程颐《二程集·遗书·卷第二十一下》）相比，有显著的进步。正是因为重视了情的作用，故使苏轼有关天地、性命、自然、人事及其变化的观点不致枯燥，不致因远离了普通百姓的生活而失去烟火气。

所以，我们可以看到，苏轼将自然理趣融在了山水中，融在了人的世俗而真实的生活中，融在饮酒、笑谈、歌舞与音乐中，融在日常的烟火中，使人从中真切地感受到乐趣，并且在与自然的亲近与交融中，接近生命的本质意义，超越痛苦，达到自然解脱。

苏轼融合诸家，在更广大更宏阔的宇宙视域里观照士人的进退与仕隐，其中尤其注重得江山之助，在自然山水的涤荡与映发之下获取灵感和智慧，进而发现生活中的乐趣与情趣，以苦为乐，产生乐观笃定心态。这份于生活中苦中作乐、于自然中安放心灵的解脱与超越，成为苏轼此后生命中不可缺少的一部分，也充实、丰富了中国知识阶层的人格内涵，由此生出的贞刚坚韧之气，也体现了士人的风骨与脊梁。苏轼的人格、精神及对待生活的态度，对宋以后知识分子产生了深厚广远的影响，使他备受欢迎。苏轼的这种精神，也可视为中国士大夫精神的典范。

▌阅读资料▌

1.《苏轼诗集》，［宋］苏轼撰，［清］王文诰辑注，孔凡礼点校，中华书局 1982 年 2 月版。

2.《苏轼文集》，［宋］苏轼撰，［明］茅维编，孔凡礼点校，中华书局 1986 年 3 月版。

3.《苏东坡传》，林语堂著、张振玉译，湖南文艺出版社 2018 年 1 月版。

4.《苏轼十讲》，朱刚著，上海三联书店 2019 年 7 月版。

▌思考与探究▌

1. 结合《赤壁赋》与你的感受，谈谈人与自然的关系。

2. 你觉得苏轼思想中的什么让你最受启发？

3. 结合《赤壁赋》和你的看法，谈谈你是怎么理解"苟非吾之所有，虽一毫而莫取"与"取之无禁，用之不竭"的。

第十四讲
家国之思与乡情书写

刘青海

｜导语｜

　　自从汉武帝罢黜百家、独尊儒术，儒家的思想成为中国思想的主流，为历代统治者所尊奉。儒家重视道德修养与自我完善，《礼记》说"自天子以至于庶人，一是皆以修身为本"，"身修而后家齐，家齐而后国治，国治而后天下平"。君子修身，可以和家，可以强国，可以安定天下。家和国，都是君子的责任。由此而奠定了中国古代士大夫以家国为责任的基本价值观，形成一种家国的情怀。家国情怀，首先是在国，士君子不管是出（出来做官做事），还是处（退隐在地方），他们的心中萦绕的都是对国家与社会的关怀。范仲淹《岳阳楼记》说"居庙堂之高则忧其民，处江湖之远则忧其君"，意思是：君子无论身在何处，总是忧国忧民的。清初顾炎武主讲东林书院，挂一副对联说"风声雨声读书声声声入耳，国事家事天下事事事关心"，提倡读书人不可闭门造车，要关心天下大事。总之，中国古代的士人，是以治国平天下作为自己的终生抱负的。为了实现这个抱负，士人往往要离开家乡，四处游历，寻找入仕的机会。入仕之后，在朝为官，也不能轻易回乡，所以思乡怀人和家国之思都是中国文学永恒的主题。

对于中国古代的士大夫来说，家、乡、国是联系在一起的。"乡"又称"家乡"，"国"又称"国家"，可见这种联系是何等的紧密。士大夫在朝、在官则思乡、思家，在乡、在家则思京、思国。这几种情绪的表达，在中国古代的诗歌中可以说是随处可见。而怀乡、忆京更是他们的两种主要情结，如杜甫的《秋兴八首》，是他身在江湖之作。诗人一方面抒写"丛菊两开他日泪，孤舟一系故园心"（其一）的思乡念家的情感，同时又以"夔府孤城落日斜，每依北斗望京华"（其二）来表现思念京国的浓烈情感。作者同时思念京国与家园，可见这两者都是诗人的情感归宿。同时，对这种思念交织的抒写，反映出作者在乱离中漂泊的身世。他的忆京国、忆家乡，不仅仅是一种思忆，还包含着伤时忧乱的情绪，以及渴望国家恢复和平、隆治的终生理想。这正是以儒家的齐家治国平天下为思想基础的。所以，像李白、杜甫的诗歌中所表现的家国之思、思乡之情，都是很典型的。这种家国之思、思乡之情，既是一种人性的表现，有一种普适的价值，同时也凝结着中国古代士大夫以儒家思想为主体的传统价值观。

床头看月光，疑是地上霜，举头望明月，低头思故乡。李白静夜思用闢仝法写出

静夜思

李白

床 前 看 月 光，△
疑① 是 地 上 霜。△
举 头 望 山 月，
低 头 思 故 乡。△

选自《李太白全集》，[唐]李白著，[清]王琦注，中华书局1977年9月版。

| 译文 |

床前洒落一地的月光，
我疑心是遍地的秋霜。
抬头遥望皎洁的山月，
低头思念远方的故乡。

| 文本解析 |

　　自然是中国文人诗的审美理想。自然天成、自在天真是对一首诗的最高礼赞。诗人提笔之初，不过是要"道得人心中事"。这"心中

---

① 疑：相似，好像。

事"是世人共通的，越道得出，自然越是平常的语句。尖新的诗句、新巧的构思固然也是好，然终究和"共通"隔了一层，所以不能众人称赏，只合一家一派激赏。所以大家的诗都是"看似寻常""成如容易"（王安石《题张司业诗》），乍一看也不过是平常的笔墨。好诗和庸诗，差别只在毫芒。

讲李白《静夜思》的好处，可以借用唐代诗人张籍的一句诗——"一曲菱歌敌万金"（《酬朱庆馀》）。这是笼统地说它的好在于自然的风致，如风行水上自然成文，如芙蓉出水天然入妙。这也是它的第一个好处，就是自然。无论语言、意象、构思，无一不自然。连音节也是自然的，自然得让人浑然不觉是诗。

《静夜思》也是乐府。如果合乐演唱，最适合它的应该是琴曲。这可以从诗歌的韵脚得到印证："光""霜""乡"，绵远悠长，正适合于琴的一唱三叹。在平缓的节奏中，浓烈的思乡之情缓缓流溢，琴曲在"乡"这个音节上陡然结束，而袅袅的余音中，诗歌不绝的余韵也得到了充足的表现。

和自然结合在一起的第二个好处是朴质。诗歌没有李白个性化的天马行空的想象，也没有跳脱的思维和惊人的意象，只是将浓厚的思乡之情缓缓道出：天上是一轮孤月，床前是一地月光。诗人骤然从梦中惊醒（"月出"既可以"惊山鸟①"，自然也可以"惊"旅人），看到满地银白的月华，不觉错认成了寒霜。这里"疑"字下得好，中唐人诗句"乍见翻疑梦"（司空曙《云阳馆与韩绅宿别》），正因"乍见"才会"翻疑"，太白此处也正因乍醒才会疑明月光为地上霜——否则就不合乎情理，就成了故意造作。

---

① 王维《鸟鸣涧》："月出惊山鸟，时鸣春涧中。"

暗含在自然、朴质之内的第三个好处是有情。在已然下霜的秋冬之夜醒转，天涯孤旅的游子会有什么样的情思呢？纵然是有天纵的豪情，有惊人的际遇，仕途奔波的孤独和夜深醒转的寒凉也必然要驱赶他的心灵，去就一个温暖的怀抱，而这个怀抱，就是深藏在心底的故乡。诗人的错认不过是一瞬，这一瞬却流露出"罗衾不耐五更寒，梦里不知身是客"（李煜《浪淘沙令》）的凄苦情调来。所以在转瞬之后，举头遥望那一轮明月，不觉如曹孟德一样，有"明明如月，何时可掇！忧从中来，不可断绝"之感，亦或有"月明星稀，乌鹊南飞。绕树三匝，何枝可依"（《短歌行》其一）之叹。这一瞬诗人的情绪当是复杂的，有羁旅天涯、星霜累换的凄苦，有仕途偃蹇、遭逢不偶的叹息，也有对故乡的人物和风景的怀念，而这一切的一切交织在一起，让诗人的心情渐渐地沉重起来。最后把这些沉重的东西都装在一个瓶子里，这瓶子的名字叫"乡愁"。在中国古代文人的传统里，乡愁实在不是一种简单的情绪，而这种情绪自此诗之后，成为月光下最美丽的忧伤。杜诗说"白头吟望苦低垂"（杜甫《秋兴八首》其八），何尝不也是在"低头思故乡"，不过情绪上就潦倒得多了。

　　月夜怀人之思，在中国古典诗歌中有着悠久的传统。汉末《古诗十九首》："明月何皎皎，照我罗床帷。忧愁不能寐，揽衣起徘徊。"（《明月何皎皎》）曹丕《燕歌行》："明月皎皎照我床。"曹睿《乐府诗》："昭昭素月明，辉光烛我床。忧人不能寐，耿耿夜何长。"乃至南朝吴声歌《子夜四时歌·秋歌》："秋风入窗里，罗帐起飘飏。仰头看明月，寄情千里光。"这些诗作，无一不是代替闺中的女子抒写怀人的愁思。天上那一轮皎洁的明月，烛照着闺人的罗床，也烛照她内心的相思愁情。李白自然是熟悉这一乐府的传统的，但同时又不为传统所囿，而是用它来自由地抒写自己的思乡之情。"举头望山月，低头思故乡"，如同冲口而出，却是游子内心最诚挚的告白。由此我们也可以明了，"床前看月光"的"床"，就像"照我罗床帏"的"床"一样，只能解为卧具，不能也没必要解为井床或坐具。在李白的笔下，它被虚化为一个背景，暗示着夜深难寐与客途辗转的艰辛，也因此成为抒情的载体了。

这首诗还有一个广为流传的版本："床前明月光，疑是地上霜。举头望明月，低头思故乡。"这个版本的普及，一般认为主要是明代李攀龙《唐诗选》的功劳。《唐诗选》为什么要将"看月光"写作"明月光"、"望山月"写作"望明月"呢？这样一改，是不是更好呢？"明月"在第一、三句重出，犹"举头""低头"在第三、四两句相互呼应，乍一读，似乎更自然，更能体现《静夜思》作为歌调的性质。但原作从"看"到"疑"，因"疑"而"举头""望"月加以印证，再"低头"而"思"，这一系列动作和心理如一气直下，缺一不可。也许有人要说，"看"就是"望"，不免重复。但乐府本不忌重复，何况"看"是与月色的猝然相遇，月色如霜，所以生疑，而"望"是有意地看，是因"疑"而生的印证之举，两者的内涵并不相同。至于将后一个"山月"改为"明月"，看似"月"的形象更凝练、集中了，其实不然。我们知道，李白少年是生活在蜀中的，蜀中多山，山月更容易勾起他对故乡的怀念。他有一首《峨眉山月歌》："峨眉山月半轮秋，影入平羌江水流。夜发清溪向三峡，思君不见下渝州。"在这首诗中，山月就寄托了诗人对故乡的怀念。所以从"举头望山月"到"低头思故乡"，不仅沉淀了诗歌史上见月怀人的传统，也融入了李白个人独特的生命体验。何况，经验也告诉我们，正是在有黑魆魆的山为参照物的时候，那一轮烛照乡愁的月亮，才会显得格外的明亮。

春 望

杜甫

国^① 破 山 河 在，

城 春^② 草 木 深。△

感 时^③ 花 溅 泪^④，

恨 别 鸟 惊 心。△

烽 火 连 三 月^⑤，

家 书 抵^⑥ 万 金。△

白 头 搔^⑦ 更 短^⑧，

浑^⑨ 欲 不 胜^⑩ 簪^⑪。△

选自《杜诗详注》，[唐]杜甫著，[清]仇兆鳌注，中华书局1979年10月版。

① 国：都城，指唐朝的都城长安。

② 春：春天。这里用作动词，犹言春天到来。题目中的"春"是名词。

③ 感时：感伤时事。

④ 溅泪：洒泪。

⑤ 烽火连三月：指接连三个月，战火不断。另一解为，自去年三月到今年三月，战火一直不断。后一解迂曲不成语，何况从去年三月到八月，杜甫一

直和家人在一起，不存在"家书抵万金"的问题。

⑥ 抵：相当，抵得上。

⑦ 搔：抓。

⑧ 短：少。

⑨ 浑：简直。

⑩ 不胜（shēng）：不能承受。

⑪ 簪：用簪固定发髻。

国都沦陷，只有山河依旧。

长安春来，草木更觉茂盛。

伤国家之变，对花开落泪；

恨久别家人，觉鸟啼惊心。

战火持续了三个月，

一封家书价值万金。

我的白发因抓搔日益稀少，

简直就要插不住发簪。

| 文本解析 |

天宝十四载（755）十一月，平卢、范阳、河东三镇节度使安禄山诡称讨杨国忠，自范阳起兵叛唐，很快攻下洛阳。次年（756）正月称帝，占领长安（今陕西西安）。唐玄宗逃亡蜀郡（今四川成都），随即太子李亨在灵武即位，史称肃宗，年号至德。至德二载（757），安禄山在洛阳为其子安庆绪所杀，长安、洛阳也相继收复。乾元二年（759），史思明杀安庆绪，回范阳称帝，并再度攻下洛阳。两年后，史思明为其子史朝义所杀。代宗广德元年（763），史朝义战败，自缢而死，叛乱平定。这场持续了七年多的叛乱，史称"安史之乱"。它惊破了太平盛世的迷梦，是唐王朝由盛而衰的转折点。

杜甫亲身经历了这一场重大战乱。安史之乱爆发后，他携家逃离了长安，备历险阻，将家小安置在鄜州的羌村居住。至德元载（756），听说肃宗即位于灵武的消息，又只身去投奔行在（天子巡行驻跸的地方），路上被叛军俘虏，押解到长安，耳闻目睹了城中的种种惨状。直到至德二载的四月，才冒险逃离长安，投奔凤翔肃宗行在，结束了这段惊变与陷贼的苦难经历。本篇即作于至德二载三月的长安城。

阳春三月，本是长安人倾城而出、踏春赏景的好时候。杜甫自己的诗歌中，就多次写到长安暮春的繁华热闹之景，《丽人行》中"三月三日天气新，长安水边多丽人"的景象，对诗人来说也还历历在目。然而，至德二载的长安，经过叛军的洗劫，早已是疮痍满目，一片令人伤心的残破之景。诗人即目远望，忧时伤乱，又挂念家人，写下本篇。

"国破"二字，开门见山，极为沉重。历史巨变、生灵涂炭、百姓蒙难，多少情事都在其中。"国破山河在，城春草木深"，写出长安城中已经天翻地覆，不复昔日的繁华热闹，只有山川草木依然如常。大自然的生机勃勃和长安城中的惨淡之景形成鲜明的对照。杜甫心中，充满了"感时"的忧虑，不知道朝廷如何排兵布将，也不知自己何日能逃出牢笼，又牵挂家中的妻小，一别数月，不知存亡。此时见春花盛开，听春鸟啼啭，不仅毫无欣悦之感，反而见花泪流，闻鸟心惊。这种反常的情感反应，正见出诗人快要被自己满怀的焦虑、担忧和牵挂压倒了，大自然已经不能给予他丝毫的欢乐和慰藉。

诗的题目是"春望"，前四句写的正是望中之春景。这样的诗题在杜甫之前已经有很多人写过，也都是写春日之景、赏春之情。但至德二年的长安之春毕竟是不同的，诗人所望的，也不仅是城中的春景，还有城外传来的朝廷和家人的消息。"烽火连三月，家书抵万金"，战火连续不断，渴盼家书的心情是何等的急切。杜甫在另一首《述怀》诗中说："自寄一封书，今已十月后。反畏消息来，寸心亦何有。"十个月前寄出的家书，一直没得到回信，这自然是反常的情形。因为担心家人的安危，不免有许多可怕的想象，所以反而害怕有信来，因为很可能意味着坏消息。无论是盼家书，还是怕家书，都是乱离中最真切动人的思亲之情，是最浓烈的乡愁。

末二句"白头搔更短，浑欲不胜簪"是说自己不胜愁苦，忍不住经常挠头，头发都少了许多。杜甫有一首《梦李白》诗，梦中李白"出门搔白首，若负平生志"（其二），在杜甫笔下，"搔白首""搔白头"是不如意的表现。古人束发，上面插一根簪固定。"浑欲不胜簪"是自嘲现在头发太少，简直就要连簪都插不稳了。人在苦难中，有时候需要一点儿自嘲的精神。

▎文化阐释▕

一、中国古典诗歌中的"京华"记忆

京城是帝王居住的宫阙所在，是皇权的中心，也是政治舞台的中心。中国古代的士人要出仕，先要离开自己的家乡，跋山涉水来到京城，以求实现自己的政治梦想。帝都的富贵繁华，王侯将相的赫赫功业，更加激发了他们从政的热情，于是奔走权门，寻求入仕的机会。他们或平步青云，或沉沦下僚。除非老死于此，总要离开，带着难以磨灭的京华记忆。因此，思京和恋阙，也就成了中国古代诗歌中常见的主题之一，是家国之思的重要内容。"阙"是宫阙，"恋阙"即留恋宫阙，比喻不忘君主。中国古代，理论上皇帝和国家是一体的，爱国和忠君并不矛盾，恋阙和思京也常如影随形。这在大诗人李白和杜甫的诗歌中有多方面的表现。

在李杜之前，诗歌中已经有了较多对京城的表现。南朝建都金陵（今江苏南京），左思"济济京城内，赫赫王侯居"（《咏史八首》其四），谢朓"江南佳丽地，金陵帝王州"（《入朝曲》），都是当时题咏都城的名句。唐代建都长安，卢照邻《长安古意》也是一时传诵的名篇。不过，无论是左思和卢照邻的冷嘲，还是谢朓的深情，他们对帝都的记忆中，都没有表现出特别明显的恋阙之意。这应该和六朝时国家长期分裂、政权频繁更迭有关系。盛唐国力强盛，万国来朝，长安城是当时名副其实的国际大都会，所以包括李杜在内的盛唐诗人，他们对京城的记忆，与对玄宗的念念不忘是不可分割的。

李白天宝初入长安，得玄宗赏识，待诏翰林，出入禁中。这是他梦寐以求的君臣遇合的开始。但不及大展宏图，就在天宝三载，被玄宗赐金放还。离开后，对长安的追忆成为李白诗歌的重要主题。他痛恨小人的离间让玄宗疏远了他，感叹"总为浮云能蔽日，长安不见使人愁"（《登金陵凤凰台》）；怀念"文章献纳麒麟殿，歌舞淹留玳瑁筵"（《流夜郎赠辛判官》）的昔日荣光；期待有一天能够重新回到大唐的政治中心，"长安如梦里，何日是归期"（《送陆判官往琵琶峡》）；甚至幻想"狂风吹我心，西挂咸阳树"（《金乡送韦八之西京》）。他思念长安，期待重新回到大唐的政治中心，怀念昔日的君臣相得，至老不衰。但一直到死，诗人也未能再回到那座充满了光荣和梦想的城市，只能哀叹"却望长安道，空怀恋主情"（《观胡人吹笛》）。

杜甫在长安蹉跎十年，靠着献赋被玄宗接见，得了一个小官。很快安史之乱爆发，他冒着生命危险，投奔肃宗，被授左拾遗。安史之乱平定，杜甫跟随肃宗回到长安，作为天子近臣，自有一番风光。但很快就被贬官，不久弃官而去。此后，唐王朝一直危机不断，国家一天天败落下去。杜甫虽然落魄潦倒，但没有一天忘记朝廷。"夔府孤城落日斜，每依北斗望京华。"（《秋兴八首》其二）诗人在夔州北望京华，缅怀旧事。诗人对长安最鲜明的记忆，当然是因作赋见赏于玄宗和为肃宗的"近臣"这两件事，那也是他政治上最为得意的时候。

这是杜甫"思京"和李白共同的地方。不同的是,杜甫在安史之乱中被困在长安,目睹了沦陷后长安的破败凄凉,写下"国破山河在,城春草木深"这样惊心动魄的诗句,后来又随肃宗回到被收复的长安,见识了"王侯第宅皆新主,文武衣冠异昔时"(《秋兴八首》其四)的世事沧桑。这一番盛和衰的巨变,新和旧的更替,使长安对于杜甫来说,承载了更复杂的内涵。它见证了诗人的政治理想以及这种理想在现实中的幻灭,见证了大唐王朝的全盛和衰落。杜甫的长安记忆中,不仅有情感上的依恋,也有理性的剖析,这也是他和李白不一样的地方。他对长安盛世繁华的书写,对后世影响极大,成为盛唐记忆最重要的一部分。

二、中国古典诗歌中的乡愁

传统的中国人安土重迁,但为了谋生,不得不离开故土,漂泊异地。对于故乡的思念,也由此成为中国古典诗歌中的一个重要主题,在文学中有很悠久的表现。《诗经》是中国最早的一部诗歌总集,其中已经有对征夫思乡之情的表现:"昔我往矣,杨柳依依。今我来思,雨雪霏霏。"(《采薇》)汉乐府中,少不了游子思乡的《悲歌》:"悲歌可以当泣,远望可以当归。思念故乡,郁郁累累。欲归家无人,欲渡河无船。心思不能言,肠中车轮转。"回不去的故乡,道不尽的乡愁,都只在游子的心里。而思乡的愁绪,就如同转动的车轮,永无休息。建安诗人曹植《杂诗》:"转蓬离本根,飘飘随长风。何意回飙举,吹我入云中。高高上无极,天路安可穷。类此游客子,捐躯远从戎。"(其二)将离开故乡从军的游子比作断了根的蓬草,只能随风乱转,不知道飘向何方。这种深刻的漂泊感和对故乡的真实深切的思念,是乡愁诗最动人的地方。

在诗人的笔下,故乡的一草一木,都是那么令人怀念。《诗经》中有一首《东山》诗这样写道:"伊威在室,蠨蛸在户。町畽鹿场,熠耀宵行。"潮虫在屋中出没，蜘蛛在门上结网，房舍旁的空地成了野鹿的地盘，鬼火在庭中闪闪发亮。这是多么荒凉的一幕啊，却令征夫满怀思念："亦可畏也，伊可怀也！"唐代诗人王维，格外惦念窗前的梅花，他问来自故乡的友人："来日绮窗前，寒梅着花未？"（《杂诗三首》其二）你来的那天，窗前的梅树开花没有？

黄昏的时候归思易生，月圆的夜晚乡愁最浓。诗人笔下的乡愁和月亮有不解之缘。放旷的诗人李白，也不免于"举头望山月，低头思故乡"；忠厚的诗人杜甫，更是慨叹"露从今夜白，月是故乡明"（《月夜忆舍弟》）。明月千里共相思，奈何月圆人不圆。李白离开故乡蜀中之后，终其一生，都未能回去；杜甫在安史之乱后漂泊西南，又辗转到岳州（今湖南岳阳），客死于洞庭湖上的一叶扁舟中。回不去的故乡，挥不去的乡愁，从汉到唐，在诗人的笔下，从未断绝过。

| 阅读资料 |

1. 《咏史八首》其五（皓天舒白日）　［晋］左思

2. 《入朝曲》　［南朝］谢朓

3. 《长安古意》　［唐］卢照邻

4. 《流夜郎赠辛判官》　［唐］李白

5. 《秋兴八首》　［唐］杜甫

| 思考与探究 |

1. 李杜对京城的书写中，最打动你的是哪一部分？试着从"写什么"和"怎么写"两个方面，探究其中的原因。

2. 请列举你最熟悉的"乡愁"诗（不限于中文），结合你的人生经历与阅读体验，谈谈它的动人之处。

3. 试举一首现当代诗歌，体会在抒写家国之思与思乡之情方面，古、今诗体有哪些继承和变化。

4. 在古今诗体中选择一种，改写杜甫《春望》。

第十五讲
充满隐喻的爱情抒写

刘青海

| 导语 |

爱情是人性的永恒主题，也是文学永恒的主题。英雄美女、才子佳人的爱情故事，永远是舞台上最受欢迎的剧目。古今中外，有无数讴歌爱情的名篇佳作流传。中国最古老的诗歌总集《诗经》的产生和《荷马史诗》的问世差不多同时。《荷马史诗》讲述了海伦的故事，《诗经》中则收录了中国最古老的爱情诗篇。

《诗经》本名《诗》，一共305篇，故又名《诗三百》。它在汉代被官方尊为"经"，故后世称之为《诗经》。《诗经》是中国诗歌的源头，也是中国爱情诗的渊源。《诗》中的爱情诗，大多抒写的是夫妇、男女的相思离别。汉代的儒生在解释《诗经》的时候，却往往将爱情比附为政治，这形成了一个强大的传统，直到宋代理学家朱熹加以重新阐释，这些诗歌才渐渐地恢复它们的本来面目。

《诗经》之后，汉乐府和南北朝民歌中也有对纯真爱情的热烈歌唱，这构成了一个连续的民间文学的传统。与之相对的文人文学传统中，自汉魏以来，一直缺少抒写爱情的名篇。到了中唐，这种情形开始改变，文人开始有意识地学习民间文学，创作了大量表现市井爱情的传奇小说，白居易长诗《长恨歌》对唐玄宗和杨贵妃爱情的表现，就是这种影响的产物。刘禹锡直接取法巴渝民歌，创为《竹枝词》，吟咏风土，也歌唱男女相思。

李商隐称得上是中国古代文人爱情诗第一人。他的诗歌中有大量对爱情的抒写，其中最为人称道的是那些题为《无题》的作品。李商隐的无题诗中抒写的爱情纯粹又浓烈，既有受到现实阻碍而受尽煎熬的痛苦，又有备受挫折却无怨无悔的执着，二者交织在一起，给读者以强烈的震撼。李商隐之后，"无题"成为爱情诗的代名词，历代诗人都有仿作，但至今尚未有人超越他的成就。

李商隐无题诗的独特魅力在于，它是一个可以兼容多重阐释的开放的文本，每首诗的语言和意象都有一个具体的指向，所指似呼之欲出，却始终朦胧，可以确认它是有寄托的，却无法确切地指认其具体的所指。李商隐追求独与天地相往来的艺术境界，每一首诗都是一个小宇宙，是有限和无限的沟通，瞬时向永恒的转化。

无 题

李商隐

相 见 时 难 别 亦 难，△
东 风①无 力 百 花②残③。△
春 蚕④到 死 丝 方 尽，
蜡 炬⑤成 灰 泪 始 干。△
晓 镜⑥但⑦愁 云 鬓 改⑧，
夜 吟 应 觉 月 光 寒。△
蓬 山⑨此 去 无 多 路，
青 鸟⑩殷 勤 为 探 看。△

选自《玉谿生诗集笺注》，[唐]李商隐著，[清]冯浩笺注，上海古籍出版社，1998年2月版。

① 东风：春风。
② 百花：各种花卉。
③ 残：败，凋谢。
④ 春蚕：蚕是一种昆虫，吃桑叶，吐丝。中国古人利用蚕丝织成绸缎，因在春天饲养，故称春蚕。
⑤ 蜡炬：蜡烛。蜡烛点燃后滴落下来的蜡油如同眼泪一样，古人称为烛泪。
⑥ 晓镜：晨妆照镜。晓，清晨。
⑦ 但：仅，只。
⑧ 云鬓改：乌发变白。云鬓，形容鬓发像云一样既浓且软。
⑨ 蓬山：蓬莱山，道教传说中仙人居住的地方。
⑩ 青鸟：神话中被西王母派去探望汉武帝的信使，后用来代指使者。

相见的机会难得，作别更加难舍；

东风留春不住，一任她百花凋残。

春蚕吐丝缠绵，至死方休；

蜡烛燃烧到头，红泪才干。

晓妆临镜，想如云乌鬓，怕添白发；

对月自吟，怕夜深露深，可胜其寒！

蓬莱仙山距离此地并不远，

青鸟啊劳你替我殷勤探看。

| 文本解析 |

这是一首爱情诗。诗中所表现的，是暮春时节与热恋之人分别的伤感和别后的思念之情，情感真挚动人。相恋的对象，根据末联"蓬山此去无多路，青鸟殷勤为探看"，一般认为是一位女冠（女道士）。在唐代，公主、贵女出家的很多，一部分宫人也被安置到道观，成为女冠。道观对外开放，甚至出租房子给士人居住。女冠以方外之人的身份和士人相交，有时会发生恋情。李商隐少年时，曾经在家乡的玉阳山学道，和灵都观（天宝二年唐玄宗为其妹玉真公主修建）一位姓宋的女道士有一段恋情。诗中所表现的，也许正是这一段恋情。

这首诗以唱叹发端——"相见时难别亦难"！第一句起得极高，也极概括，见出不是普通的离别。常言道，别易会难，这里却反过来说，七个字里有前后递进的两层意思：相见的机会难得，所以离别时自然格外难舍！下一句"东风无力百花残"，接得平缓，正写出离别之景：恰是暮春时节，春将归去，将百花吹开的东风，此刻却无力留得春住，只好任百花凋谢。这句初读，不过是叹光阴难驻，仔细涵泳，却大有屈子"惟草木之零落兮，恐美人之迟暮"（《楚辞·离骚》）之感。其实何止是春天，这世间美好的一切，眼前的春天、爱情，乃至青春、理想，都必将逝去，且无可挽回。虽是写景，其意思却溢出景物之外，自成一种境界。在晚唐诗人中，唯李商隐有此种笔力。"东风无力百花残"，和"夕阳无限好，只是近黄昏"（《乐游原》）一样，虽是一时一地之景，却"消息甚大"，可以为一个时代的写照。

"春蚕"两句，既写出情感的生死不渝，又流露出后会难期的悲伤，在情感和内容上都有力地呼应了前面"相见时难别亦难"的感叹。两句都采用了民歌中最常见的双关隐喻手法，以"蚕丝"之"丝"双关"相思"之"思"，以"烛泪"之"泪"双关"眼泪"之"泪"。此别之后，不知何时能再相见，故秉烛长谈，互诉衷情：别后相思，如同春蚕吐丝，绵绵不绝，至死方休；相思之泪，直到生命的尽头，才会干涸不流。这是不朽的爱情宣言：除了死亡，没有什么能阻止爱情！这两个譬喻也并非凭空而来，而是紧承前面两句。第三句以"春蚕吐丝"取譬，和"东风无力百花残"一样，都是春天之景。第四句"蜡炬成灰泪始干"，则是由首句离别之际的眼前之景取譬。古人离别之前，往往秉烛长谈，直到天明启程。

"晓镜"两句，从设想对方落笔，进一步写出思念之深，离别之苦。诗人想象一别之后，意中人的日常生活之景：晨起揽镜，只愁年华易逝，会合无期；夜深露重，独自吟诗，当感月色凄寒。就时间而言，又如柳永《雨霖铃》"念去去、千里烟波，暮霭沉沉楚天阔"，想象别后之情景，是进一步法。如此相思不了，所以很自然地接出末联，寄希望于青鸟能够代为传信，以宽对方的别怀，以慰自己的相思。这种希望，大约是很渺茫的，却仍是无望中的希望。

总之，这首诗表现出诗人和相爱女子之间生死不渝的爱情。当然，本篇强烈的伤春伤别之情中，可能也寄托了诗人在政治上屡遭挫折、深感抱负难以实现的苦闷，以及在仕进上不能不有所求的执着之情。例如"春蚕"二句，可能也包含了诗人为了实现理想抱负，"虽九死其犹未悔"的执着。"蓬山"两句，既然表现的是无望中的希望，这希望除了爱情方面，自然也包含政治理想的方面。但诗歌的主体还是写爱情的，这一点不容置疑。一些清代的学者因为上述两联在阐释上的多义性，完全忽略了首联和颔联对男女相思离别的表现，认为这首诗的主题和爱情无关，表现的是政治上的挫折和执着，这是犯了以偏概全的错误。

锦 瑟①

李商隐

锦 瑟 无 端② 五 十 弦③，△

一 弦 一 柱④ 思⑤ 华 年⑥。△

庄 生 晓 梦 迷 蝴 蝶⑦，

望 帝⑧ 春 心⑨ 托 杜 鹃⑩。△

沧 海⑪ 月 明 珠 有 泪⑫，

蓝 田⑬ 日 暖 玉 生 烟⑭。△

此 情 可 待⑮ 成 追 忆，

---

① 锦瑟：宝瑟。瑟是一种弦乐器，传说
　本为五十弦，后改为二十五弦。

② 无端：没来由，无缘无故。

③ 弦：乐器上发声的线。

④ 柱：琴弦上系弦的木柱。

⑤ 思：思念，追忆。

⑥ 华年：盛年往事。

⑦ 庄生晓梦迷蝴蝶：见《庄子·齐物
　论》："昔者庄周梦为蝴蝶，栩栩然蝴
　蝶也，自喻适志与！不知周也。俄然
　觉，则蘧蘧然周也。不知周之梦为蝴
　蝶与，胡蝶之梦为周与？周与蝴蝶，
　则必有分矣。此之谓'物化'。"庄子
　梦见自己化为蝴蝶，觉得自己就真是
　蝴蝶了。不久醒来，又觉得自己真是
　庄子。不知道是庄子在梦见蝴蝶，还
　是蝴蝶在梦见庄周，这就叫作"物
　化"。庄生，即庄周。

⑧ 望帝：上古时蜀帝王，本名杜宇，号
　望帝。失国死后，魂魄化为啼血的杜
　鹃鸟。

⑨ 春心：指对美好希望的向往追求。

⑩ 杜鹃：鸟名，初夏时常日夜啼叫，啼
　声凄厉，能动旅人归思。

⑪ 沧海：大海。大海一望无际，水色青
　苍，故名。

⑫ 珠有泪：相传南海有鲛人，哭泣时流
　下的眼泪化作珍珠。

⑬ 蓝田：山名，在今陕西蓝田县，以产
　美玉闻名，又名玉山。

⑭ 玉生烟：《搜神记》载，吴王夫差之
　小女紫玉和童子韩重相爱，未能结
　合。紫玉气结而死。韩重到墓前凭
　吊，紫玉魂魄与其相会，临别赠以明
　珠。吴王听说，不信其事。一日吴王
　妆梳，忽见紫玉，惊愕悲喜。玉跪告
　情由，夫人闻之，出而抱玉，玉如烟
　然。又司空图《与极浦书》引戴叔伦
　语："诗家之景，如蓝田日暖，良玉
　生烟，可望而不可置于眉睫之前也。"

⑮ 可待：就会，就要。

只　是　当　时　已　惘　然。△

选自《玉谿生诗集笺注》，[唐]
李商隐著，[清]冯浩笺注，上海
古籍出版社，1998年2月版。

｜译文｜

锦瑟啊，好端端地为什么有五十根弦？

每一弦每一柱弹出的音节都让我回想自己的盛年。

庄周清晨醒来，仍沉迷于蝴蝶的旧梦；

望帝将春心寄托于杜鹃的悲啼。

她的眼泪，如同月夜的大海上鲛人泣下的珍珠；

她的逝去，如同蓝田山上最美的紫玉化作轻烟。

这过去的情感将会成为美好的回忆，

只是当时已经令人心头惘然。

｜文本解析｜

　　《锦瑟》是李商隐的代表作，最能够代表他迷离惝恍的风格。也正因为如此，自宋元以来，对于这首诗的主题，一直是揣测纷纷而莫衷一是。本篇虽然以"锦瑟"为题，却不是以锦瑟为对象的咏物诗，而是和《一片》《昨日》等诗一样，只是截取首句的两个字为题，实际上仍是一首无题诗。

　　诗以锦瑟起兴，引出对盛年往事的追忆。根据《史记》的记载，"泰帝使素女鼓五十弦瑟，悲，帝禁不止，故破其瑟为二十五弦"，可见五十弦瑟弹奏起来是很悲伤的。诗人因瑟声触动情思，也因此奠定了全篇以感伤为主的基调。尾联点出追忆的指向乃是"情"——"此情可待成追忆，只是当时已惘然"——在当时就已是惘然自失，何况今日追怀，心头更是一片迷茫。人的一生中要经历多种的情感，爱情、亲情、友情，而其中最让人颠倒难以自持的，非爱情莫属。

李商隐一生中有过多次恋爱的经历，本篇所回忆的，当是其中最刻骨铭心的一段。中间两联，通过典故和意象隐去了和现实的联系，所以历来都得不到确解。

"庄生"句，叹自己与所爱之人相恋的经历就像是一个美梦，一个"迷"字，道尽了对梦中情事的无限依恋。李商隐《过楚宫》诗说："微生尽恋人间乐，只有襄王忆梦中。"襄王在梦中与神女欢会，从此不觉人间有欢乐。李商隐"晓梦迷蝴蝶"，所沉迷的也是"蝴蝶"之譬喻所指向的情爱欢乐。李商隐常以蝴蝶来自比恋情中的自己，如《蜂》中，将细腰的恋人比作蜂，自比"粉蝶"，期待来年二月再相会。又《青陵台》中"莫讶韩凭为蛱蝶，等闲飞上别枝花"，以深爱妻子、死后化蝶的韩凭自比。"庄生晓梦迷蝴蝶"是说这一段情事短暂而美好，自己如同化身为蝶的韩凭，对所爱之人生死不渝。但梦会醒，情已断，而自己犹自时常沉迷于旧事，不能自拔。

"望帝"是传说中的蜀帝，名叫杜宇，后来禅位退隐，死后魂化为鸟，暮春啼苦，至于口中流血，其声哀怨凄悲，动人肺腑，名为杜鹃。李商隐的初恋对象，是早年在玉阳山学道时结识的一位姓宋的女道士，李商隐集中的恋爱诗大多是为她写的。后来她流落到木棉花开的南方，所以诗人问"蜀魂寂寞有伴未？几夜瘴花开木棉。"（《燕台诗四首·夏》）"望帝"就是"蜀魂"，即诗人之所爱。"庄生晓梦迷蝴蝶"，表现的是诗人自己的痴情沉迷；"望帝春心托杜鹃"，则想象（也是体贴）对方的相思之苦，有如春日杜鹃的悲啼。

"沧海"两句顺接。有情人啼下的眼泪，在明亮的月光映照下，如同大海里鲛人泣下的泪珠，如梦如幻。而这一切终将逝去，如同最美好的蓝田紫玉，终将化作一缕轻烟，消散人间——玉人从此再无消息。此情岂待今日追忆时方知如梦呢？就是最沉醉的时刻也已经内心惘然自失了。戴叔伦说："诗家之景，如蓝田日暖，良玉生烟，可望而不可置于眉睫之前也。"（司空图《与极浦书》）"可望而不可置于眉睫之前"，人生的种种遗憾，都在这里了。由此引出"此情"二句，叹如此情怀，岂待今朝回忆始感无穷怅恨，即在当时早已是令人不胜怅惘了。

李商隐《回中牡丹为雨所败》其二有"锦瑟惊弦破梦频"之句。回顾本篇，应该是李商隐的晓梦为锦瑟所惊破，回忆旧事，心头惘惘然，写下此诗。这应当是一个春天的早晨，诗人晓梦初醒。远处杜鹃声声，唤着"不如归去"；近处不知何人在鼓瑟，其声清怨。这瑟声如此悲切，如此熟悉，让诗人陷入了对少年时一段刻骨铭心之爱的回忆中。回首当年，少年时的热恋如同一梦，如果可能，诗人是多么想旧梦重温啊。可是年华已逝，好梦难成，于是写下了这首充满了迷惘与沉醉的诗作。

关于这首诗的主题，近年来主流的看法，认为是以悼亡为主的，一个主要的根据就是瑟在后世以二十五弦为主，诗人说"无端五十弦"，暗喻"断弦"之意。李商隐的夫人王氏是弹瑟的，王氏过世之后，李商隐有"归来已不见，锦瑟长于人"（《房中曲》）之句，故以此诗属之王氏。这当然是一种误解。原因有三：

其一，古人以琴瑟喻夫妇，故以"断弦"喻妻子亡故，这是自古以来就有的。但将妻子亡故比作二十五弦齐断而成五十弦，未免笨伯，非诗语，李商隐亦绝不为此等煞风景语。并且李商隐《七月二十八日夜与王郑二秀才听雨后梦作》写与女冠恋爱事，其中有"逸巡又过潇湘雨，雨打湘灵五十弦"，和此处"无端五十弦"一样，都是以"五十弦"指代瑟，可见将五十弦解为断弦是后人没有根据的臆测。其二，王氏固然知音，但瑟非王氏独长，李商隐回忆早年在玉阳山学仙事并和女冠恋爱的事，就常用瑟的典故和意象：一出《史记》中素女弹瑟之事，如"心悬紫云阁，梦断赤城标。素女悲清瑟，秦娥弄碧箫。"（《送从翁从东川弘农尚书幕》）二出《楚辞·远游》："使湘灵鼓瑟兮，令海若舞冯夷。"湘灵是百川之神，传说是尧的女儿，即《九歌》中的湘夫人。李商隐多处用湘灵鼓瑟的典故，如"赤鳞狂舞拨湘弦"（《碧城三首》其二），"不须浪作缑山意，湘瑟秦箫自有情"（《银河吹笙》），以及前引"雨打湘灵五十弦"等。这是因为二人相识之时，在玉溪之水畔，女子又是道流，长于鼓瑟吹笙，所以以素女、湘灵比之。其三，悼亡诗的写作自有传统，李商隐诸悼伤亡妻之作，如《王十二兄与畏之员外相访见招小饮时余以悼亡日近不去因寄》《正月崇让宅》《房中曲》《悼伤后赴东蜀辟至散关遇雪》，都是正面表现妻子亡故之后自己和子女在生活上的改变和在情感上对亡妻的依恋，是直写其事，直抒其情，和本篇隐约其人、闪烁其词的风格迥乎不同。综上，可见《锦瑟》诗的主题，断非悼亡。

不过，本篇虽然是追怀往日的情事为主，但人的情感是复杂的，在对旧情的回忆中带入对世事的感慨，与主题也并不矛盾。将"庄生晓梦迷蝴蝶，望帝春心托杜鹃"一联抽出来看，也不妨理解为身世遭逢如梦似幻，伤春感时如鹃啼血。甚至"沧海月明珠有泪，蓝田日暖玉生烟"，也可以理解为伤悼亡者，如同明月之珠沉入大海，蓝田美玉化作轻烟。但如果要对全诗作一通贯的解释，则只有追忆恋情最为合理。结合"歌唇一世衔雨看，可惜馨香手中故"（《燕台诗四首·秋》）等句来看，诗人恋慕的对象很可能早已香消玉殒，不在人世了。

一、以男女喻君臣的传统

战国末期，楚国的屈原创作了抒情长诗《离骚》。诗中以美人比喻明君，又有三次求女的情节，都是以美女比喻贤明之君，以男女恋爱比喻君臣遇合。《离骚》和《诗经》并称"诗骚"，对于后世文学的影响很大。这种以男女喻君臣的手法，也成为文人诗的一个传统。建安诗人曹植的《七哀》诗这样写道：

> 明月照高楼，流光正徘徊。
>
> 上有愁思妇，悲叹有余哀。
>
> 借问叹者谁？言是宕子妻。
>
> 君行逾十年，孤妾常独栖。
>
> 君若清路尘，妾若浊水泥；
>
> 浮沉各异势，会合何时谐？
>
> 愿为西南风，长逝入君怀。
>
> 君怀良不开，贱妾当何依？

这首诗字面上的意思，是一位愁思的妇人月夜难眠，思念丈夫。丈夫（宕子）离家十余年，不知何时能够团聚。要是能化作西南风吹入丈夫的怀里，那该有多好！可是如果你的胸怀不向我敞开，我又能仰仗谁呢？实际上，这首诗是曹植以思妇自比，以夫君代指魏文帝，也就是他的哥哥曹丕。曹植曾经和曹丕争太子之位，曹丕称帝后，曹植备受猜忌，两被治罪，心情是很苦闷的。这是一首请求和解的诗，希望曹丕能够敞开胸怀，接纳并重用他这个兄弟兼臣子，情调是很悲哀的。曹植这首诗中的寄托比较明显，尤其是"君若"四句，所以历来也没什么争议。

我们看另外一首诗，作者是中唐诗人张籍，题目为《节妇吟》：

> 君知妾有夫，赠妾双明珠。

感君缠绵意，系在红罗襦。

妾家高楼连苑起，良人执戟明光里。

知君用心如日月，事夫誓拟同生死。

还君明珠双泪垂，恨不相逢未嫁时。

这是一个已嫁的妇人遇见追求者（君），并予以委婉拒绝的故事——"还君明珠双泪垂，恨不相逢未嫁时。"诗歌留下了相当大的想象空间。追求有夫之妇的行为，也会引发对情、礼关系的思考。但这首诗还有一个副标题，或者说是提示："寄东平李司空师道"。如果我们不知道这个背景，一定会将它误读成一首单纯的恋情诗，而实际的情况，则是割据地方的节度使李师道邀请张籍担任幕僚。中唐时藩镇权力很大，削弱并威胁中央朝廷。张籍当时在朝廷任官，不愿意入幕，但也不想开罪对方，所以自比节妇，进行委婉地拒绝。

李商隐的诗歌，有没有采用这种手法呢？当然有。他曾经也说自己的创作是"为芳草以怨王孙，借美人以喻君子"（《谢河东公和诗启》）。比如他的这首《无题》：

八岁偷照镜，长眉已能画。

十岁去踏青，芙蓉作裙衩。

十二学弹筝，银甲不曾卸。

十四藏六亲，悬知犹未嫁。

十五泣春风，背面秋千下。

乍一读，这是写一个女孩子的故事：她很爱美，八岁就知道偷偷照镜子，给自己描画时兴的长眉；十岁时和女伴出去踏青，穿着漂亮的芙蓉裙；她多才多艺，十二岁学习弹筝，从不知道休息；十四岁还藏在深闺，料想还没嫁出去；十五岁，她背对着秋千，在春风中垂泪。实则李商隐是将自己比作未嫁的女子，空有一身才华，却一直没能出仕。

但是哪些诗是有寄托的，哪些诗是单纯地写恋爱经过的，作为读者的我们，有时很难判断。而且，就算诗人在写作时没有实际的寄托，读者却从中读到了寄托，这种情况也是有的。李商隐的诗歌，写男女恋情的作品很多，关于这些诗歌有无寄托的讨论也多。而且，同一首诗，不同的读者，他们也许在这首诗有政治寄托这一点上达成了共识，但就具体寄托了怎样的事情，又有着许多争论。所以我们在阅读李商隐无题诗的时候，很多时候迷惑会多于确定，这也构成了无题诗的魅力之一。

二、双关隐喻的手法

李商隐无题诗的多义性，增加了读解诗歌主题的难度，也构成了诗歌魅力的一部分。这种多义性的产生，传统双关隐喻手法的采用是原因之一。双关分为两种，一种是谐音双关，如"丝"和"思"。南朝乐府有一首《蚕丝歌》：

春蚕不应老，昼夜常怀丝。

何惜微躯尽，缠绵自有时。

春蚕每吐一根丝线，它自身就老去一分，却仍白天黑夜都不停地吐着丝。如同女子明知会因为相思而憔悴衰老，心中的爱恋仍不肯停歇，直至红颜老去。"思君令人老，岁月忽已晚"（《行行重行行》）本是古典诗歌中常见的有关青春和爱情的慨叹。采用双关手法之后，爱情的强烈和抒情主人公的执着得到了更为鲜明和生动的表现。李商隐"春蚕到死丝方尽"也是如此，而且将爱和死并置，爱成了生命本身，至死方休。

另一种是谐义双关，如将烛"泪"双关眼泪，也是南朝宫体诗常见的手法。和李商隐同时代的杜牧，在《赠别二首》其二中这样写道：

多情却似总无情，唯觉樽前笑不成。

蜡烛有心还惜别，替人垂泪到天明。

这里，蜡烛的芯和人的"心"谐音双关。蜡烛替人垂泪，是说蜡烛燃烧时滴落的蜡油一滴滴的，如同离人眼中的热泪。李商隐"蜡炬成灰泪始干"和"春蚕到死丝方尽"一样，是更加强烈的一种表达：蜡烛的芯一寸寸地燃尽了，化成了冷灰，蜡油（烛泪）也凝固不流。春蚕的"到死"和蜡炬的"成灰"，李商隐透过它们，体认到爱和生命同在，痛也和生命同在。他在《暮秋独游曲江》中这样写："荷叶生时春恨生，荷叶枯时秋恨成。深知身在情常在，怅望江头江水声。"义山对人生之有情的体认如此深切，正见出诗人禀赋之多情。

| 阅读资料 |

1. 《诗经·秦风·蒹葭》

2. 《离骚》 ［战国］屈原

3. 《西洲曲》（忆梅下西洲）

4. 《绮怀》 ［清］黄景仁

| 思考与探究 |

1. 何为无题诗？无题诗的制题方式有什么特点？它对诗歌的主题和风格有何影响？

2. 你如何理解李商隐无题诗中的隐喻？它是如何影响你对诗歌的阅读和接受的？

3. 双关是是民歌最常用的艺术手法。请你列举三个谐音双关和三个谐义双关的例子，体会双关的用法。

4. 采用双关隐喻的方法创作一首爱情的短章（体裁不限）。

第十六讲
诗意栖居之诗境如画

刘青海

|导语|

中国是诗的国度。诗的写作和传诵，有着悠久的历史，也形成了极为深厚的传统。在先秦时期，诗是贵族教育的重要内容，孔子说："不学诗，无以言。"（《论语·季氏》）诗是时代的宠儿，它不仅在日常生活中为人所涵泳，在当时政治和外交舞台上也发挥了重要作用。战国时期，伟大的诗人屈原创作了抒情长诗《离骚》，它和《诗经》的《国风》一起，并称"风骚"，在后世成为文学的代称。

魏晋以后，诗逐渐成为中国文学最主要的创作形式，同时也是士大夫最重要的文化传统。一方面，士大夫是诗歌的作者；同时，诗歌也深刻地影响到文人的生活，让他们开始在现实生活中追求一种诗意。东晋陶渊明的隐居田园和南朝谢灵运的漫游山水，都是这种追求的典型代表。陶谢诗歌中的田园和山水，都追求对现实的超越，体现出人与自然的和谐，是在大地上的诗意栖居。

陶渊明是东晋人，少年时也很有一番建功立业的理想。他在《杂诗十二首》其五中写道："忆我少壮时，无乐自欣豫。猛志逸四海，骞翮思远翥。荏苒岁月颓，此心稍已去。"可见他也曾渴望离开家乡，奋翅高飞，实现自己的四海之志。他29岁出为州祭酒，此后几度出仕，都不如意。随着岁月流逝，雄心壮志也有所销磨。41岁时他去离家很近的彭泽县做了县令，发现自己仍无法适应当时官场上的虚伪风气，终于放弃对功业的追求，毅然辞官，回到故乡浔阳郡柴桑（今江西省九江市西），余生都隐居于此。所以在当时人看来，陶渊明首先是一个隐士。他的生平事迹，也见载于正史的《隐逸传》。

陶渊明归隐的主要原因是要保持自己的人格，追求自由、真率的人生。这种追求完全是精神性的。而他在归隐后写作的诗歌，也多以田园生活为主，向读者展现了一幅自然、淳朴的田园画卷。陶渊明的田园诗，自然风景的美好和诗人自身对自由、真率人生的追求同样动人，二者水乳交融，创造出他独有的境界。陶渊明的田园诗，展现出自然美、人格美和艺术美的多重境界，其魅力千百年来至今不衰。金代诗人元好问说："一语天然万古新，豪华落尽见真淳。"（《论诗三十首》其四）陶渊明的田园诗，景真、情真、事真，最终体现为一种真淳的风格，是真和美的统一。陶诗中的田园生活，是诗意的栖居。

陶谢生活的时代，正是南朝山水画刚刚兴起之时。陶诗以抒情为主，田园诗中也有对景物的表现，但比较自然。谢诗比较写实，一些写景的佳句，已经初具声色之美。王维是盛唐著名的山水田园诗人，他对陶谢诗歌艺术一个重要的发展，是将诗情和画意融为一体，形成独特的山水画境。和王维同时代的批评家殷璠就称赞他的诗歌"在泉为珠，著壁成绘"（《河岳英灵集》）。宋代大诗人苏轼也说："味摩诘之诗，诗中有画；观摩诘之画，画中有诗。"（《书摩诘〈蓝田烟雨图〉》）王维以后，对画境的营造，成为诗歌艺术的普遍追求，并深刻地影响到中国人的日常审美。我们常用"诗情画意"来形容自然风景之美，就是这种独特审美的一种表现。

明　王仲玉　《陶渊明像》

归园田居·其一

陶渊明

少 无 适 俗① 韵②，
性③ 本 爱 丘 山。Δ
误 落 尘 网④ 中，
一 去⑤ 三 十 年⑥。Δ
羁 鸟⑦ 恋 旧 林，
池 鱼⑧ 思 故 渊，Δ
开 荒⑨ 南 野⑩ 际⑪，
守 拙 归 园 田。Δ
方⑫ 宅 十 余 亩，
草 屋 八 九 间，Δ
榆 柳 荫⑬ 后 檐，

---

① 适俗：适应世俗，从俗。

② 韵：性情，和下句"性"意思相同。

③ 性：性情，本性，天性。

④ 尘网：谓尘世如同罗网，这里指仕途。

⑤ 去：离，别。

⑥ 三十年：当作"十三年"。诗人自太元十八年（393）为江州祭酒，至义熙元年（405）辞去彭泽令归田，前后共十二年。这首诗作于归田的第二年，正好是十三年。

⑦ 羁鸟：笼中之鸟。羁，捆绑、束缚。

⑧ 池鱼：养在人工水塘中的鱼，比喻受束缚。

⑨ 开荒：开垦荒地。

⑩ 南野：一作"南亩"，南边的田亩。因南坡向阳，利于植物生长，故田地多向南开垦。后泛称田亩。

⑪ 际：间。

⑫ 方：方圆，周围。

⑬ 荫：荫蔽。

桃 李 罗① 堂 前。△

暧 暧② 远 人 村③,

依 依④ 墟 里⑤ 烟⑥,△

狗 吠 深 巷⑦ 中,

鸡 鸣 桑 树 巅⑧。△

户 庭⑨ 无 尘 杂⑩,

虚 室⑪ 有 余 闲,△

久 在 樊 笼⑫ 里,

复 得 返 自 然。△

选自《陶渊明集》,［晋］陶渊明著,逯钦立校注,中华书局1979年5月版。

① 罗:罗列。
② 暧暧:昏暗貌。
③ 远人村:形容村巷偏僻,与世隔绝。远人,远离人群。陶渊明《归园田居五首》其二有"野外罕人事,穷巷寡轮鞅",说居住在郊野的僻巷中,极少与外界的人交往,意思与此相近。
④ 依依:轻柔貌。
⑤ 墟里:村落。

⑥ 烟:炊烟。
⑦ 深巷:很长的巷道。
⑧ 巅:顶。
⑨ 户庭:门庭。
⑩ 无尘杂:整洁无尘,兼指无尘俗杂事之意。
⑪ 虚室:本指空的房室,兼喻心境。
⑫ 樊笼:关鸟兽的笼子,这里比喻受拘束的官场。

我自幼年就厌恶俗事,

天性本爱好山野丘园。

不料误入仕途,如同鸟兽落网,

一别田园已经十三年。

笼中鸟眷恋往日栖息的树林,

池中鱼思念曾经潜藏的深渊。

我在南亩间开垦荒地,

依守愚拙的本性,归隐于田园。

田地方圆十多亩,

环绕茅屋八九间。

榆树和柳树荫蔽着后屋檐,

桃树和李树罗列在厅堂前。

这里与世隔绝,笼罩在昏暗之中,

村落里升起了轻柔的炊烟。

狗吠于深巷内,

鸡唱于桑树端。

门庭清净无俗事,

心头从容多安闲。

我仿佛久困于笼网中的鱼鸟,

又回到了大自然。

|文本解析|

  本篇是陶渊明田园诗的代表作。东汉张衡有《归田赋》,诗题中的"归园田"可能有取于此。"归田""归园田""归园田居",都

是从仕途（官场）引退，回到故园。后世江淹《杂拟诗·陶征君田居》、李峤《和同府李祭酒休沐田居》、秦观《田居四首》，都将"居"用作动词，解作居住、生活。

诗的前六句作一段，叙述"归园田居"的原因，重点在一个"归"字上。开头从自己的天性说起，"少无适俗韵，性本爱丘山"是渊明自陈，本无适俗之情，而有丘山之爱，四句宜作一气。将"俗"和"丘山"对举，说自己与世俗不相谐，天性本好自然山水。东晋士大夫常以玩赏自然来标榜其自然真率的人格，这在当时是一种风气。陶渊明在《始作镇军参军经曲阿》有"弱龄寄事外"的自叙，可见他自幼就有一种对世俗之外的向慕。但陶渊明不同于时流的地方，在于他将田园视作安身立命之所，以田园为自己人生的真正归宿和全部的身心寄托。这里的"归"是原本就托身心于此，中间因为饥寒所迫，才离开家乡出去做官，但当时政局形势复杂，官场上有许多陋习，令他深以为耻，不得已又弃官归田。"误落尘网中，一去三十年"两句，就是对自己出仕又归隐这一段经历的概括，语气是很沉痛的。一个"误"字，并且将出仕的种种比作罗网，可见诗人感到的束缚和内心的不自由。而这离开故园后的"三十年"，没有一天不是在罗网中度过的，自然也没有一天不渴望挣脱这个罗网、重新赢得身心的自由，如同笼中的鸟眷恋林中的旧巢、池中的鱼思念藏身的深渊一样。言下之意，就是自己如今归田，正如同鸟返旧林、鱼回故渊，已经伏下末联"久在樊笼里，复得返自然"了。

接下来十二句，具体地描写田园风景和诗人的生活，充分地表现了诗人归田而居的内心喜悦。诗人是带着对仕途的回忆来体验田园的，所以展现在眼前的田园生活，虽然和离开前应该并无太大的不同，但对于"觉今是而昨非"（陶渊明《归去来兮辞》）的诗人来说，却呈现出全新的面貌。诗人可以说是带着一种失而复得的心情，来印证自己在漫长的"罗网"生涯中对田园的渴望。"开荒"两句写实，就章法而言，是一种过渡，呼应了前文"少无适俗韵，性本爱丘山"。诗人开垦荒地，自食其力。相比做官，对于一般人来说，这应该是更辛苦的事。而且在士大夫的观念里，读书人是应该要做官的，耕种是农民的事。所以陶渊明说自己归田是"守拙"。"拙"和"巧"相对，"守拙"就是自己缺少"适俗"的机巧，又不想改变，只是持守自己的本性。下面"方宅十余亩"，接着说"开荒"，不过只是点到为止，下文就很自然地转入了对田园生活本身的描写。诗人满怀喜悦地指点：我有田地十余亩，草屋八九间，屋后的榆柳已经成荫，堂前的桃李罗列成行。这里远离尘世的喧嚣，当黄昏来临，村落的上空升起袅袅的炊烟，只闻得深巷中鸡鸣犬吠之声。这真是一个世外桃源，让我们很自然地联想到诗人在《桃花源记》中描写的那个理想国："土地平旷，屋舍俨然。有良田、美池、桑竹之属。阡陌交通，鸡犬相闻。"诗人在这里耕作、生活，没有世俗应酬之事，心头充盈着闲适的愉悦！也许正因为如此，这些乡村中最寻常的景致——田地、茅舍、树木、炊烟、鸡犬鸣吠，在诗人的笔下，是如此动静得宜，宁静美好。

　　末二句"久在樊笼里，复得返自然"，是对全篇，也是对自己选择归隐生活的一个有力的总结，有一种如释重负的轻松和愉悦。诗人离开故园"三十年"，经历了许多复杂的人事和内心的矛盾之后，终于回到田园，也回归了自己的天性，如同林鸟、池鱼回到了大自然，心情是何等的自由自在。而诗人对于自然和田园的热爱，也在其中了。

饮酒·其五

陶渊明

结 庐① 在 人 境②，
而 无 车 马 喧。△
问 君③ 何 能 尔④？
心 远⑤ 地 自 偏。△
采 菊⑥ 东 篱⑦ 下，
悠 然⑧ 见 南 山⑨。△
山 气⑩ 日 夕⑪ 佳，
飞 鸟 相 与 还。△
此 还⑫ 有 真 意⑬，
欲 辨⑭ 已 忘 言。△

选自《陶渊明集》，[晋]陶渊明著，逯钦立校注，中华书局1979年5月版。

① 结庐：构室，建造住宅。
② 人境：人间，世间。
③ 君：对对方的尊称，这里指陶渊明自己。
④ 尔：如此。
⑤ 远：高远，指超越世俗的羁绊。
⑥ 采菊：采摘菊花。
⑦ 东篱：东边的篱笆。
⑧ 悠然：自得的样子。

⑨ 南山：指庐山。
⑩ 山气：山中的云气。
⑪ 日夕：日落，黄昏。《诗经·王风·君子于役》："日之夕矣，羊牛下来。"
⑫ 此还：指鸟儿飞回山中，兼喻诗人辞官归隐。
⑬ 真意：真趣。
⑭ 辨：辨析，辨别。

清　石涛　《陶渊明诗意图册·狗吠深巷中，鸡鸣桑树巅》（局部）　故宫博物院藏

清　石涛《陶渊明诗意图册·悠然见南山》（局部）

故宫博物院藏

虽然在尘世居住，

却没有车马的喧腾。

"请问你怎么能（做到）这样？"

"本心高远，居所自然清净。"

在东篱下采摘菊花，

悠然自得间看到了南山。

山色日落时好，

飞鸟结伴而还。

这其中蕴含着生命的真谛，

想要辨明，却已忘言。

| 文本解析 |

《饮酒》是一组五言诗，共20首，诗前有小序："余闲居寡欢，兼比夜已长，偶有名酒，无夕不饮，顾影独尽。忽焉复醉。既醉之后，辄题数句自娱，纸墨遂多。辞无诠次，聊命故人书之，以为欢笑尔。""闲居"本指幽居，这里指陶渊明隐居的状态，没有尘杂之事相扰。下文说自己"顾影独尽"，又"自娱"，可见"闲居"也兼有独居无朋之意。从小序来看，《饮酒》组诗作于诗人归隐以后，因僻处乡间，和知交好友来往很少，不免郁郁无聊。长夜无欢，时常饮酒，以消此寂寥。这是本篇的写作背景。所以这组诗虽然以"饮酒"为题，但并不是专门写饮酒之事的，而是比较集中地反映了陶渊明的人生思想和精神境界。

本篇和《归园田居》一样，都是陶诗和谐境界的代表作。诗人以一种"无我"的心境去体悟自然，心灵与自然冥会，妙不可言。

这样的体悟，在诗人自己也是可遇而不可求的。更难得的是，诗人将这种难以言传的体悟，通过富于形象的语言传达了出来。

陶渊明生活的时代，隐逸是一种流行的风尚。当时士大夫隐逸的一般情形，多是为了积累名声，以求在仕途上有更高的发展，并非真的与世俗隔绝。陶渊明则不同，他是真的放弃了仕途，完全断绝了昔日仕途上的人际交往，所以尽管并没有躲到深山老林中去，也没有贵人的车马来造访他。"结庐在人境，而无车马喧"两句，表现的正是这种情形。接下来的一句"问君何能尔"，是站在世俗的立场上的诘问："你怎能身在俗世，而不为俗事纷扰呢？"这样斩截一问，就文法而言，可以说是兵行险着，如果下面的回答立意不高，造语不精，将会导致艺术上的失败。当然，诗人没有让我们失望。"心远地自偏"五个字，可以说是惊人之句，其中蕴含了深刻的哲理。这里的"远"，是"高远"的远，也是"远离"的远。诗人认为，隐者之心远超尘俗，将一切名利置之度外，达到寄心高旷、心无滞物的境界，则虽处尘世，也如同在荒僻山野一般，这就是"心远地自偏"，也是诗人心境淡泊宁静的原因。

接下四句，则是用富于形象的诗的语言来呈现诗人此刻的心境。"采菊东篱下，悠然见南山"，借"采菊"和"见南山"来凸显诗人的悠然自得之情。苏东坡说："本自采菊，无意望山，适举首而见之，故悠然忘情，趣闲而景远。"（《题陶渊明饮酒诗后》）注意，"山气日夕佳，飞鸟相与还"两句，当与"悠然见南山"连读。诗人悠然自得之际，举首见山，见黄昏时山间岚气流动，飞鸟三三五五结伴归来，自是画境。

飞鸟是陶诗的重要意象，如"猛志逸四海，骞翮思远翥"（《杂诗十二首》其五）以飞鸟的奋翅高翔来比喻少时的积极进取，"久在樊笼里，复得返自然"用笼中鸟重获自由比喻辞官归乡。而在此时，当诗人看见薄暮时群鸟归山，不由得对人生的真谛、自然的真谛有所领悟。究竟领悟了什么呢？"欲辨已忘言。"诗人不说，留给我们的是回味不尽的余韵。

一、中国古代的隐逸传统

中国最早的隐士是伯夷和叔齐，他们是商朝末年一个叫孤竹国的小国的王子。伯夷和叔齐反对暴力，不满于周武王用武力讨伐商纣（商朝的最后一个王）。武王建立周朝，天下归顺，伯夷、叔齐不肯食周粟，隐居于首阳山采薇为食，最后饿死。

伴随着隐士的出现，隐逸的思想也随之产生了。《周易·履卦》："履道坦坦，幽人贞吉。""幽人"指隐居山林的人，就是隐士，后世也常以"幽贞"来形容隐士高洁坚贞的节操。庄子终身隐居不仕，所以《庄子》一书中，记载了一系列具有隐逸色彩的人物形象，他们都具有超迈绝俗的精神境界，往往游离于政治之外，对统治者采取不合作的态度，对现实的认识比较清醒，客观上扮演着批评者的角色。儒家是主张建功立业的，对政治有一种积极的态度，但也不反对隐逸。孔子说："邦有道，则仕；邦无道，则可卷而怀之。"（《论语·卫灵公》）"卷而怀之"即退隐。孟子说："穷则独善其身，达则兼善天下。"（《孟子·尽心上》）可见在先秦，隐逸是一种相当普遍的思想。

真正的隐士，往往怀抱利器（才能），但由于要坚持自己的志节，不出来做官。东汉的严子陵，曾经和光武帝刘秀一起游学。后来刘秀做了皇帝，严子陵就躲起来，光武帝几次征召他出仕，他都不肯，终身隐居于家乡富春山。严子陵以布衣的身份平交天子，光是这份不屈的志节，就让天下的士人神往，所以他的名声很大。因此朝廷也格外想招揽像他这样的隐士，因为他们一旦入朝，朝廷就可以宣称自己的统治"天下归心"。陶渊明就受过这样的征召，但他没有接受，所以他的朋友颜延之哀悼他的文章，称他为"陶征士"（《陶征士诔》），所谓"征士"，就是被征召而不肯出仕的隐士。

晋以后，隐逸成为一种风气，士林中普遍以隐逸为高尚，皇甫谧有《高士传》，专门为隐士作传。《晋书》也有专门的《隐逸传》。到了后来，哪怕是朝廷官员，只要内心超越了世俗利禄的羁绊，也以隐士自居，称为"吏隐"。可见在一般人的观念里，做隐士是很光荣的。隐逸意识成为士林中普遍的观念。

隐士的声望既高，又受到朝廷的关注，就有一些人假借隐士之名沽名钓誉，以待朝廷的征召。朝廷也乐于征召这样的"隐士"，借以证明已经"天下归心"。唐代的卢藏用就是这样，他早年隐居终南山，名声很大，后来受朝廷征召，官居高位。有一个成语叫"终南捷径"，意思是终南山是做官的捷径，说的就是当时社会上通过隐居来求仕的这种行为。

隐逸也是诗歌的重要主题。《诗经》中的《考槃》篇，据说写的就是一位隐士。《楚辞》有《招隐士》篇。文人诗对隐逸主题的表现，陶渊明是最早的开辟者，所以钟嵘《诗品》称他为"古今隐逸诗人之宗"。盛唐隐逸之风盛行，李白早年曾隐居于竹溪，孟浩然隐居于鹿门山，王维隐居于终南山，他们的诗歌中，也对隐逸主题有大量的表现。

二、田园诗的传统

中国古代的文明是一种典型的农耕文明。在古老的周代，已经产生了像《诗经·豳风·七月》这样的农事诗。但此后一直到魏晋，诗歌史上，几乎再也看不到类似的作品。其中一个重要的原因，或许是因为汉以后采诗的传统失落了，这些民间的歌唱没有保存下来。汉末开始，文人逐渐成为诗歌创作的主体，他们属于士阶层，不从事农业生产，农村生活和田园风光没有进入他们的视野。陶渊明的出现，打破了这样的局面。

陶渊明归隐之后，创作了大量的田园诗。陶渊明的田园诗主要表现田园风光和人情的淳朴，风格质朴，境界高远，体现出自然的意趣和超迈的人格，为古典诗歌开辟了新境界。除了表现田园风光的优美之外，陶诗也写到农业生产的艰辛，如《归园田居五首》其三写到除草这种劳动：

> 种豆南山下，草盛豆苗稀。
>
> 晨兴理荒秽，带月荷锄归。
>
> 道狭草木长，夕露沾我衣；
>
> 衣沾不足惜，但使愿无违。

"草盛豆苗稀"，地里的野草比豆苗要多，造语颇为诙谐。诗人早晨去地里除草，日落后才背着锄头回家，田埂上草木的露水将衣服都沾湿了。但诗歌的主旨，不在表现劳作的辛苦，而是写出一种愉快：踏月归来，天上的明月、草木的露水，都提醒诗人已经回到了自己朝思暮想的田园，回归了自己本性，"无违"于自己的本"愿"。诗中洋溢着对田园生活的热爱和"复得返自然"的喜悦，这是陶渊明田园诗的主调，也成为后世田园诗的传统。

陶渊明在他的时代，主要是一位隐士而非诗人。他的好朋友颜延之在他死后作哀悼他的诔文，也称他为"陶征士"。颜延之和谢灵运、鲍照并称"元嘉三大家"，是著名的诗人，他为陶渊明所作的诔文中根本不提渊明的诗歌创作，可见陶诗在当时的寂寞。大约一百年后，钟嵘《诗品》按照艺术成就的高下给五言诗人排座次，陶渊明被列为中品，说他是"古今隐逸诗人之宗"，可以说是很看得起他了。同时代的萧统《文选》选了多首陶诗，还为陶渊明编集并作序，序中对陶渊明的人品和诗歌艺术都评价极高。《文选》和《诗品》在当时和后世都影响很大，陶渊明的诗人身份及其诗歌的艺术价值，在诗歌史上的地位也越来越高。

陶渊明的田园诗在唐代诗坛特别受重视，对唐诗的影响很大。初唐诗人王绩是陶渊明最早的追随者，他的《野望》颇有陶诗的神韵。盛唐诗人大多受到陶诗的影响，其中尤以孟浩然和王维在山水田园诗艺术上成就突出。他们的创作还引入了山水诗的意象和传统，所以面貌较陶诗有所变化。孟浩然《过故人庄》、王维的《渭川田家》《田园乐》等都是脍炙人口的经典作品。王孟之后，田园诗的写作重新成为一种个人化的写作，中唐的韦应物、宋代的范成大的成就较高。

| 阅读资料 |

1. 《桃花源记并诗》 ［晋］陶渊明

2. 《归园田居五首》 ［晋］陶渊明

3. 《杂体诗三十首·陶征君潜田居》 ［南朝］江淹

4. 《过故人庄》 ［唐］孟浩然

5. 《渭川田家》 ［唐］王维

6. 《桃源行》 ［唐］王维

| 思考与探究 |

1. 陶渊明笔下的桃花源是一个理想的世界。桃花源和陶诗中的

"丘山""园田"是否存在一种对应的关系？

2. 《饮酒》诗中，"悠然见南山"一作"悠然望南山"。宋人苏轼《东坡题跋》说："因采菊而见山，境与意会，此句最有妙处。近岁俗本皆作'望南山'，则此一篇神气都索然矣。"根据你的体会，结合上下文，谈谈"见南山"和"望南山"的不同。

3. 创作往往起步于对经典的模拟。熟读陶渊明《归园田居五首》，揣摩其风格和意境，写一首拟陶诗。看看风格是近于陶，还是近于王孟，体会其中的差别。

4. 请找一幅你喜欢的田园风景图，想象自己日常生活于其间的情景，然后就此写作一首田园诗。对照诗和画，体会这两种艺术在表现方式上的不同，思考这种不同背后的原因。

第十七讲
中国美术和文人艺术

韩经太

| 导语 |

　　中国美术是一个比"中国画"更大的概念，恰如《中国美术》杂志所强调的"大美术"。作为讲述与讲解者，这里要说明的一点是："大美术"是指"大眼界"，在一种比"中国画"更大的视野里观察"中国画"。这既是说要用历史的发展的眼光看待问题，也是说要用中外比较的世界眼光来看待问题。就前面一点而言，我们心目中不能只有"文人艺术"，因为中国美术史的历史远比"文人艺术"的传统更久远。就后面一点而言，自从西方绘画、雕塑等视觉造型艺术传入中国以来，中国艺术家在西方美术影响下，产生了两种不同的艺术流派：一派是留学西方从而接受西方文艺复兴以来的科学人文主义传统的美术家；另一派则是传承中国古典绘画传统并强调文人书画精神的美术家。今天我们的讲述与讲解，是要从兼顾两种流派的立场出发，然后努力发现两种流派冲突而又交织的焦点究竟在哪里，最终通过具有代表性的"中国画"和"文人画"案例分析，说明中国美术的艺术特征和文化精神。

2010 年上海世博会期间，中国馆展示的"镇馆之宝"，是秦陵铜车马和"复活"了的《清明上河图》。这当然与世博会的城市生活主题有关系，但也提供了两条考察中国造型艺术成就的重要线索。先看秦陵铜车马，它具有高度写实的造型设计和精密制作的复杂工艺，令人叹为观止。由这里的马可以联想到另一匹马，那就是作为中国旅游标志物的"马踏飞燕"。马踏飞燕表现出迥然不同的艺术风格，奔马的姿态矫健灵动，一足支撑的瞬间形象，和立足飞燕的艺术想象，蕴涵着极其丰富的艺术内容。一个是静态的造形，一个是动态的造形，各极其妙，相互映照，生动展示了中国造型艺术的两种典型。据专家确认，"马踏飞燕"是东汉时期的青铜铸塑作品，也就是说，"秦陵铜车马"和"马踏飞燕"标志着中国秦汉时代的造型艺术成就，既有高度写实的精确塑造，也有创意想象的奇妙造型。沿着这样一条线索去思考：中国的造型艺术传统，究竟是注重再现客观真实呢，还是注重表现主观想象？即便"马踏飞燕"所刻画的是"天马"形象，当时的造型艺术家让"天马"和"飞燕"（或者是其他"飞禽"）巧妙结合的构思方式，也是引人入胜而又耐人寻味的。再说《清明上河图》，这种全景式的生活场景刻画，会把我们带进被日本学者称为"东方文艺复兴"的宋代。那可真是中国绘画的黄金时代！徐悲鸿先生在《故宫所藏绘画之宝》一文中这样赞美北宋山水画家范宽的《溪山行旅图》："中国所有之宝，故宫有其二：吾所最倾倒者，则为范中立《溪山行旅图》。大气磅礴，沉雄高古，诚辟易万人之作。此幅既系巨帧，而一山头，几占全幅面积三分之二，章法突兀，使人咋舌！全幅整写，无一败笔。北京人制艺之精，真令人拜倒。"（《徐悲

秦　秦始皇陵兵马俑一号铜车马

东汉　马踏飞燕

鸿谈艺录》，湖南大学出版社2009年12月版，第25—26页）让我们记住徐悲鸿先生的话！范宽的《溪山行旅图》和张择端的《清明上河图》为人们所呈现的山水景观和生活长卷，与苏轼所欣赏的王维"画中有诗""诗中有画"的艺术造诣，是一种怎样的关系？有一种说法认为，苏轼是"文人画"的理论倡导者，不过我们也注意到，苏轼同时又强调了两点，一是"古来画师非俗士，妙想实与诗同出"，一是"古来画师非俗士，摹写物象略与诗人同"（《欧阳少师令赋所蓄石屏》）。显而易见，画师和诗人共同的艺术追求，正是"妙想"和"摹写"的各极其妙，而正是这种各极其妙才造就了"诗中有画""画中有诗"的跨界艺术理想。和明清以来流行的"文人画"风格相比，苏轼的理论观念和当时的绘画实际，分明是另外一种景象。

不仅如此，在讨论中国绘画艺术传统时，人们经常讲到"书画同源"。只不过，事情还有另外一面。南朝刘宋时代的颜延之，已经开始区分"易经卦象式的抽象性图画""文字笔画式的书写性图画"和"形象刻画式的造形性图画"（见张彦远《历代名画记·叙画之源流》引颜延之语）。这显然是和当时文学自觉中的文体区分的趋势相一致的。这条线索很重要，因为这实际上具有"书画分流"的性质。"书画同源"和"书画分流"显然是有矛盾的，但都是历史的真实。这不仅说明历史的发展并不是始终沿着一条路线，而且说明"书画同源"是与"书画分流"同时存在的美术思潮。历史事实既然如此，我们兴许应该有一种"同源而分流"的艺术史观念。这里有一个生动的例子，王羲之是中国书法的代表性人物，张彦远又说他"丹青亦妙"（《历代名画记·叙历代能画人名·晋》），据说，他曾"临镜自画像"（王羲之有《临镜自写真图》）。对着镜子自画像的绘画艺术，自然属于"形象刻画的造形性艺术"了。关于王羲之的这条记载，说明中国古代的人物肖像画，在魏晋时代走进了士大夫文人的日常生活。而与此相应的是，当时著名画家顾恺之在创作人物画的时候，不仅关注生活中的人物，而且注意到诗歌艺术所表现的人物神情，如嵇康有"目送归鸿，手挥五弦"（《兄秀才公穆入军赠诗十九首·息徒兰圃》）的诗句，顾恺之则有"手挥五弦易，目送归鸿难"（《晋书·文苑·顾恺之》）的绘画心得，细细思考，这中间包含着语言艺术形象转化为视觉艺术形象的复杂过程，值得我们的理论家去深入探讨。无论如何，把顾恺之作为把诗歌艺术和绘画艺术结合起来的第一个代表人物，应该是没有问题的。顾恺之所开创的传统，经过唐代王维所特有的诗人兼画家的双重身份自觉，然后由宋代苏轼提出"诗中有画""画中有诗"的明确追求，于是形成了诗歌与绘画艺术共同追求诗情画意的艺术传统。诗歌是语言抒写艺术，绘画是视觉造型艺术，中国古人为什么要追求两者合一的艺术效果，他们又是怎样具体使两种艺术形态交融在一起，如此这般的话题，至今仍然是文学和艺术学领域里的热点问题。即使人们对这些专业化的话题不感兴趣，那也有必要充分了解中国美术传统的丰富内容，同时也有必要认识到诗情画意和文人艺术之间深刻而又微妙的关系。

后面所附的图画，第一幅即是范宽的《溪山行旅图》，徐悲鸿先生已有精彩评说。第二幅是李可染的《万山红遍》，李可染作为中国水墨山水画的当代杰出代表，大胆地用"红色美感"来改造传统"文人艺术"的水墨写意，代表了中国美术当代发展的一种历史倾向。

宋　范宽　《溪山行旅图》

万山红遍层林
尽染 先生画写
毛主席
词意于
北京西
山

李可染《万山红遍》 北京画院藏

书摩诘①《蓝田烟雨图》
苏 轼

　　味②摩诘之诗，诗中有画。观摩诘之画，画中有诗。诗曰："蓝溪白石出，玉川红叶稀。山路元③无雨，空翠④湿人衣。"此摩诘之诗，或曰非也，好事者以补摩诘之遗。

> 选自《苏轼文集编年笺注·卷七○（题跋一百十首）》，〔宋〕苏轼著，李之亮笺注，巴蜀书社2011年10月版。

---

① 摩诘：王维号摩诘居士。
② 味：解读和品味。中国古典诗歌的理论批评有着源远流长的"滋味"品鉴的传统，所谓"辨乎味，始可以言诗"，即"能辨别滋味然后才能讨论诗歌的艺术评价问题"（辨乎味而后可以言诗）。
③ 元：原，本来。
④ 空翠：可以直接理解为山间空气中浮泛着青翠的光色，实际上是指山间青翠而潮湿的雾气。

| 译文 |

　　品读王维的诗作，总感觉诗意的世界里呈现出绘画的视觉美感。观赏王维的画作，总感觉绘画的视觉世界里又充满着诗歌的意趣。有一首诗这样写道："秋天的溪流渐渐小了，水底的石头露出了白色的身影。天气清冷，树枝上的霜叶逐渐稀少。山间小路上的行人没有察觉到下雨，是那青翠而近乎透明的雾气打湿了衣襟。"这是王维的诗作，但也有人说不是王维的原作，是某个好事的人写来弥补王维《蓝田烟雨图》有画而无诗的遗憾。

| 文本解析 |

　　中华优秀传统文化博大精深，而充满诗情画意的中华诗词与绘画艺术，无疑是其中最富有魅力的精神花果。以山水诗的兴起为标志，古代诗歌的语言艺术讲求，开始了"巧构形似之言"（钟嵘《诗品上》）的艺术探索，刘勰的《文心雕龙》也专设《物色》篇来论述自然风景的文学描写问题，其中就有"窥情风景之上"这样精彩的语句，这显然是影响深远的"情景交融"一说的最初形态。接下来，晚唐时代的司空图，一面提倡诗歌应该通过美妙的艺术想象来塑造像"蓝田日暖，良玉生烟"那样如真如幻的美感世界，一面又强调说，那种"目击可图"的风光写实艺术，具有诗境如画的艺术风格，也是不能忽略的（见《与极浦书》）。再接下来，就到了苏轼这里。领会苏轼这里的议论，有几点需要注意：其一，诗中有画是"味"出来的，画中有诗是"观"出来的，也就是说，前者是想象性的绘画美，后者是视觉化的诗意美；其二，苏轼题跋所引出的这首诗，刻画山中秋色，凸显了"白石"与"红叶"的色彩对比，渲染了山中清新的空气中浮泛着的草木青翠的光色，其中最富有诗情画意的"诗眼"，正是"空翠湿人衣"所描写的错觉中的直觉美感。苏轼题跋的结束语也是意味深长的，也就是说，这里不排除另一种可能：有人在观赏王维的《蓝田烟雨图》以后，感觉"画中有诗"，于是写这首诗来弥补心中的遗憾。

画竹二则

郑 燮

　　余家有茅屋二间，南面种竹。夏日新篁①初放，绿阴照人，置一小榻其中，甚凉适也。秋冬之际，取围屏骨子②，断去两头，横安以为窗棂③，用匀薄洁白之纸糊之。风和日暖，冻蝇触窗纸上，冬冬作小鼓声。于时一片竹影零乱，岂非天然图画乎！凡吾画竹，无所师承，多得于纸窗粉壁日光月影中耳。

　　徐文长④先生画雪竹，纯以瘦笔⑤破笔⑥燥笔⑦断笔⑧为之，纯不类竹，然后以淡墨水钩染而出，枝间叶上，罔非雪积，竹之全体，在隐跃间矣。今人画浓枝大叶，略无破阙处，再加渲染，则雪与竹两不相入⑨，成何画法？此亦小小匠心，尚不肯刻苦，安望其穷微索渺⑩乎！问其故，则曰：吾辈写意，原不拘拘于此。殊不知写意二

---

① 新篁：新长出的竹子。
② 围屏骨子：屏风架子。围屏，可以折叠的屏风，一般有四、六、八、十二片单扇组 合而成。也称为折屏。骨子，起支撑作用的架子。
③ 窗棂：窗框里边横的或竖的窗格。
④ 徐文长：徐渭（1521—1593），绍兴府山阴（今浙江绍兴）人。初字文清，后改字文长，号青藤道士、天池山人、田水月等。明代中期文学家、书画家。
⑤ 瘦笔：毛快掉光的笔。
⑥ 破笔：国画术语，有两种意思，一种

是对效果来说，指落笔后用力把笔头往纸面压下，笔头散开的效果。另一种意思是指下笔的部位，在轮廓之内来分清结构，如画山石，起手一笔为勾，即框出外形，第二笔就叫作破笔，分出山石棱面。
⑦ 燥笔：笔内干燥，水分少。
⑧ 断笔：表示一笔画下去，中途突然停止的意思。
⑨ 两不相入：这里指所画的竹子和竹子上面的雪无法融为一个整体的形象。
⑩ 穷微索渺：穷尽地探索事物的精微细节和奇妙特征。

字，误多少事。欺人瞒自己，再不求进，皆坐此病。必极工而后能写意，非不工而遂能写意也。

选自《板桥题画·画竹》，[清]郑板桥著，张素琪编注，西泠印社出版社2006年7月版。题目为自拟。

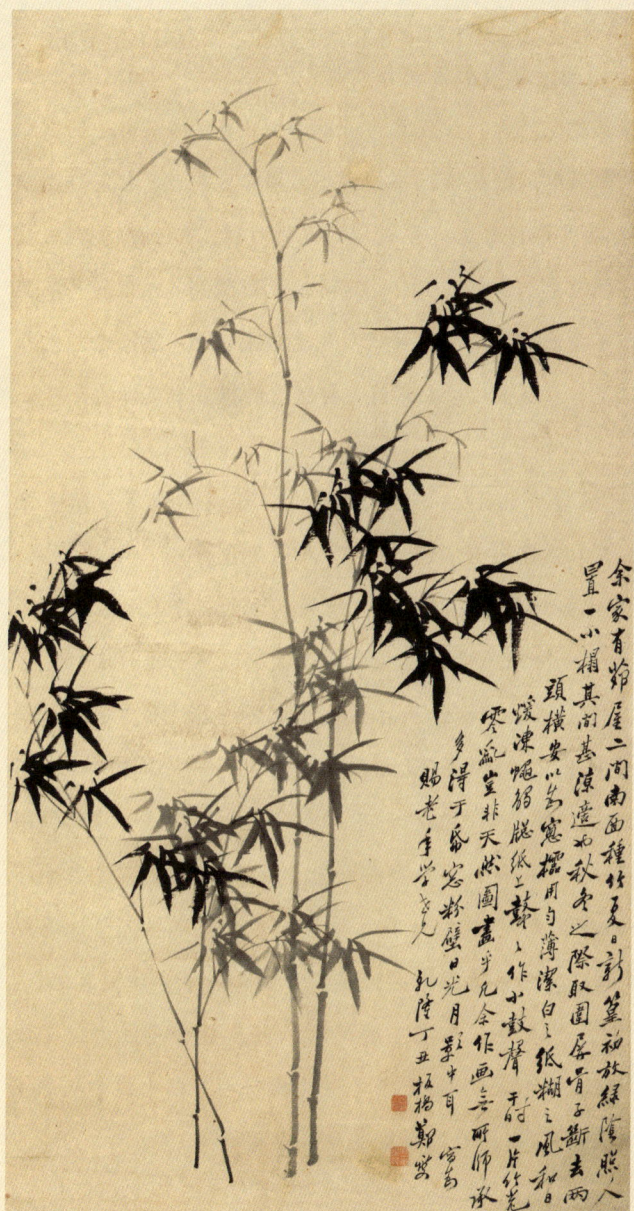

余家有茅屋二间南面種竹夏日新
篁初放綠陰照人置一小榻其間甚涼
適秋冬之際取围屏骨子斷去两
頭横安以为窗欄用匀薄落白之
紙糊之風和日暖凍蝇觸紙上
冬冬作小鼓聲于時一片竹
影零亂岂非天然圖畫乎凡吾作画
無所師承多得于紙窗粉壁日光月
影中耳賜卷平平字乾隆丁丑擁橺鄭燮

清　郑燮　《墨竹》

我家有草房两间，屋的南面种有竹子。夏天，新的竹子刚刚长出嫩叶，青翠碧绿，光亮照人，在屋里放一张小榻，非常凉爽舒适。在秋冬交替的时节，拿来屏风的架子，去掉两端，横起来安放，把它作为窗格，然后糊上一层薄薄的白纸。当风和日暖的时候，受冻的苍蝇碰在纸上，发出咚咚的像敲打小鼓的声音。这时候，白纸上就映出一片零乱的竹影，这难道不是一幅天然的图画吗？凡是我画竹子，没有老师的指导，大多是从日光、月影下竹子在窗格、墙壁上的投影中获得的灵感。

徐文长先生画雪中竹子，首先只用瘦笔、破笔、燥笔、断笔来涂抹，看上去根本不像竹子，等到接下来用淡墨水一一勾画点染，竹子枝杈间和竹叶上都覆盖着积雪，隐隐约约之间，整片竹林的雪中景象非常逼真地呈现出来了。今天人们总喜欢画浓墨的粗枝大叶，每一笔都饱满，不留一点儿空隙，然后再去渲染，结果竹和雪完全就是两回事，这又能成什么画法呢？说起来，这不过是一个小小的体现艺术匠心的例子，但它涉及刻苦钻研的艺术态度，如果连这一点都做不到，那还能指望他去探索生活的真相和艺术的奥妙吗！在现实生活中，有些人动不动就说："我们是写意画家，本来就不拘泥于这些细枝末节。"岂不知"写意"这两个字耽误了多少正经事。既蒙蔽他人，也欺骗自己，凡艺术上再也不求上进的人，大多数都是因为这个原因。这里要强调说明的是，必须有工笔写实的坚实基础才能去从事写意画的创作，绝不能没有打好基础就随便去"写意"。

郑燮，号板桥，是"扬州八怪"之一，一生画竹最多。社会上有一种看法，郑板桥的画竹艺术把文人画推向了极致境界。换句话说，郑板桥可以作为"文人画"的代表人物。社会上流行的说法是，西方绘画的艺术传统倾向于写实，中国绘画的艺术传统倾向于写意；而在中国绘画的艺术传统里，画师的艺术传统倾向于写实，而文人艺术的传统倾向于写意。以上两点综合起来，可以得出一个结论，"文人画"能够集中体现中国绘画艺术的"写意"特色。比较郑板桥选文中的论说和社会上的流行看法，相信所有不怀偏见的人都会发现，郑板桥的题画言论是对流行已久的社会认知的强力批评。在这里，郑板桥告诉我们两个道理：第一个是借助光线投影来把握描绘对象形态特征的艺术道理，第二个是"写意"的艺术必须以"写实"为基础的艺术道理。郑板桥的"纸窗粉壁日光月影中"，自然使我们联想到苏轼评说吴道子画人物时"如灯取影"的例子，毫无疑问，视觉造型艺术对光线投影原理的运用，是科学原理运用于艺术创作的生动例证。如果再联系到五代北宋之际李成画山水画时的"仰画飞檐"，沈括固然批评他运用的是"真山之法"，但沈括提倡的"以大观小"所实际运用的"折高折远"方法（《梦溪笔谈·笔谈卷十七·书画》），究竟是彻底放弃"真山之法"的自由构想呢，还是在"真山之法"的基础上运用暗含着科学原理的艺术重新组合方式？结论应该是这样一种表述：中国画的传统实际上是由画家的绘画和文人的绘画两种传统组合而成，从北宋苏轼对"画师"与"诗人"的一视同仁，到清代郑板桥提出"必极工而后能写意"，中国画的艺术精神究竟是什么，其实是一目了然的。

| 文化阐释 |

　　关于中国绘画艺术特点的概括，需要两个重要的参照系统，一个是中国美术的整体系统，一个是世界美术尤其是西方美术的整体系

统。有比较才有鉴别，特点正是指相互比较所显示出来的差异性特征。在如此这般的比较鉴别过程中，有两个关键性的问题，值得所有希望真正懂得"中国画"的人去关注。

第一个问题是绘画艺术的透视方法。最近，国内某位美术教授对于中国画和西洋画的区别提出了有趣的新观点，这里不妨略作介绍：

欧洲古代人和中国古代人的生活方式有着巨大的差异。欧洲远古人类喜欢狩猎，喜欢在山洞或者阴暗丛林里长期埋伏等待猎物，所以他们的后代反而喜欢阳光，尤其现在欧美人大多喜欢日光浴；而狩猎观察以及用弓箭长矛攻击都需要视线专注于前方，于是欧洲人长相上也是颧骨突出、鼻梁坚挺，挡住上方和左右视线也不影响其狩猎生活；在绘画方面，因为狩猎视线的精准要求，观察事物必须要注重距离感、注重地平线、注重远处聚焦等规律，所以产生了焦点透视画法。而狩猎带来的肉食习惯，让欧洲人长期接触动物油脂，于是自然而然把大量油脂用做绘画材料，衍生出了油画为主的厚重油腻的绘画形式，并且西洋油画色彩大多鲜艳也是前文提到的因长久置身暗影，所以向往阳光的原因。中国古代人类更倾向定居的农耕，在田地里耕作时头顶骄阳，于是他们的后代更喜欢阴凉之地。而阴凉之地只有黑白之分，于是中国画以黑白为主。农民要观察一块田野需要宽广的视野，于是农耕文明中的亚洲人普遍面部扁平、鼻梁不高；中国画在构图上也讲究以横长卷和纵长卷为主。并且农耕文明与水打交道很多，所以衍生出水墨画种。也因为农耕劳作不需要眼睛随时聚焦一点，所以我们的国画也不讲求西方写实艺术的近大远小的透视感。

这样的解释听起来很有道理，但细细推敲起来，又感觉问题多多。譬如，中华民族的多元构成本身就包括草原狩猎的少数民族，他们的身体特征和艺术作品，为什么就不像欧洲人那样呢？又譬如视觉透视的具体方法这个问题，西方绘画的焦点透视是建立在数学和几何学的科学基础上的，体现着文艺复兴以来的科学人文主义精神。至于中国绘画的透视方法，长期以来，人们习惯于称之为"散点透视"。从有意区别于西方"焦点透视"的角度来说，"散点"和"焦点"正好相反，有利于凸显出中国绘画透视的独特性。但是请不要忘记了，人们时常用来论述"散点透视"的理论依据之一，是宋代著名科技史家沈括在《梦溪笔谈》中所提出的"以大观小"方法。日本学者称宋代是"东方文艺复兴"的时代，沈括的"以大观小"方法的奥妙，又在于他自己所说的"折高折远"，无论你怎样理解和解释，都无法否定其中的科学因素。有人曾称西方为科学的透视，而中国则是哲学的透视，是否如此，大家尽可以讨论。

第二个问题是中国美术和文人艺术的结合物"文人画"问题。

20世纪初期，陈师曾对"文人画"的定义是："画中带有文人之性质，含有文人之趣味，不在画中考究艺术上之功夫，必须于画外看出许多文人之感想，此之所谓文人画。""文人画之要素：第一人品，第二学问，第三才情，第四思想；具此四者，乃能完善。"（《中国绘画简史·文人画之价值》，中国画报出版社2022年3月版，第355、362页）换言之，人品高尚，学问渊博，才情富足，思想深刻，四者具备，即是完人。这里潜藏着一种逻辑，即此类人物的随意挥洒，不论绘画本身的水平如何，都是"文人画"之佳品。待到20世纪80年代末90年代初，中国美术界又出现"新文人画"流派，该流派主要对近现代以来中国绘画艺术受西方绘画艺术影响而倾向于"写实"的历史倾向进行反思，并针对"造型写实性"而提出"书法书写性"。不言而喻，于是就有了重新强调"书画同源"说的倾向，于是也就有了以"笔墨"为中心的"中国画"本质论。由此再进一步，便形成了"中国画"的精华在于"文人画"的价值判断。

面对这种围绕"文人画"来讲述"中国画"的美术界现状，我们的中国美术讲述和文人艺术讲解，首先要告诉人们，就中国绘画艺术史的整体面貌而言，"文人画"只是其中的一个流派。其次，就当代中国绘画现实而言，也始终存在着争论，人们应该关注这些争论，并参与这些争论。为此，我们特意介绍1992年《明报》月刊发表的吴冠中《笔墨等于零》的观点。吴冠中的文章写道："脱离了具体画面的孤立的笔墨，其价值等于零。"吴冠中认为，我国传统绘画大都用笔、墨绘在纸和绢上，笔与墨是表现手法中的主体，因此评价绘画必然涉及笔墨。但是，不能因此而舍本求末，去孤立地追求笔墨。显而易见，他批评的是"孤立地追求笔墨"。孤立的笔墨毫无意义，就像孤立的颜色无所谓优劣一样，这是一个再浅显不过的道理。"脱离了具体画面的孤立的笔墨，其价值等于零，正如未塑造形象的泥巴，其价值等于零。"吴冠中将笔墨等同于泥巴，这样的比喻很容易引起误解。其实，近年来中国画坛把"笔墨"提升到"本体"高度来强调，与抽象画艺术风格的影响有一定关系。沿着抽象艺术的发展方向，中国水墨画便可以一步步走向书法，因此而出现书画一体的说法，也就不奇怪了。

只不过，绘画又岂能只走抽象艺术一条路呢？

最后，我们想以视觉造形的方式结束本讲的话题，请大家关注以下三种马的造型！其一是本讲一开始就说到的秦陵铜车马，造型写实，工艺精密，充分反映了中国古代铸塑工艺的世界领先水平。其二也是本讲一开始就提到的马踏飞燕，造型灵动，构思奇妙，充分展现了中国古代铸塑艺术的想象能力。关于"天马飞翔"的造型艺术表现方式，主要有两种：一种是让马生出翅膀，中西艺术史上都不乏这样的例证；另一种便是让奔马和飞鸟巧妙结合起来，马踏飞燕便是这一类的代表。唐诗里有大家熟知的诗句："昔人已乘黄鹤去，此地空余黄鹤楼。"（崔颢《黄鹤楼》）"仙人乘鹤"的飞仙形象，其实和"马踏飞燕"有点儿类似，所以，"马踏飞燕"也不妨视之为"马乘飞燕"。

徐悲鸿 《骋马图》 故宫博物院藏

其三是中国画现代大师徐悲鸿的《骋马图》，造型生动，笔墨简练，表现出徐悲鸿在素描艺术基础上实现中西合璧的艺术追求。

| 思考与探究 |

1. 请尝试着从苏轼赞赏王维"诗中有画"的角度去看王维的诗歌艺术以及整个中国古代诗歌艺术，同时又从"画中有诗"的角度去看王维绘画艺术以及整个中国古代绘画艺术。

2. 尝试比较西方文艺复兴以来的绘画艺术和中国宋代的绘画艺术，然后重新考虑中国画"散点透视"和西方画"焦点透视"的异同点。

第十八讲
《兰亭序》的"放下"主题

张廷银

| 导语 |

据说，唐太宗李世民十分喜欢书圣王羲之的《兰亭序》墨迹，在临死前千叮咛万嘱咐，一定要将这件墨宝给他随葬。这种完全"放不下"的行为，除了封建帝王的一种专权控制心理，必定也与《兰亭序》这件作品自身富有的魅力有关。然而，《兰亭序》本来寓含和昭告的主题是什么呢？

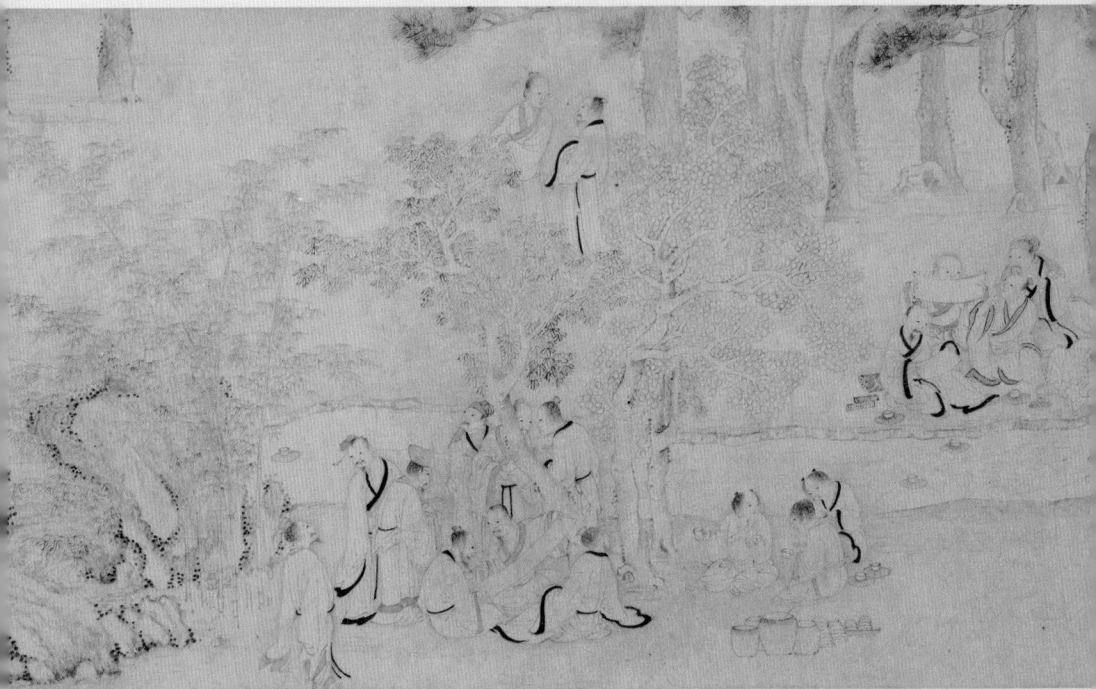

明　张誉　《白描兰亭修禊》（局部）

兰亭序

王羲之

永和九年①，岁在癸丑，暮春②之初，会③于会稽④山阴⑤之兰亭，修禊⑥事也。群贤毕至⑦，少长咸⑧集。此地有崇山峻岭⑨，茂林修竹⑩，又有清流激湍，映带左右，引以为流觞曲水⑪，列坐其次⑫。虽无丝竹管弦之盛，一觞一咏，亦足以畅叙幽情⑬。

是日也，天朗气清，惠风和畅，仰观宇宙之大，俯察品类之盛，所以游目骋怀，足以极⑭视听之娱，信⑮可乐也。

夫人之相与，俯仰一世，⑯或取诸怀抱，悟言⑰一室之内，或因寄所托，放浪形骸之外。⑱虽趣舍

① 永和九年：353 年。永和，东晋穆帝司马聃的年号。
② 暮春：阴历三月。暮，晚。
③ 会：集会。
④ 会稽（kuàijī）：郡名，今浙江绍兴。
⑤ 山阴：今绍兴越城区。
⑥ 修禊（xì）：古代习俗，于阴历三月上旬的巳日，聚于水滨嬉戏洗濯，以祓除不祥和求福。
⑦ 毕至：全到。毕，全、都。
⑧ 咸：都。
⑨ 崇山峻岭：高峻的山岭。
⑩ 修竹：高高的竹子。修，高高的样子。
⑪ 流觞（shāng）曲（qū）水：用漆制的酒杯盛酒，放入弯曲的水道中任其飘流，杯停在某人面前，这人就引杯

饮酒。这是古人一种劝酒取乐的方式。
⑫ 列坐其次：列坐在曲水之旁。列坐，排列而坐。次，旁边、水边。
⑬ 幽情：幽深内藏的感情。
⑭ 极：穷尽。
⑮ 信：实在。
⑯ 夫人之相与，俯仰一世：人与人相交往，很快便度过一生。相与，相处、相交往。俯仰，表示时间的短暂。
⑰ 悟言：面对面的交谈。悟，通"晤"，指心领神会的妙悟之言。
⑱ 因寄所托，放浪形骸之外：就着自己所爱好的事物，寄托自己的情怀，不受约束，放纵无羁的生活。因，依、随着。寄，寄托。所托，所爱好的事物。放浪，放纵、无拘束。形骸，身体、形体。

万殊，静躁不同，当其欣于所遇，暂得于己，快然自足，不知老之将至。及其所之既倦①，情随事迁，感慨系之矣。向②之所欣，俯仰之间，已为陈迹，犹不能不以之兴怀③。况修短随化，终期④于尽。古人云，死生亦大矣，岂不痛哉！

每览昔人兴感之由，若合一契⑤，未尝不临文嗟悼⑥，不能喻⑦之于怀。固知一死生为虚诞，齐彭殇为妄作，⑧后之视今，亦犹今之视昔，悲夫！故列叙时人，录其所述，虽世殊事异，所以兴怀，其致一也⑨。后之览者，亦将有感于斯文⑩。

选自《晋书·王羲之传》，[唐]房玄龄等撰，中华书局编辑部点校，中华书局1974年11月版。

① 所之既倦：（对于）所喜爱或得到的事物已经厌倦。之，往、到达。
② 向：过去，以前。
③ 以之兴怀：因它而引起心中的感触。以，因。兴，发生、引起。
④ 期：至、及。
⑤ 契：符契，古代的一种信物。在符契上刻上字，剖而为二，各执一半，作为凭证。
⑥ 临文嗟（jiē）悼：读古人文章时叹息哀伤。临，面对。
⑦ 喻：明白。

⑧ 固知一死生为虚诞，齐彭殇为妄作：本来知道把死和生等同起来的说法是不真实的，把长寿和短命等同起来的说法是妄造的。固，本来、当然。一，把……看作一样。齐，把……看作相等。虚诞，虚妄荒诞的话。殇，未成年死去的人。妄作，妄造、胡说。
⑨ 其致一也：情况是一样的。致，可以指引起的原因，也可以指引出的结果。
⑩ 斯文：这次集会的诗文。

| 译文 |

　　永和九年，正值癸丑，三月上旬的巳日，我们会集在会稽山阴兰亭，举办修禊的活动。当地有贤德的人无不到会，老少济济一堂。兰亭这地方有崇山峻岭环抱，林木繁茂，竹篁幽密。又有清澈湍急的溪水，像青罗带一般映衬在左右。引溪水为曲水来进行流觞，大家都列坐其侧，即使没有管弦合奏的盛况，仅仅饮酒赋诗，也足以令人畅叙胸怀。

　　这一天，天气晴明爽朗，和风习习，抬头可以观览浩大的宇宙，俯身可以考察众多的物类，纵目游赏，胸襟畅开，足以最大限度地满足耳目视听的快乐欢娱，真可以说是人生的一大乐事。

　　人和人之间彼此亲近交往，转眼之间便度过了一生。有的人喜欢反躬自问，满足于一室之内的晤谈；有的人则寄情托于外物，生活不拘小节狂放不羁。虽然他们或内或外的取舍千差万别，好静好动的性格表现各不相同，但每当他们遇到可喜的事情，便得意于一时，感到欣然自足时，竟然都会忘记衰老和生死即将要到来之事。等到对已获取的东西发生厌倦，情事变迁，又不免心生无限的感慨。以往所得到的那些欢欣，很快就成为历史的陈迹，人们对此尚且不免感念伤怀，更何况人生长短取决于造化，终究要归结于穷尽。古人说，死生是人生之大事，这怎么能不让人痛心疾首啊！

　　每当读到前人兴发感慨的缘由，感觉竟像约定好的那样一致，总难免要对着文章感慨一番，心里有一种说不出的滋味。我当然知道把死和生混为一谈是虚诞的，说长寿与夭亡一样是荒谬的，后人看待今人，也就像我们今人看待前人那样。可悲啊！所以我要列出参加者的姓名，录下他们的诗篇。将来即使时世变化了，引发大家思考的原因，应该是一致的。后来的人再阅读这些诗篇，恐怕也会有同样的感慨吧。

《兰亭序》的作者王羲之，是中国古代著名的书法家，有"书圣"之称，可见其地位之高。按照我们今天人的理解，一个书法家写的文章，可能首先是谈和书法有关的问题的，可是这篇《兰亭序》，除了流传下来的笔迹有书法欣赏和研究的价值，文章的内容和书法似乎没有任何关系。这是一篇十分精彩的哲理散文。

王羲之写这样一篇很有哲学意味的文学作品，是他自愿的吗？应该是他心甘情愿写的，没有任何人强迫要求。王羲之借回顾刚刚举办的兰亭雅集之机，触景生情地抒发了自己心里的真实感受。

从文章开头到"信可乐也"一段，写兰亭聚会那天天气的晴和与周围环境的宜人，显示出参加聚会的人心情的愉悦自由。 接下来从"夫人之相与"到文章结束，主要讲人一生所遇到的各种事情，似乎有一些忧郁，但最后又归结到无论是得意还是失意、是长寿还是短命，都不要太当回事，人死了之后，全都看不见了。他希望大家都把名利得失看淡些，心态自在安然些，舒畅自由一点儿。王羲之这篇《兰亭序》的主题就是在欢乐和忧伤的对比中，提倡随性自由，希望人们对一切都不要太执着，不要太功利。

| 文化阐释 |

读了《兰亭序》，我们再来看后人临摹的王羲之《兰亭序》字迹，能够感觉出，王羲之写字时也坚持了不造作、不刻意的原则，却反而让人觉得他有一种规则在里面。从章法结构上来看，《兰亭序》的间架结构随心所欲，但又毫无违和感，笔画之间很有法度。撇捺张弛，俊彩飞扬。虚实结合，左右前后互相呼应，犹如游龙入海般酣畅淋漓。从运笔看，全篇笔锋遒劲有力，一笔一画都彰显书法功

底，仿佛每一笔都是刻意策划，却又如此的流畅自然。看似毫无章法，却又处处尽显章法，也就是孔子当年所说的"从心所欲，不逾矩"（《论语·为政》）。

《兰亭序》是三大行书法帖之一，"行书"的"行"可以理解为行走甚至飞行，就是动起来的感觉，有飘逸灵动的效果，让人获得无限自由快乐。行书首先出现在王羲之那个时代并由王羲之来完成，是有原因的。

王羲之所在的东晋时期，包括再早一点儿的三国时代，文人们（包括文学家、书法家、画家）都变得不太那么遵守规矩，觉得前代遗留下来的许多规矩束缚人的思想，也束缚人的手脚。什么都不敢想，什么也不敢做，死水一潭，毫无生气。于是，他们开始对这些规矩的合理性提出质疑，然后开始进行颠覆性地批判。中国的知识分子从此又进入了一个比较自由的时代——追求思想自由，行为自由，文化自由，艺术自由。汉字出现以来，字体先是大篆、小篆，后来出现了隶书，再后来是楷书，一种比一种简单，一种比一种自由。但三国和晋朝的这些文人觉得楷书还是限制太多，方方正正，规规矩矩，完全不符合当时表现自由的需要。能不能写起来更灵活一些，看起来更自由些？很多人就开始琢磨了，尝试了，但最后是由王羲之作为一个集大成者，完成了最终的发布，高调宣布行书面世，并且一下子就处于很高的水平。不仅三国两晋的人喜欢写行书，后代一些性情浪漫的文人，比如李白、苏东坡等，都喜欢写行书字体。行书和文人的情怀有很大的内在一致性。

不仅写字时的心态要随和、自由，对待写字这件事情也要自在随意。中国古代有一个传说，有一天有个叫仓颉的人，突然写出了一堆好看又易学的文字，这可惊动了天地间的各路鬼神，天上哗哗哗地下起了谷子，鬼神们则纷纷抱头哭泣。这是说写字是一件非常神圣的事情，会写字也是一个很了不起的本事。但到了魏晋时期，很多人认为写字没有什么大不了的，不必太郑重其事，要看淡一些，心态平和、自由一点儿，这样写出的字就显得自然，当然也就比较好看。王羲之的字在当时就很受追捧，可是他自己始终没有把写字当作什么了不起的事，他甚至觉得一幅字还不如一只白鹅更可贵——他就经常拿字去换村里老太太养的鹅。

中国古代另一位非常著名的书法家赵孟頫曾经说，中国书法到了王羲之才开始出现新体，标志就是他书写的《兰亭序》。那么，《兰亭序》到底新在什么地方呢？除了字体变为行书，写字不过分拘泥章法，写字过程要自由愉悦，写字不希图功利回报……这些都具有非常重要的意义。写字的水平和做人的境界高度统一，就是《兰亭序》给我们的最大启示。如此看来，《兰亭序》被称为中国第一行书，奉为书法经典，是当之无愧的。王羲之当年写《兰亭序》，告诉大家：一切东西都会在低头抬头之间，消失得无影无踪，因此需要有"放下"的自由态度。

唐太宗李世民因为太喜欢《兰亭序》墨迹，把它带入了坟墓中，他至死都没有真正地放下。这也证明了《兰亭序》"放下"的主题是多么的深刻！

| 阅读资料 |

《启功给你讲书法（典藏版）》，启功著，中华书局 2012 年 7 月版。

| 思考与探究 |

请试着用毛笔写几个汉字的楷体字和行书字，找找从楷书到行书的变化感觉。

第十九讲
知音：中国音乐的传奇故事

谭　惟

｜导语｜

在中国，"知音"一词，常常用以形容深厚的友情，如果形容一位朋友是自己的"知音"，那就是对这位朋友最高的肯定和赞美。实际上，从字面意义上讲，"知音"是知晓音律的意思，那么，为什么会逐渐演变出"知心""知己"的意思呢？这要从一则家喻户晓的传奇故事讲起。这是一段关于中国传统音乐史里俞伯牙与锺子期的故事。

在中国武汉，有个旅游景点——古琴台，它与黄鹤楼、晴川阁并称武汉三大名胜。古琴台见证了"高山流水遇知音"这个在中国历史上真实发生过的传奇故事。

伯牙、子期的"知音"故事，在中国广为流传，在文学、京剧、绘画等诸多领域，都有不同形式的表达，被广为传诵，流传至今。

清 黄慎 《伯牙鼓琴图》

伯牙鼓①琴

　　伯牙鼓琴，锺子期听之。方鼓琴而志②在太山③，锺子期曰："善哉④乎鼓琴，巍巍乎若太山⑤。"少选⑥之间，而志在流水，锺子期又曰："善哉乎鼓琴，汤汤乎若流水⑦。"锺子期死，伯牙破琴绝弦，终身不复鼓琴，以为世无足复为鼓琴者⑧。

选自《吕氏春秋集释·卷第十四孝行览第二·本味》，[秦]吕不韦编，许维遹集释，中华书局2009年9月版。

① 鼓：弹。
② 志：心志，情志。
③ 太山：泛指大山、高山。一说指东岳泰山。
④ 善哉：好啊。
⑤ 巍巍乎若太山：像大山一样高峻。巍巍，高大的样子。若，像。
⑥ 少选：一会儿，不久。
⑦ 汤汤（shāngshāng）乎若流水：像流水一样浩荡。汤汤，水流大而急的样子。
⑧ 以为世无足复为鼓琴者：认为世上再没有值得他为之弹琴的人了。

译文

伯牙弹琴，锺子期听他弹琴。伯牙想着高山时弹琴，锺子期说："弹得好呀，就像那巍峨的高山。"不一会儿，伯牙又想到流水，锺子期说："弹得好呀，就像那浩浩汤汤的流水。"锺子期死后，伯牙摔琴断弦，终生不再弹琴，他认为世上再也没有值得他为之弹琴的人了。

文本解析

伯牙弹琴，志在高山，志在流水，唯有子期能够心领神会。孔子说过，"乐云乐云，钟鼓云乎哉？"（《论语·阳货》）就是说，真正的音乐，难道只是钟鼓这样的乐器演奏出来的音乐吗？又说，"知者乐水，仁者乐山"（《论语·雍也》），面对着山水自然，人们能够心里洋溢起美感，智慧的人则更容易面对流水升起美感，仁爱的人更容易面对高山升起美感。因为智慧的人的修养就像流水一样宛转自如，仁爱的人的修养就像高山一样正大浩然。中国传统音乐的赏听，其核心就是要透过音乐，听出演奏者的精神修养。如果只有流畅动听的音乐形式，没有传递仁智精神的音乐内容，那就不是高明的演奏；而真正能够听出音乐形式后面的精神修养，要求听者也要具备一定的精神修养，不能只停留在对音乐形式的欣赏。

所以，只有"志同道合"才能够真正听懂，才能够成为"知音"。也正因如此，知音非常难遇，也就非常珍贵。只有心灵深处契合，才能够成为知音。锺子期是隐士，俞伯牙则入仕为官，二者的相遇相知，是文化的相遇，是心灵的相知，是出世与入世的沟通，这种相知，是人世间最可宝贵的，也是人心深处最为愉悦的。所以，"高山流水遇知音"才成为中国音乐史和思想史上的佳话，影响着每一个中国人的精神生活，经久不息。

　　无论你来自哪个国家，想必都会为自己国家的音乐感到自豪。音乐是神圣的，它穿越世俗，似乎与人类最原初的生命力相联结。在很多文化体系中，音乐起源于宗教，被视为沟通人天的重要途径，也正因此，音乐总被认为具有某种精神力量，能让人超越具象世界、开启更广大的维度。随着科学的发展，音乐的审美属性逐渐独立出来，人们更多从欣赏、美学的角度来看待音乐，但实际上，音乐依然存在着一种超越审美的力量，音乐的精神属性从未消失，世俗的生活总是在音乐中得以升华。在中国传统音乐中，音乐的精神属性体现在"和"，通俗地讲就是"和谐"。音乐是心灵的和谐，音乐让人的喜怒哀乐等情感找到恰当的状态，"和顺积中而英华发外"（《礼记·乐记》），当人内心处于"和顺"的状态，音乐便像心里面开出的一朵花，自然绽放，动人耳目；同时，音乐不仅仅是个人情感的抒发途径，更是人与天地自然沟通的渠道，是实现人与天地和谐的方式。中国的传统思想认为，天地本来是和谐有序的，高超的音乐就要能够呈现出这样一种天地的和谐有序，"大乐与天地同和"（《礼记·乐记》），人便在这样一种音乐中感通天地，实现对小我的超越，达到身心和天地的和谐。

　　选文中伯牙弹奏的乐器，便是在中国传统音乐中具有极高地位的"琴"，由于历史古老悠久，多称为"古琴"，也称瑶琴、玉琴、七弦琴。先秦以前，"琴"多用于祭祀天地神灵，直到孔子时，"琴"逐渐成为文人雅士的乐器，但它始终被视为一种"道器"，具有神圣性，不同于其他传统乐器，被视为"文人音乐"的代表。下面，我们来了解一下古琴及其文化内涵。

　　一、中正平和、轻微淡远

　　古琴对于中国人来说，古老而神秘，同时陌生而遥远。2003年11月，古琴艺术入选联合国教科文组织确定的第二批"人类口头和非物

质遗产代表作名录", 2008年自动纳入"人类非物质文化遗产代表作
名录"。所谓"遗产",就说明会弹奏古琴的人不多了,古琴艺术濒临
灭绝,需要保护。近20年来,对古琴文化的研究不断丰富,古琴爱好
者也越来越多,这门"绝学"在中国大地上开始重新绽放出光彩。

实际上,在中国历史上,古琴曾经非常流行。只要了解一下古
琴的历史,便会知道中国人,尤其中国文人是多么热爱古琴。相传
伏羲氏"斫桐为琴,绳丝为弦"(《纲鉴易知录·太昊伏羲氏》)。近
代以来,大量古琴文物出土,例如,1978年在湖北随州曾侯乙墓
出土了战国早期的"琴",2016年在湖北枣阳郭家庙墓又出土了春
秋早期的"琴",将古琴可考的历史又推前了300年。目前,郭家
庙琴是所见中国最早的"琴"。可见,有史可考的古琴历史至少有
两三千年。从古至今,古琴的传承几乎没有中断过。从我们众所周
知的伏羲、神农、黄帝、尧、舜、禹、汤、文王、周公、孔子等中
国古代圣贤,再到我们熟悉的陶渊明、王维、李白、白居易、欧阳
修、苏东坡等中国传统文人,几乎都与琴有不解之缘。秦汉以来,
帝王将相、文人士大夫,几乎无不鼓琴,所谓"士无故不彻琴瑟"
(《礼记·曲礼》),古琴成为中国"文人音乐"的代表,列为"琴、
棋、书、画"之首,成为中国文人必备的修养之一。

古琴之所以被人喜爱,与它独特的音乐特质有关。其一,音色中
正:音量不大,音质本身比较"中正平和",即便表现饱含情感的主
题,它也不会过于激越,始终给人以"轻微淡远"的感受。其二,音
域宽广:古琴音域有四个八度零两个音。有散音七个、泛音九十一
个、按音一百四十七个。同时,古琴的有效震动弦长也大大超出了其
他乐器,因此震幅宽大,音色多变,表现力极为丰富,堪称乐器之
最。其三,音声丰富:总体而言,古琴能发出的音声有三种,即散
音、泛音、按音。散音,虚明嘹亮,如天地之宽广,风水之澹荡;泛

音，脆美轻清，如蜂蝶采花，蜻蜓点水；按音，简静坚实，如钟鼓之巍巍，山石之磊磊。三种声音构成了古琴音乐丰富的表现元素。尤其按音"吟猱绰注"，左手在琴弦上走动发出"摩擦音"，抑扬顿挫、快慢轻重之间，情感细腻绵长，恰似人之娓娓诉说，一唱三叹，回味无穷。中国有句成语"余音绕梁，三日不绝"，古琴音乐正体现了这一特点。其四，古琴尚象：古琴的形制逐渐形成定式，先贤文人赋予了古琴很多意象，使得它成为文人推崇备至的"载道之器"。例如琴长三尺六寸五分，象征一年三百六十五日。古琴由上下两块木板构成，上面木板呈圆弧状象征天，下面木板扁平象征地，天圆而地方；两板相接，象征天地之气往来呼吸。古琴弦有五根，分别为宫商角徵羽，象征五行，后来文王、武王各加一根，故成七弦之琴。除此以外，古琴上架弦的岳山、龙龈，支琴的雁足，发音的龙池与凤沼……它们的形制也都蕴含着深厚的文化意象。

观物取象

古琴形制	文化意象	古琴形制	文化意象
长三尺六寸五分	一年365天	上穹隆	象天
广六寸	六合	下方舆	法地
前广而后狭	尊卑有差	中虚	含气
琴额长二寸四分	二十四节气	琴岳	山岳
徽有十三	十二个月+闰月	琴项	凤嗉
岳广三分	三才	肩背	人形
龙龈折势四分	四时	琴首	凤额
龙池长八寸	通八风	琴尾	龙龈
凤沼长四寸	合四气	肩至腰	凤翅
共长三尺九寸一分	成于三，极于九，复变为一	琴腰	龙腰

古琴的这些特质决定了它具有丰富的表现力，并能承载文人精神的玄妙变化。文人透过古琴技法的细腻绵长，寄托着人生悠远深邃的遐思和憧憬。在选文中，伯牙演奏《高山》《流水》，由此我们可以想象，俞伯牙端坐在飞瀑峭壁间的一棵古松下，凝望着薄雾缭绕的远山之巅，沉浸在无边的冥思中，指尖便流淌出《高山》《流水》这样的音乐。这种自然山水间的音乐与演奏厅中演奏的音乐是不同的，演奏者似乎不需要听众，只是演奏给自己听，处于与天地感通的玄妙境界，音乐似乎带领着人在天地自然间找寻生命真谛。恰恰在这种忘我的境界中，俞伯牙偶遇了锺子期这样的知音，得到了一生最为珍惜的好友。

二、志在山水，天人合一

中国传统音乐与中国其他传统艺术一样，往往都寄情于自然天地，这源自中国文化对自然山水的热爱。"青山不墨千秋画，流水无弦万古琴"，在中国广袤的土地上，青山峻岭是不需要墨笔的千秋画卷，山川溪流是没有琴弦的万古琴音。艺术来源于天地自然，天地自然的神妙远远超越了人为的艺术创造。所以，中国艺术家都热爱山水，徜徉于自然。

在中国文化中，有一种观点：艺术的规律、结构是与天地的规律、秩序相通的，通过对艺术的探索，就可以洞察宇宙的奥妙，获得对"道"的认识。在某种程度上，天地自然对于中国传统艺术家来说蕴藏着"道"，在广阔壮丽的高山和潺湲宛转的溪流之间，永恒的"道"将显现于敛心冥思的艺术家面前，有时引发一种感动，有时化作一丝灵感，对于艺术家来说那是难以言表的灵感源泉。

中国文化的主体精神由儒释道三者构成，而三家思想有一个共通的东西，那就是"道"。"道"往往和"自然"联系在一起，这个"自然"有时候是指物理层面的自然界，更多则是指一种超越人的小我的境界，一种更接近每个生命本真、本性的状态。远离城市的自然环境，更有助于人超越小我，关注到生命更高的境界。艺术家常常喜欢置身于开阔的山水自然之中，净化身心，升华至"天人合一"的高超境界，让灵魂与身边巍峨的高山和潺潺的流水相通，由此体验与"道"融为一体的感受。

三、听之以气，物我两忘

《庄子》说："若一志，无听之以耳而听之以心，无听之以心而听之以气！耳止于听，心止于符。"（《庄子·人间世》）意思是说我们用耳朵听（有形），只会在听觉上获得愉悦；用心听（无形），只会在心理上得到感动；用气听（有无之间），以我之气与外物之气相应，就是超越肉体、与道合一的状态，这种状态也是最自然、最放松、离人本性最近的状态，这时忘记了自身的存在，也忘记了万物的存在，自我的疆界就会豁然开朗，"气盛而化神"（《礼记·乐记》）。"气盛"指"气"充盈、盛大、洋溢，"化神"指化育神妙莫测。我们可以想象伯牙演奏的《高山》《流水》，巍峨高山、汤汤流水正是一种浩然正气充塞于天地，子期听到的也正是这样的境界，演奏者、聆听者、高山流水在那一刻似乎融为一体，这就是"化神"，也就是达到了音乐最极致的状态。这种状态用哲学的语言来表述，就是与"道"合一。

中国传统音乐不仅能表达个性和抒发个人心情，更追求将个人体验融入到自然之"道"中，所以，我们不难发现中国传统音乐多为"借景抒情"，无论是古琴，还是笛子、洞箫等乐器，乐器虽不同，但演奏追求的意境是相通的，都是希望演奏者能够带领聆听者进入到某种气场和意象中，并且在相互感通的状态中体验到某种生命志向或精神境界。演奏或是聆听不同情境的音乐，会呈现出不同的气场和意象，也会让人的心境得到不同层面的升华。《高山》巍峨，能够让人高山仰止、志向高远；《流水》不息，能够让人观水徘徊、智慧圆融；《阳春》生机勃勃，能够让人朝气蓬勃；《白雪》洁净，能够让人心神宁静。

中国传统音乐不仅仅是给耳朵听的，只是"动听"还不够，甚至不仅仅是给心灵听的，只是"动心"还不足，还需要通向天地、自然的维度：人是自然的一部分，在音乐中人又回到自然，这就需要用"气"来听。气息的感通，固然离不开心灵的感动，也来自耳朵的倾听，但这已经超出了所谓纯粹音乐的范围，而是强调音乐的文化内涵不是"为艺术而艺术"，而是"为人生而艺术"。子期恰恰是听出了伯牙内心世界类似高山的巍峨峻拔，类似流水的浩荡不息，才被伯牙视为知己。因为子期不仅"知音"，而且"知心"。

中国传统音乐当然不止琴曲一种，它的构成非常丰富，但总体而言，其中都蕴藏着一种典型的中国式的"韵味"，这种韵味同样也贯穿于中国的文学、书法、绘画、园林等艺术形式中。我们在聆听中国传统音乐时，需要置身于音乐的情境中，"听之以气"，听出内在的精神和神韵，进入音乐显化的情感与意境中，从而心领神会，获得艺术和心灵的双重享受。

| 阅读资料 |

1. 《中国艺术精神》，徐复观著，商务印书馆 2020 年 12 月版。
2. 《琴史新编》，许健编著，中华书局 2012 年 6 月版。

| 思考与探究 |

1. "伯牙子期遇知音"的故事中，子期死后，伯牙为何"终身不复鼓琴"？

2. 欣赏中国传统音乐，思考"以耳""以心""以气"三种赏听方式有什么不同。

第二十讲
"贵妃醉酒"之后

张廷银

| 导语 |

　　《贵妃醉酒》是中国戏曲中一部重要的作品，不仅各个剧种轮番上演，而且每一个剧种的演员一代又一代地接续演出，还不断地推陈出新，变化出不同的花样来。就单说京剧中一个杨贵妃醉酒，就不知道在舞台上出现过多少个千差万别的动作，在观众心目中留下了多少个婀娜多姿的杨贵妃形象。当然，这其中最值得关注的，还是京剧大师梅兰芳所扮演的杨贵妃。

| 文本导读 |

贵妃醉酒（节选）

海岛冰轮初转腾，

见玉兔，玉兔又早东升。

那冰轮离海岛，乾坤分外明，

皓月当空，恰便似嫦娥离月宫，

奴似嫦娥离月宫。

好一似嫦娥下九重，

清清冷落在广寒宫，啊，广寒宫。

玉石桥斜倚把栏杆靠，

鸳鸯来戏水，金色鲤鱼在水面朝，

啊，在水面朝。长空雁，雁儿飞，哎呀雁儿呀，

雁儿并飞腾，闻奴的声音落花荫，

这景色撩人欲醉，不觉来到百花亭。

选自京剧《贵妃醉酒》唱段。

| 文本解析 |

京剧《贵妃醉酒》又名《百花亭》，是一出单折戏，取材于中国唐朝历史人物杨贵妃的故事，经过中国著名京剧表演艺术家梅兰芳先生创作、表演而广为人知，是梅派代表剧目之一。该剧讲唐明皇的宠妃杨玉环本来应唐明皇之约，到百花亭筵席赏花，但久候不至，随后知道唐明皇去了另一个妃子的宫院，于是羞怒交加，万端愁绪无以排遣，就让太监高力士、裴力士添酒狂饮，大醉而归。

《贵妃醉酒》通过动作和唱词、曲调，表达杨贵妃由期盼到失望，再到怨恨的复杂心情。我们这里所选这一段唱词，虽然无法和李白的《清平调》、白居易的《长恨歌》媲美，可是经过多少戏曲艺术家的演唱，又有许多戏曲爱好者的传唱，现在早已是脍炙人口的名段了。特别是被梅兰芳精心演绎和巧妙处理后，《贵妃醉酒》就成了梅兰芳的代表作，也成了中国京剧的代表作。说到"贵妃醉酒"，大家就首先想到梅兰芳及京剧；反过来，如果提到梅兰芳，提到京剧，人们眼前首先浮现的就是"贵妃醉酒"。梅兰芳的巧妙加工和精湛表演，突出了杨玉环作为一个有情有义、敢爱敢恨的真情女子的人物形象，使她获得了中国老百姓更多的认可和喜爱。

　　最初的《贵妃醉酒》有许多色情的成分，把杨贵妃演成了一个轻浮放荡的女子。梅兰芳在唱词和动作上做了大胆的改编，才使这出戏情调高雅，动作优美。比如给高力士戴太监帽的身段以及收尾的一段戏，传统演出时有杨贵妃与太监调情的不健康成分，梅兰芳把它改为杨玉环借酒使性，宣泄内心的愤怒，给高力士戴帽子的舞蹈使全剧达到高潮。在杨贵妃大醉之后，原来的表演是她拉着高力士，要求这个太监陪她睡觉，梅兰芳却改成了杨玉环酩酊大醉，一边做着捋胡须的动作，一边命令高力士去请皇帝来陪自己饮酒。

　　原来的贵妃醉酒后"卧鱼"的动作也有三个，梅兰芳压缩成两个。第一番"卧鱼"时，杨玉环兴冲冲更换了宫装从下场门上场，突然看到唐明皇的座位空着，引起她的气恼，她冲着椅子向外甩袖，醉步走到上场门准备坐下。一阵花香袭来，回首看见许多奇花争艳，异香扑鼻，她被百花香味所吸引，一时忘却了自己受到的冷遇，翻袖碎步走到花前，把原来的纯技巧的"卧鱼"改为蹲身嗅花，下蹲后形成"卧鱼"的姿势。杨玉环看着艳丽的花朵，一股惜花之情油然而生，慢慢蹲下身去，做第一个"卧鱼"动作。这时，又一阵花香袭来，杨贵妃翻袖转身，看到了鲜艳夺目盛开着的牡丹。她从下场门碎步走向上场门外角，眼睛直直地盯着怒放的牡丹花，伸出右手想去摘花，左手翻袖一个亮相，然后慢慢踏步蹲身，做第二个"卧鱼"。动作的数量减少了，动作中的婀娜、柔美却增加了，这一减一加中，杨贵妃的形象就大不一样了，京剧的韵味也有了别样的感觉。

梅兰芳表演的《贵妃醉酒》，从故事情节到人物形象、动作，整个完成了一次全面的改造和审美化过程。

| 文化阐释 |

梅兰芳改造《贵妃醉酒》的过程，其实就反映和代表了京剧艺术的发展与提高历程。

京剧是在北京这个地方发展流行起来的，但京剧的最终形成，却并非仅仅依靠北京这块土壤。它是吸收融合了多种戏曲的精华，慢慢生长壮大起来的。

清朝初年，北京城的戏曲舞台上同时盛行昆腔与京腔。乾隆中叶后，昆腔渐渐衰落，京腔取得了独霸京城舞台的地位。又过了一些年，乾隆四十四年（1779），擅长表演秦腔的艺人魏长生，带领一班人马从四川浩浩荡荡地"杀"进了北京。魏长生扮相俊美，嗓音甜润，唱腔委婉，做工细腻，一出《滚楼》轰动京城，把京腔的兴盛势头一下子就给打下去了。京腔原来的六大名班一时几乎无人过问，京腔的艺人们纷纷改换门庭，搭伙秦腔班以谋取生路。

好景不长，乾隆五十年（1785），有人上奏朝廷，说魏长生表演的秦腔剧中色情成分太重，有伤世俗风化，朝廷就明令禁止秦腔在京城演出，并将魏长生逐出了京城。该谁来登场呢？安徽的四大徽剧戏班瞅准了这个机会，先后来到京城。他们除了演唱徽调，还兼演昆腔、吹腔、四平调、梆子腔〔秦腔〕等，可谓东西南北各种腔调同时并用，在表演艺术上广征博采，吸取各个剧种的长处。唱腔比高腔婉转动听，比昆曲通俗易懂，比一般的民间小调更加大方，唱腔中还能体现出喜怒哀乐来，这就已经显出了它不同于一般地方戏曲的优势。加之演出阵容齐整，上演的剧目丰富，颇受京城观众欢迎。魏长生走红时改换门庭的艺人们，现在又不得不投奔徽班。

京城剧坛的革新改良并没有结束。乾隆末年，流行于湖北的汉剧也摸到了北京，想试试这里池水的深浅。此时北京的剧坛由徽剧占领，汉剧为了站稳脚跟，就只能同徽班搭班演出。这些来自湖北的演员们可真聪明，他们不独立搭台，化整为零，分头加入徽班，然后将汉剧唱腔更加婉转、角色分工更加细致的特点，悄悄地融入徽戏之中，使徽戏的唱腔板式日趋丰富完善，唱法、念白更具北京地区语音特点，更容易被北京人所接受。于是，在徽剧、秦腔、汉剧三种声腔的不断融合中，在昆曲的滋养下，念白南北都懂、唱腔反映情绪的新剧种就出现了，这就是后来的京剧。

可见京剧的形成过程，是一个十分典型的博采众长、不断革新的过程。正所谓"江海不拒细流，方能成其深"，京剧把中国东西南北各路戏曲中高亢的、柔婉的、典雅的、通俗的各种元素吸收其中，再经过合理的融合凝聚，最后成就出一个全新的格局。京剧之所以后来成为中国戏曲的经典剧种，能作为中国的国粹与世界各国的戏曲进行交流，是有非常深刻道理的。京剧之"京"不仅指北京，还指首都，指核心，指博大，京剧就是一切博大而精深的艺术的代表。

京剧形成之后，不同流派、各家演员仍在努力进行创新和完善。特别是到了梅兰芳，他虽然出生于北京，但因为祖籍江苏泰州的原因，和以昆曲为代表的江南吴文化有天然的联系。他在京剧表演中，更加有意地吸收昆曲的因素，尤其是他柔美的身段、委婉的唱腔，明显具有昆曲的痕迹。梅兰芳的作品以美取胜，这个美既有北方的壮美，更有江南的柔美。他后来到日本演出，到美国演出，到苏联演出，迷倒观众的首先是他的妩媚，从扮相到服饰，从身姿到唱腔，无不体现出昆曲艺术给他的滋养。他的表演风格基本成型后，到全国各地进行指导性、示范性、表演性演出，他每到一地，都不忘与当地的地方戏演员交流学习。梅兰芳不但向中国的各个地方戏学习，还非常注意和国外的艺术家切磋交流。梅兰芳曾在1919年、1930年、1935年，先后赴日本、美国和苏联访问演出。其间，梅兰芳都以十分谦虚的态度，向三个国家的艺术家学习，与他们进行交流。据日本《读卖新闻》《朝日新闻》等报纸当年的报道，梅兰芳对日本的能剧十分感兴趣，和日本书画界的交流也非常频繁。梅兰芳能成为一代京剧大师，代表京剧发展的极高水平，首先离不开的是他广泛学习、积极吸收的精神，尤其可贵的是他的国际视野，能在国际化的大背景下来发展京剧。

京剧艺术正是在无数像梅兰芳这样的艺术大师的不懈努力下，最终成为了内容高雅、艺术精湛的戏曲代表。京剧被中国人视为国粹，绝不仅仅因为它在北京，沾了首都地缘优势的光。

京剧在梅兰芳之后还在新变，还在发展。当然，能不能变得更精彩，让大家更喜欢，还需要拭目以待。

还要告诉大家的是，我们这里虽然只说了京剧，实际上，中国的其他戏曲如昆曲、越剧、秦腔、豫剧等，都在保持自己地方特色的前提下，积极地吸收借鉴其他剧种的精华，才取得了自己的艺术地位。比如豫剧名家常香玉就大胆吸收了河北梆子、越剧、湖南花鼓等剧种的优点，她的戏才能够吸引全国各地的各界听众。再往大里说，不仅中国的戏曲是这样，中国的各种艺术也是这样；不仅中国的艺术是这样，世界上的艺术差不多都是这种情况。

┃阅读资料┃

《舞台生活四十年：梅兰芳回忆录》，梅兰芳著，新星出版社
2017 年 1 月版。

┃思考与探究┃

1. 你看过梅兰芳或梅派的《贵妃醉酒》后，印象最深刻的是
什么？

2. 你如何理解中华文化广纳博采、革故鼎新的品格？

第二十一讲
生长在民间道情中的文化根脉

张廷银

|导语|

1987年秋天，在以新潮时尚闻名的意大利罗马、米兰、佛罗伦萨等地的街市上，出现了几位来自中国甘肃的农民。他们大方自如地搭起台子，操起随身携带的皮影及四弦、二胡、笛子、唢呐等乐器，向当地市民表演了在甘肃东部农村流行的道情皮影戏。看着几个东方农民用手里几样简单的道具，却演绎出一段又一段美妙的音乐和神奇的故事，在场的人纷纷用"来自东方魔术般的艺术"来赞叹眼前的这种表演。被如此盛赞的陇东道情皮影戏究竟是什么，有什么魅力让人如此着迷呢？咱们还是从下面的这段道情中一探究竟吧。

游西湖（节选）

游 西 湖 去 玩 景　　　　　仙 兄 阻 挡，

我 不 听 仙 兄 劝

忙 下（着）山 岗 哎

桃 花 山 与 青 儿　　　　　打 了 一 仗，

缚 妖 锁 拿 住 她

收 为（着）梅 香 哎。

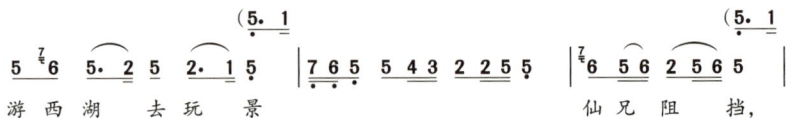

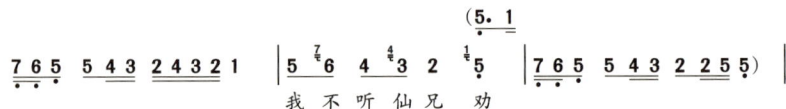

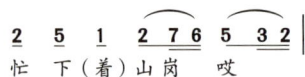

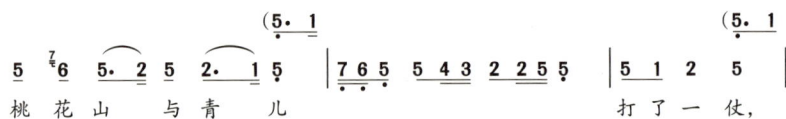

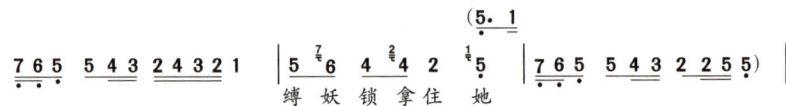

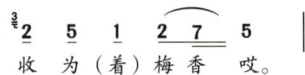

选自陇东道情《游西湖》唱段。

| 文本解析 |

　　这是流行在今天甘肃东部环县等地的陇东道情《游西湖》中的一段唱，稍微懂音乐、会简谱的人跟着哼唱一下，基本可以感觉出它的节奏比较明快、唱词浅易。也许正因为如此，那些没有经过专业训练，甚至完全不识乐谱的农民，能够这边放下手中的农具，那边

就开始吹拉弹唱，红红火火，好不热闹。就是在今天，你如果有兴趣打起背包，到地处甘肃东部的环县山沟里走一趟，只要看到地里有犁锄种收的，山里有放羊牧牛的，就随时可以听到他们尽情喝唱的道情调子。如果你再好奇一点儿，在夜幕降临、晚饭的炊烟消失之后，走进大山之中的一个个窑洞，或许还可以看到几个刚刚吃过晚饭，连一脸尘土都没有顾上洗去的农民，正聚在一起吹吹打打，摇头晃脑地放开嗓子，吼喊着、拖唱着或高亢或忧伤的道情。他们自己觉得这跟平时的聊天儿说笑没有什么两样，更没有觉得有什么了不起的意义，可是，当我们走近仔细地听听看看，却发现里面其实大有文章。

｜文化阐释｜

道情是一种比较有历史的民间艺术。通常认为它起源于唐代道观内所唱的"经韵"，宋代后吸收词牌、曲牌，演变为在民间布道时演唱的"新经韵"，又称"道歌"，用渔鼓、简板伴奏，与鼓子词相类似。再到后来，道情越来越受各地的文化环境的影响，在不同地区呈现出不同的风格和样式。其中，我们这里重点给大家介绍的陇东道情，流行于现今甘肃环县、宁县以及宁夏盐池等地区，表演及演唱都保持了比较原始、比较通俗的风格，深受当地百姓的喜爱。2006年它被列入第一批国家级非物质文化遗产代表性项目名录。

有关专家在审定道情的文化遗产申报时，难道仅仅是看到了它的民间性和久远性吗？当我们深入了解之后会发现，这种艺术形式还具有很多深刻的内涵，凝结着中华文化的根本元素。比如陇东道情里最常见、最基本的十字句结构，就和中国古诗的句式结构有很相像的地方——都遵循了起承转合的模式。选文那段《游西湖》的唱词中，"游西湖去玩景""桃花山与青儿"分别是"起"，介绍事件的缘起；"仙兄阻挡""打了一仗"是"承"，对事件做进一步说明；"我不听仙兄劝""缚妖锁拿住她"是"转"，显示事件出现了新的情况和转折；"忙下（着）山岗""收为（着）梅香"是"合"，是事件的最后结果。逻辑层次和声腔结构既明晰又完整，并且还非常自然。了解中国古诗的人一眼就可以看出，这种演唱结构与从《诗经》国风开始就形成的诗歌写作完全一致。如果说古诗是中华文化的根系组成，那么生长流行于民间的道情中也体现着中华文化的文脉根系。道情里也非常讲究"上下句"的规则，就是起句必须是仄声，收句必须是平声，这和古代律诗的平仄规则又有暗合之处。那些演唱道情的民间艺人们既不知道起承转合的结构，也不知道仄起平收的规则，有些人甚至连最简单的文字都不认识，可是他们在表演道情时非常自然地遵守这样的结构和规则，就像吃饭要张嘴，穿衣要抬胳膊一样自然。写古诗的人往往是先知道规则，然后按照规则去一步一步地写，唱道情的人不了解规则，但一样按照规则去做。区别在于一个是自觉的，另一个则是不知不觉的。写诗是在延续中华文化的脉源，唱道情也是在传承中华文化的根脉。

因为道情这样的民间艺术具有简单易学的优势，在传承文化方面，常常表现出更强大的衍化能力，能演变出更多的新型艺术形式来。就说这陇东道情，在1957年到北京参加民族民间音乐舞蹈会演时，它得到了许多党和国家领导人的高度称赞。当时的甘肃省深受鼓舞，就以道情音乐为基础，让演员着妆带彩在舞台上演出，陇东道情这一古老的民间艺术，开始由皮影戏变为真人扮演，以新的生命、新的面貌，向戏曲舞台迈进。1959年，甘肃省戏曲剧院道情剧团正式成立，剧团带着《枫洛池》等戏赴京参加国庆10周年献礼演出，党和国家领导人观看演出并接见了全体演职人员。首都文艺界对《枫洛池》给予了高度评价。后来甘肃省就把这种还处于尝试阶段的道情剧确定为代表甘肃省的剧种，并且改名为"陇剧"。

陇剧和陇东道情，一个典雅，另一个浅俗，但它们内在是同根同源的，是同属于中华文化根脉上的溪流。一个国家、一个民族的文化发展，既要有黄钟大吕的典雅，也需要粗放乡野的浅俗，就如同我们可以去下馆子，享受照着菜谱烹制出来的精美饭菜，但也不能排斥自己日常烹调出来的家常便饭。二者的精细程度有别，符合个人和民族发展需要的目的是一致的。

| 阅读资料 |

　　《民间艺术概论》，赵农著，陕西人民美术出版社 2011 年 12 月版。

| 思考与探究 |

　　1. 你对中国的哪种民间艺术感兴趣？说说和它有关的文化故事。

　　2. 请将你自己了解或感兴趣的中国民间艺术，与你们国家的相近艺术进行比较。

第二十二讲
严父慈母型家庭模式

段江丽

| 导语 |

中国传统蒙学读物《三字经》说"养不教，父之过"，强调父亲对子女有管教之责；《韩非子·解老》"慈母之于弱子也，务致其福"，唐代孟郊诗"慈母手中线，游子身上衣"（《游子吟》），都强调母亲对子女的爱护、关怀；《晋书·夏侯湛列传》说"受学于先载，纳诲于严父慈母"，意即从历代典籍中学习知识，接受严父慈母的教诲。"严父""慈母"并举，都是尊称。可以说，"严父慈母"是中国传统家庭文化推崇的一种家庭模式，"严"和"慈"分别代表了对父亲角色和母亲角色的期许。

宝玉挨打

　　宝玉急的跺脚，正没抓寻处，只见贾政的小厮走来，逼着他出去了。贾政一见，眼都红紫了，也不暇问他在外流荡优伶，表赠私物，在家荒疏学业，淫辱母婢等语，只喝令"堵起嘴来，着实打死！"小厮们不敢违拗，只得将宝玉按在凳上，举起大板打了十来下。贾政犹嫌打轻了，一脚踢开掌板的，自己夺过来，咬着牙狠命盖了三四十下。众门客见打的不祥了，忙上前夺劝。贾政那里肯听，说道："你们问问他干的勾当可饶不可饶！素日皆是你们这些人把他酿坏了，到这步田地还来解劝。明日酿到他弑君杀父，你们才不劝不成！"

　　众人听这话不好听，知道气急了，忙又退出，只得觅人进去给信。王夫人不敢先回贾母，只得忙穿衣出来，也不顾有人没人，忙忙赶往书房中来，慌的众门客小厮等避之不及。王夫人一进房来，贾政更如火上浇油一般，那板子越发下去的又狠又快。按宝玉的两个小厮忙松了手走开，宝玉早已动弹不得了。

　　贾政还欲打时，早被王夫人抱住板子。贾政道："罢了，罢了！今日必定要气死我才罢！"王夫人哭道："宝玉虽然该打，老爷也要自重。况且炎天暑日的，老太太身上也不大好，打死宝玉事小，倘或老太太一时不自在了，岂不事大！"贾政冷笑道："倒休提这话。我养了这不肖的孽障，已经不孝；教训他一番，又有众人护持；不如趁今日一发勒死了，以绝将来之患！"说着，便要绳索来勒死。

王夫人连忙抱住哭道："老爷虽然应当管教儿子，也要看夫妻分上。我如今已将五十岁的人，只有这个孽障，必定苦苦的以他为法，我也不敢深劝。今日越发要他死，岂不是有意绝我。既要勒死他，快拿绳子来先勒死我，再勒死他。我们娘儿们不敢含怨，到底在阴司里得个依靠。"说毕，爬在宝玉身上大哭起来。

贾政听了此话，不觉长叹一声，向椅上坐了，泪如雨下。王夫人抱着宝玉，只见他面白气弱，底下穿着一条绿纱小衣皆是血渍，禁不住解下汗巾看，由臀至胫，或青或紫，或整或破，竟无一点好处，不觉失声大哭起来："苦命的儿吓！"因哭出"苦命儿"来，忽又想起贾珠来，便叫着贾珠哭道："若有你活着，便死一百个我也不管了。"此时里面的人闻得王夫人出来，那李宫裁王熙凤与迎春姊妹早已出来了。王夫人哭着贾珠的名字，别人还可，惟有宫裁禁不住也放声哭了。贾政听了，那泪珠更似滚瓜一般滚了下来。

选自《红楼梦》第三十三回《手足眈眈小动唇舌　不肖种种大承笞挞》[清]曹雪芹著，无名氏续，程伟元、高鹗整理，中国艺术研究院红楼梦研究所校注，人民文学出版社2008年7月版。题目为自拟。

▍文本解析 ▍

中国古代第一部长篇白话小说是成书于元末明初的《三国演义》，接着有了《水浒传》《西游记》《金瓶梅》，这四部小说被称为"明代四大奇书"。到了清代，出现了《红楼梦》《儒林外史》等杰作。《红楼梦》与《三国演义》《水浒传》《西游记》合称为中国古代小说"四大名著"。一般认为，《红楼梦》是中国最伟大的长篇小说，它也是公认的世界名著之一，已有近四十种外语译本。

《红楼梦》以贾、史、王、薛四大家族的兴衰为背景，反映了贵族家庭生活的方方面面，写了大家族由盛而衰的悲剧，写了众多青年女性的悲剧，尤其是写了贾宝玉、林黛玉、薛宝钗恋爱婚姻的悲剧，揭示了中国传统社会的本质面貌。

早在20世纪30年代，李辰冬先生就将《红楼梦》与一些公认的世界名著进行比较，强调其对于中国文化的重要意义："如果要说，但丁是意大利精神的代表，莎士比亚是英格兰的代表，赛万蒂斯①是西班牙的代表，歌德是德意志的代表，那么，曹雪芹就是中国的代表。我国自《诗经》以后，以表现社会意识的复杂而论，没有过于《红楼梦》的。"（《李辰冬古典小说研究论集》，中华书局2006年6月版，第70页）《红楼梦》被称为是中国传统文化的百科全书，而其中表现得最全面、最深刻的是中国传统家庭文化精神。

"宝玉挨打"是《红楼梦》中的经典段落之一。男主人公贾宝玉出生在一个祖上三代都是朝廷重要官员的家庭，天赋异禀、衔玉而生。他的哥哥贾珠在娶妻生子后即英年早逝了，他的弟弟贾环是庶出之子，而且生性顽劣。所以，贾宝玉身上承担着博取功名，继承和发扬家族大业的使命。在当时，男子们理想的人生道路是从小认真研

---

① 赛万蒂斯：现在译作"塞万提斯"。

读规定的儒家经典"四书五经",参加科举考试,一路中秀才、中举人、中进士,然后做官,为家族争光、为国家效力。可是,贾宝玉从小只喜欢和美丽的女孩子们一起玩闹,读诗词歌赋戏曲小说等杂书,不愿意读四书五经等"正经书",对考科举、做官那一套价值体系非常反感。所以,他的父亲贾政对他非常失望,总想通过严厉的管教使他能够改变心性、走上"正确"的人生轨道。

贾宝玉这次挨打,有三个原因:一是他父亲的一位官员朋友贾雨村来访,贾宝玉作陪时无精打采;二是一位王爷家的管事官吏来到贾府,说宝玉私藏了王爷喜欢的戏子琪官;三是他母亲的婢女金钏因为与他开含有男女情爱意味的玩笑,受到责罚之后跳井自尽了,贾环在父亲面前诬告是宝玉想强暴金钏才导致她跳井的。宝玉向来不喜欢与官场人物打交道,贾政对第一件事倒也习惯了,所以并不太生气,可是后面两件事却一件比一件严重:与戏子过从甚密本就是不务正业,而私藏王爷喜欢的戏子还很可能会开罪权贵、给家族带来麻烦;至于强奸未遂闹出人命,则更是牵涉到品德、家风和家族荣誉的问题,因此贾政气得失去了理智,先让下人动手打,嫌打得不够,又亲自动手往死里打。宝玉的母亲王夫人听到消息赶过来阻拦,贾政不但不听劝,反而变本加厉要找绳索把宝玉勒死。王夫人以命相逼,贾政才冷静下来,停止了责罚。王夫人见宝玉伤势严重,又急又痛,联想到早逝的长子贾珠,更加悲痛;贾珠妻子李宫裁跟着痛哭。见此情景,贾政也不禁落泪。"宝玉挨打"的故事,无论是思想性还是艺术性,都具有经典的价值,可以从多方面去阐释、去解读——在亲子关系这个范畴里,非常典型地体现了严父慈母的亲子关系模式,即父亲贾政扮演了理性乃至于冷酷的管教者角色,母亲王夫人则扮演了感性的保护者角色。

文化阐释

中国古代的教育从胎教开始。《大戴礼记·保傅篇》说："古者胎教，王后腹之七月，而就宴室。"意思是母亲怀孕七个月之后要住到安逸清静的房间里，言谈举止要格外安详，恪守礼仪，给胎儿良好的感化。唐代医药学家孙思邈在《千金方·养胎方第三》中谈到古来胎教从受胎三个月开始，孕妇要"居处简静，割不正不食，席不正不坐，弹琴瑟，调心神，和情性，节嗜欲，庶事净清"。其中，"割不正不食""席不正不坐"引自《论语·乡党》，意思是肉类等食物切割的方法不合法度就不吃，座位不端正就不坐。孙思邈强调，孕妇居处要安静，行为举止要符合礼节规范，要弹琴听乐宁神使性格温和，要节制欲望。这样，孩子出生后才能聪明健康、良善长寿。

至于孩子出生后的家教，则更为重要。《孟子·滕文公上》说："饱食、暖衣，逸居而无教，则近于禽兽。"意思是为人父母对孩子只养不教，与动物无异。《说文解字》对"育"的解释是"养子使作善也"，即教育子女使他们向善、为善，是家教的任务，也是人类与动物的本质区别之一。而广为流传、影响深远的孟母三迁、曾子杀猪、画荻教子等经典故事，说的都是父母对子女的教育问题。

为了更好地教育、培养孩子，中国传统文化对父母的角色有明确分工。

中文之"父"字，最初为"斧"的象形字，指石器时代男子持斧头从事劳作，借而泛指壮年男子。《说文解字》解释"父"字的意义是："矩也。家长率教者。从又举杖。""又"字的古义是手的象形字，因此，这句话的意思是：父，就是规矩，他右手举杖，遵奉着一定的法度，对子女实行教诫。《白虎通·三纲六纪》说："父子者，何谓也？父者，矩也，以法度教子也。""父"字的含义，已经清楚地表明了父亲有教育子女的权力和义务。

中文之"母"字，是象形字𣫺，为妇人乳子之状。《广韵》引《仓颉篇》云："（母字）其中有两点，象人乳形。""母"字本义显然强调的是发自本能的自然之爱。

由"父""母"两个字的本义引申出"严父""慈母"的角色特征，暗含了两种互为补充的家教观念。

一是教子须严。中国古代家教历来提倡教子从严，主张对子弟要严格管束，包括一定程度的体罚。《韩非子·六反》说："父薄爱教笞，子多善，用严也。"认为父亲轻易不要表现出爱的情感，严格管教，培养出来的孩子多能有出息。颜之推《颜氏家训·治家》说"笞怒废于家，则竖子之过立见"，认为棍棒式的惩罚在家教中是不可缺少的，缺少了则孩子容易犯错。《颜氏家训·教子》又说"父子之严，不可以狎；骨肉之爱，不可以简。简则慈孝不接，狎则怠慢生焉"，认为父子骨肉之爱不能忽略，但是，为父者要有自己的威严，父子之间不能过分狎昵、不分上下，否则孩子就会怠慢不恭。

教子须严的观念有一定的道理。儿童一般有喜欢玩闹而不愿受约束的性情，在启蒙教育中，如果家长和老师对他们不严格要求，一味放纵，则玩心难收，容易胡作非为。

二是教子要慈。受"父为子纲"以及教子须严等观念的影响，中国传统家庭对子女的约束比较多，有时甚至到了严酷的程度，产生了不少负面影响。所以，在强调"父严"的同时，又强调"母慈"，即母亲应该给孩子爱的滋养。不光是母亲要慈，一些有识之士还从"严"的负作用出发，对父亲和老师的教育方法提出了批评性和建设性意见。

以认字读书为例，明代思想家王阳明曾对蒙幼教育中父亲和老师只知道严责的做法表示不满，主张幼教应针对儿童的特点，在宽松愉快的气氛下进行，而且教儿童认字读书，要给他们留出空闲余地。他在《传习录·教约》中说："能二百字者，止可授以一百字。常使精神力量有余，则无厌苦之患，而有自得之美。"就是强调对小孩子的教育不能一味从严，而是要根据孩子成长的特点，循序渐进。清人崔学古在《幼训》中甚至提出了"爱养"的观点，认为父亲和老师对儿童的教育，在六七岁时，不问智愚，都应该多多奖掖鼓励，让他们知道读书的益处；到八九岁时，可略用教笞以示威严；到十四五岁，则是邪正关键时刻，更应该循循善诱，逐渐收拢玩纵之心。

以慈教子，对于成年子弟来说，重要的是尊重他们的人格，唤起他们的自尊心，不能总是板着一副严父的面孔。对此，中国古代也有许多正面的例子。比如，《梁书·张充传》记载，南朝齐梁时吴郡人张绪为官有清名，为人正直，克己奉公，深得时人赞赏。他有个儿子叫张充，因为父亲常年在外疏于教育，家里人又过分宠溺、娇惯，二十多岁了还只知道吃喝玩乐，一事无成。张绪听到有关儿子的传闻，十分忧虑，特告假回乡了解情况。船刚至西城外，正巧碰上儿子要出城打猎。张充忽然见到老父亲十分慌张，忙放走鹰犬，赶上前来问候。张绪并没有生气，反而是笑着说，又架鹰又牵狗的，"一身两役，无乃劳乎？"张充羞愧满面，忙辩解道："充闻三十而立，今二十九矣，请至来岁而敬易之。"张充说，等到明年自己三十岁时，一定会以崭新的面貌出现。张绪听后收住笑容，严肃地说："过而能改，颜氏子有焉。"表示希望儿子能自我改过，成为一个好学上进的人。张充也真像他自己所承诺的那样，后来改弦易辙，发愤图强，受到时人赞誉。张绪教子，采取温和的方法，唤起儿子的羞耻心，让他自尊自重，自我觉悟。

在《红楼梦》中，作者通过宝玉挨打等情节，对暴力家教持反省的态度。另外，还通过贾府的老祖宗贾母表达了宽教的观念。贾母曾因宝玉的读书问题对贾政说："小孩子家慢慢的教导他，可是人家说的，'胖子也不是一口儿吃的。'"（第八十四回）又曾因贾兰的读书问题对李纨说："就只他还太小呢，也别逼櫈紧了他。小孩子胆儿小，一时逼急了，弄出点子毛病来，书倒念不成，把你的工夫都白糟踏了。"（第八十八回）贾母所提出的小孩子家要慢慢教导、不可逼迫太紧的宽教思想与现代教育理念颇有契合之处。

孩子在成长过程中，一方面需要有理性的指导与各项规则的要求，才能有所约束而不至于放纵性情，知道是非对错；另一方面也需要有亲情的关怀和爱护，才能身心健康、阳光向上。因此，作为一种教育原则，严父慈母的分工强调刚柔配合、宽严相济，是有一定道理的。至于"严""慈"的角色有时也可互换，成为"严母慈父"。

在实际生活中，严父慈母型家庭模式容易走上两个极端，即虐待与溺爱。在中国古代社会，父亲的教诫权有时是严酷的、不受限制的，极端者可以生杀予夺。据《史记·李斯列传》记载，秦始皇长子扶苏即说："父而赐子死，尚安复请！"事实上，扶苏正是奉赵高和李斯所假传的秦始皇遗诏自杀的。至于家长对子女实施严厉体罚措施、子女畏之如虎狼的例子，从民间到皇室都不罕见。《汉书·韩安国传》记载，汉朝有民谚说："虽有亲父，安知不为虎？虽有亲兄，安知不为狼？"可见当时社会，子弟畏惧父兄的情况非常普遍。据《北齐书·陈元康列传》载，北齐神武帝高欢对长子文襄帝高澄曾"亲加殴蹋，极口骂之"。与虐待形成对比的是溺爱放纵，《左传》所记载的"郑伯克段于鄢"故事中的共叔段，放纵骄横、贪得无厌，以至于举兵叛乱，最后被其兄长郑庄公彻底消灭。

共叔段一步步走向悲剧的深渊，根本原因就在于其母姜氏对他的溺爱纵容。所以，俗话说"慈母多败子"，就是对这一类社会现象的总结和警示。为人父母，对孩子无论是虐待还是溺爱，都是需要特别警惕和克服的。

有学者根据家庭成员关系的主轴将世界上的家庭关系主要分为四类：第一种类型是以父子伦为主轴者，以中国家庭为典型代表；第二种类型是以夫妻伦为主轴者，以欧美家庭为代表；第三种类型是以母子伦为主轴者，以印度家庭为代表；第四种类型是以兄弟伦为主轴者，以东非洲及中非洲若干部落社会的家庭为代表。中国家庭以父子关系为主轴，因此，亲子关系更加重要，更加注重子孙的前途，这应该是华人社会的父母普遍期待子女成龙成凤的根本原因。所谓"虎爸猫妈"或"猫爸虎妈"的故事，正是传统严父慈母或者严母慈父模式的现代演绎。而用现代教育学理论来说，专制型父母、宽容型父母、权威型父母，应该如何互相借鉴和调整，是值得认真思考的问题。

家庭教育（家教）在当今社会生活中占有非常重要的地位。在一个人的成长过程中，家庭教育具有无可替代的作用和意义。现实生活中存在许多家教误区，比如说，放任自流的溺爱型家教、具有专制色彩的暴力型家教、揠苗助长型的功利型家教等，都不利于孩子的成长。要走出这些误区，除了学习现代教育学、心理学等领域的知识，也可以从中国传统文化中获得许多有益的借鉴。

| 阅读资料 |

1.《红楼梦》，［清］曹雪芹著、无名氏续，程伟元、高鹗整理，中国艺术研究院红楼梦研究所校注，人民文学出版社 2008 年 7 月版。

2. 《中国古代的家教》，阎爱民著，商务印书馆 2013 年 6 月版。

| 思考与探究 |

结合文学作品以及现实生活，谈谈你对亲子关系的看法。

第二十三讲
中国古典园林：壶中天地，无限生机

李东芳

| 导语 |

　　中国人通过筑山、叠石、理水、种植树木花草、营造建筑和布置空间等方式创造的美的院子，就称为园林。园林在中国传统建筑中独树一帜，一般分为皇家园林、寺观园林和私家园林。

　　作为传统中国文化中的一种艺术形式，中国古典园林以地形、山水、建筑群、花木等作为载体，衬托出中国传统文化的精神。

　　中国古典园林的构造，主要是在自然山水基础上，铺以人工的宫、廊、楼、阁等建筑，以人工手段效仿自然。其中体现着中国艺术中诗、词、绘画的思想境界和美感。

　　明、清是中国园林创作的高峰期。在明末产生了园林艺术创作的理论书籍《园冶》。私家园林以明代建造的江南园林为主要成就，如沧浪亭、留园、拙政园、寄畅园等等。皇家园林创建以清代康熙、乾隆时期最为活跃。当时社会稳定、经济繁荣，给建造园林提供了有利条件，杰出代表有圆明园、畅春园、承德避暑山庄等等。回归自然、讲求写意、追求诗情画意往往是园林创作的主旨，园林中的建筑是造景的重要手段。

濠濮间想（节选）

　　中国艺术强调人内在心灵的和谐，艺术是导入平和境界的窗口，而不应勾起人心灵的欲望，引起人心灵的不安。竞争和角逐，是机心的体现，而艺术却要将这荡去，唯留下怡然。欣赏中国传统艺术，如同饮一杯清茶，平淡中有悠长，宁静中有飘逸。

　　中国艺术强调人与天地宇宙的和谐，在和自然的亲和中，感受无上乐感。中国艺术认为，自然原本和人为一体，人就是这生机勃郁世界中的分子，人没有必要将自己从自然中抽离开去，而扮演自然的控制者、观望者的角色。自然是你的朋友，是你安身立命的天地。

　　《世说新语》记载："简文入华林园，顾谓左右曰：会心处不必在远，翳然林水，便自有濠、濮间想也，觉鸟兽禽鱼自来亲人。"人心和悦了，感到鸟兽对人也亲切了，忽然觉得自己和山山水水、花鸟虫鱼原来是一体的。

　　北京的北海有处景点为濠濮间（或误为濠濮涧），有三间水榭，周围又有山石、石航、曲桥，小小的景点，却有咫尺幽深的趣味。这个濠濮间的名字，就出自《世说新语》这段话，表达的就是人与自然亲和无间的情怀。

　　濠、濮来自于《庄子·秋水》，本是两条河流的名字。一是庄子与惠子在濠梁上观鱼，撇开二人论辩的内容，其中充满对鱼乐境界的向往。庄子说："吾知之濠上。"他于濠上知道了什么？他悟出人性灵的自由比任何功名富贵都重要得多。另一则故事写庄子在濮水上钓鱼，楚王派使者来请他去做官，他说，他的人生旨趣，不在庙堂，而在山林，他是一位曳尾于途人，是天下自在客。这两个故事的内容，被《世说新语》糅合为"濠濮间想"，它是一种山林之想，自由之想，表达的是人与自然的亲和。沈周有题画诗说："高木西风落叶时，一襟萧爽坐迟迟。闲披秋水未终卷，心与天游谁得知。"濠濮间想就是这样的精神。

选自《曲院风荷——中国艺术论十讲·第八讲 和风》，朱良志著，中华书局2014年3月版。

| 文本解析 |

对于中国人来说，艺术是抒发性灵和安顿性灵的工具。中国艺术强调，一切艺术形式都必须超越"技"而走向对"道"的把握，艺术必须栖息着人的心灵，所以传达人的性灵，是中国艺术的根本。园林艺术也是如此。中国园林的功能有三：一是实用的，园林可以让人们"住"；二是满足人们的审美需求，可以让人们"看"；三是

安顿人的灵魂，抚慰生命，表现生命。园林中的一草一木都是人心灵的寄托，可以让人们"安心"。这也是中国园林艺术异于西方园林艺术的独特之处。

小小的一方天地，寄托了园林主人对心灵自由与和谐的追求，使人在自然中获得灵魂的抚慰。在中国艺术家看来，人与自然是没有界限的，人与自然乃至世界的所谓界限是人所划分的。只要人将世界对象化，人就是世界的观照者和征服者，必然使得人处于无所不在的紧张和冲突之中，而"濠濮间想"，体现了中国美学的一种精神，就是让人从人为设立的重重障碍中解脱出来，回归自己本然的生命之中，与山水林木共欢乐，伴鸟兽禽鱼同优游，从而感受到人与自然、人与世界的和谐。"濠濮间想"还是中国艺术的一个重要境界，即强调人与自然的亲和，大自然的一草一木都与"我"相依相存，人与人、人与自然应该和谐相依，并且人应该享受这种怡然的生命情调。

造景之法

若夫园亭楼阁，套室^①回廊^②，叠石成山，栽花取势^③，又在大中见小，小中见大，虚中有实，实中有虚，或藏或露，或浅或深，不仅在"周回曲折"四字，又不在地广石多徒烦工费^④。或掘地堆土成山，间^⑤以块石，杂以花草，篱用梅编^⑥，墙以藤引^⑦，则无山而成山矣。大中见小者，散漫处植易长之竹，编易茂之梅以屏之。小中见大者，窄院之墙宜凹凸其形，饰以绿色，引以藤蔓，嵌大石，凿字作碑记形。推窗如临石壁，便觉峻峭^⑧无穷。虚中有实者，或山穷水尽处，一折而豁然开朗；或轩阁^⑨设厨处，一开而可通别院。实中有虚者，开门于不通之院，映以竹石，如有实无也；设矮栏于墙头，如上有月台，而实虚也。

选自《浮生六记·闲情记趣》，[清]沈复著，俞平伯校点，人民文学出版社1980年7月第1版。题目为自拟。

---

① 套室：一套有好几个房间的屋子。

② 回廊：曲折回环的走廊。

③ 取势：在此指借助花草生长之形态呈现美感。

④ 徒烦工费：指白白浪费工夫财力。徒，白白地。

⑤ 间：间夹，夹杂。

⑥ 篱用梅编：把梅花当成篱笆。

⑦ 墙以藤引：让长藤爬满墙壁。

⑧ 峻峭：形容山高而陡。

⑨ 轩阁：古代建筑物的雅称。轩，原指有窗户的长廊或者以敞朗为特点的建筑物，如亭、阁、棚之类。阁，楼阁、夹室等。

▎译文▎

说到如何布置园亭楼阁、套室回廊，或者叠石作山，以及栽种花草，借其生长之形态呈现美感，就要处理好"大"和"小"、"虚"和"实"、"藏"和"露"、"浅"和"深"的关系。其间微妙不仅仅是用"周回曲折"四个字就能涵盖的。园林造景的好坏成败也不在于地广石多，那样也只是白白地浪费工夫财力而已。可以掘地堆土成山，散置一些石块，间杂一些花草，以梅树当篱笆，让长藤铺满墙壁，那么，虽然没有真的山，却布置出了一处别致的山景。所谓"大中见小"，可以在园中比较开阔的地方，种上容易生长的竹子，以枝叶茂盛的梅树作屏障。所谓"小中见大"，比如狭窄的院子的墙壁最好做得凹凸不平，用绿色装饰，种上藤蔓，使藤条自然茂盛地垂下；墙体嵌上大石凿字作碑。此时推开窗子，看到墙壁就如同面对山壁，会觉得峻峭无限。所谓"虚中有实"，譬如可以在景致穷尽之处，让人一转又看到另外一片风光；又或者可于房屋轩阁内设一壁橱模样的小门，推开即可通往别的院落。所谓"实中有虚"，比如，在一个不通他处的院墙上开一假门，种上竹子、配上假山，貌似可通往别处，其实不通；或者将矮的栏杆置于墙头之上，视觉上好像上面还有一个月台，其实没有。

▎文本解析▎

《浮生六记》是清代文人沈复的自传体散文。"浮生"二字选自李白的诗《春夜宴从弟桃花园序》中"而浮生若梦，为欢几何"一句。原书共分六卷，主要记述了作者夫妇平凡的家居生活和浪游各地的见闻。作者和妻子陈芸情投意合，想要过一种充满艺术气息的生活，然而终为现实所逼迫，最终理想破灭。沈复夫妻二人热爱生活，讲求在日常简单生活中创造趣味和美感，虽然作者一生不第不仕，靠外出游幕和随人经商为生，时而还需经营字画维持生计，但是伉俪情深，彼此至死不负，他们的感情故事悲切动人，并且生活充满趣味和艺术化的情调。

选文记述了夫妻二人的园林美学观点。植物、山石与庭院相得益彰，既小中见大、大中见小、大小相宜，又虚中有实、实中有虚、虚实相生。错落有致，有隐有显，有深有浅，从而创造出意想不到的美学效果，这其中表现了中国园林艺术的美学精神和文人旨趣，即在有限的空间内，足不出户即可观山揽月，自在悠游，涤除对物质欲望的追逐，在自然山水间寄托心灵，回归内在世界的宁静与和谐。

| 文化阐释 |

说起中国的古典园林，你想到的是白墙青瓦，还是如同鸟翼展翅欲飞的小亭？又或者是堆叠的假山，或者回廊上观风景的漏窗？

中国园林是怡情、悦性、养心、安顿灵魂的所在，可望、可游、可赏、可居。文人园林多精巧雅致，使造园人和游人均可在有限的空间内，获得无限的、对于宇宙人生的遐想与感悟。很多江南园林可从起名、设计、布局上体现主人的精神追求，如"涵碧山房""寄啸山庄"等名字都体现出涵养性情、寄托性灵的用意。再如，苏州的耦园是清代一对恩爱夫妻的家园。在这里，他们相濡以沫，读书、写诗、抚琴、绘画，"耦园住佳偶，城曲筑诗城"，将对心灵世界宁静与和谐的追求升华于对自然与艺术的热爱之中，生活旨趣超逸而高远。

至于造园艺术的方法，非常丰富。比如《浮生六记》中所记述的，要善于处理园林空间的虚实关系，避免视觉上的直白显露，借用山石、梅竹等，依托亭台楼阁等建筑，创造出小径通幽、蜿蜒曲折的景观，表达了中国艺术以含蓄为美的特点，讲求委婉曲折、深邃幽远。

造园非常讲求"大"和"小"的关系。一叶知秋，以小见大，芥子纳须弥，是代表中国美学传统的观念。园林或小，却通过山石的堆叠、植物的郁葱、流水的涓涓叮咚，构成一个生机勃勃的世界，将宇宙自然浓缩于一方天地之中。春天看柳怡神、夏日观莲悦心、秋天赏桂闻香、冬日踏雪寻梅，一年四季，园中自有神来之笔的自然画作，让人超越尘俗，心安自足。

造园艺术还要处理空间"抑"和"扬"的关系。中国园林往往曲径通幽、别有洞天。抑制，是为了使观者的心理在受到短暂的阻碍后得到释放的快感，所谓"欲扬先抑"。如来到颐和园东宫门，首先映入眼帘的是一大殿，形成视觉上和心理上的"阻隔"，然而转过大殿，就有波光粼粼的湖面和形态奇异的假山映入眼帘，有豁然开朗之感。

中国园林还非常讲求"隐"和"显"的关系，讲求通过人与物象之间的距离形成美感，故要透过窗户看山看水，要于夜幕低垂时观街市灯火，要隔帘看月、隔水看花。距离和间隔可以创造美景，从而产生诗情画意，所谓"景露则境界小，景隐则境界大"（陈从周《说园》）。窗、围栏等都是非常重要的借景、分景、观景处。

可见，中国园林艺术使人步入"春有百花秋有月，夏有凉风冬有雪"的和谐与宁静的境界，得到精神的愉悦和性灵的超越。

| 阅读资料 |

1.《美学散步（插图本）》，宗白华著，上海人民出版社2005年12月版。

2. 《中国文化读本：普及本》，叶朗、朱良志著，外语教学与研究出版社2016年5月版。

| 思考与探究 |

1. 清代画家郑板桥，他的《竹石》题画诗闻名遐迩，"咬定青山不放松，立根原在破岩中"已成千古名句。他尤擅于借画竹咏竹以写人。在同样题为《竹石》的另一幅画中，他曾经描述了这样一个院落："十笏茅斋，一方天井，修竹数竿，百笋数尺，其地无多，其费亦无多也。而风中雨中有声，日中月中有影，诗中酒中有情，闲中闷中有伴，非唯我爱竹石，即竹石亦爱我也。"你能理解这段描述中体现出的生活情趣吗？想象一下，倘若你居于郑板桥的院落之中，会用什么关键词表达自己的感受。你认为郑板桥表达了什么样的生命意识和生命旨趣？你又如何看待它呢？

2. 请选择一处园林，体会其中表达了什么样的生命旨趣，并阐释它体现了怎样的园林美学。

第二十四讲
神妙：异域殊方的民间信俗

谭　惟

┃导语┃

　　来到中国，你可能会注意到几乎每个城市乡镇、名山大川都有寺庙、道观，那里供奉着千差万别的各种塑像，前往参观、朝拜的百姓络绎不绝。不仅如此，你可能还会发现有的餐馆里供奉着"财神爷"，以求生意兴隆；有人会去北京妙峰山拜"碧霞元君"求子嗣；有的朋友家里挂着"桃木剑"作为避邪之物，以求家宅安宁；有的朋友钱包里夹着"福禄寿星"的图片，以求福德圆满。实际上，在中国乃至海外华人圈，自古以来，确实盛行着丰富多彩的"民间信俗"，它们经过了历史磨砺而延续至今。

　　"民间信俗"不同于宗教，但又受到宗教的影响。中国古代主要有道教、佛教等宗教，它们有着各自比较系统的宗教思想、宗教体验、宗教仪式以及严密的宗教组织制度。"民间信俗"活动中虽有宗教的影子，但是完全没有宗教的严密体系。"民间信俗"的"民俗性""现实性"，远远胜过其"宗教性""超越性"。如果说宗教信仰更多追求超越现实的真理和解脱，那么"民间信俗"更多地安住于现实层面，并追求一些实用价值，例如求平安、求升官、求子、求财等。因此，"民间信俗"活动更像是一种约定俗成的习俗，而不像宗教仪式。千百年间，中国民间信俗多姿多彩，影响着百姓生活的方方面面。需要我们注意的是，中国民间信俗具有鲜明的"人文化"特点，我们可以借助《荀子》中的一则篇章来理解这一现象。

荀子·天论（节选）

列星随旋①，日月递照②，四时代御③，阴阳大化④，风雨博施⑤，万物各得其⑥和⑦以生，各得其养以成，不见其事而见其功，夫是之谓神。⑧

雩而雨，何也？⑨曰：无何也，犹不雩而雨也⑩。日月食⑪而救⑫之，天旱而雩，卜⑬筮⑭然后决大事，非以为得求也，以文之也⑮。故君子以为文，而百姓以为神。以为文则吉，以为神则凶也。

选自《荀子集解·天论》，［清］王先谦撰，沈啸寰、王星贤点校，中华书局1988年9月版。

① 随旋：相随旋转。

② 递照：交替照耀。

③ 代御：一个接着一个。

④ 阴阳大化：阴阳二气相互作用和转化。

⑤ 博施：普遍地施加于万物。

⑥ 其：代词，指上述"列星随旋、日月递照"等现象。

⑦ 和：相互协调。

⑧ 不见其事而见其功，夫是之谓神：看不见大自然是怎样做的，却可以看到它的功效，这就叫作"神"。

⑨ 雩（yú）而雨，何也：祭神求雨而下

了雨，为什么呢？雩，古代求雨的祭祀。雨，下雨。

⑩ 犹不雩而雨也：如同不祭神求雨而下雨一样。犹，如同。

⑪ 食：同"蚀"。

⑫ 救：古时人们发现日月蚀的现象后，认为是天狗把日月吃了，就敲盘打鼓想吓跑天狗来救日月。

⑬ 卜：古时用龟甲骨占卜吉凶。

⑭ 筮（shì）：古时用蓍（shī）草占卜吉凶。

⑮ 以文之也：用来文饰政事。

众多星辰相随旋转，太阳月亮交替映照，春夏秋冬轮流变换，阴阳交感化生万物，风雨交相博施化育，万物各自得到这些的调和而生长，各自得到这些的滋养而成熟，看不到大自然是怎么做的，却可以看到它的功效，这就叫作"神"。

举行求雨的祭祀便下了雨，这是为什么？答道：没有什么，就如同不祭神求雨而下雨一样。出现日蚀月蚀就敲击锣鼓去抢救，天旱就举行求雨的祭祀，占卜然后决定大事，并不是以为能得到所求的东西，是用来文饰政事罢了。所以君子把这看作一种文饰，可是普通百姓把这看作求神。把这看作文饰就会有好处，把这看作求神就有害处了。

| 文本解析 |

从选文中，我们可以看到"君子"与"百姓"对"神"的两种不同态度，它们分别代表了精英文化与大众文化两个层次的不同理解。从大众文化角度来看，"百姓以为神"，在中国民间信俗中，的确有众多具象化的崇奉对象，《荀子·天论》中百姓祈祷降雨的雨神就是其中之一。而《荀子·天论》中所言"君子以为文"，则代表了精英层面的认识，他们认为降雨是自然现象，并不是雨神所为。如果说百姓从事的民间信俗实践更多偏于感性、不自觉的状态，那么"君子"则代表了感性背后理性的成分。"君子"也来自"百姓"，两者并不是对立矛盾的。换句话说，"君子"能够理解并表达出"百姓"在信俗活动中真正的精神内涵。

文化阐释

一、丰富多彩的民俗崇奉

在中国民间信俗中，众多的崇奉对象大体可分为四大类：

1. 自然类。自古以来，中国人面对变化万千的自然界，对天地、日月、星辰、山川、动物、植物等自然万物都有一份敬仰尊重，逐渐形成对自然神的崇奉。例如信奉天公、天老爷、玉皇大帝、王母娘娘、雷公、电母、雨师、龙王、土地爷、妈祖、河神、城隍爷、福星、禄星、寿星、东岳大帝、碧霞元君，还有狐仙、蛇精、柳树精、桃花精……人是天地万物间的一员，其实是非常渺小的，大自然中无处不在的不确定性和神秘性令人敬畏，于是人们具象化出很多自然神，以祈求平安。

2. 祖先类。除了天地自然的庇护，人最直接想得到的是跟自己有血缘关系的祖先的保佑。首先是炎帝、黄帝、伏羲等华夏始祖，他们是中国人公认的共同祖先，其次是跟自己家族或者宗族直接相关的先祖。从对祖先的崇奉中，人们似乎得到了现世的指引和前进的方向。

3. 人物类。在中国文化中有许多非凡的人物，他们可能是真实存在过的历史人物，也可能来自宗教典籍或神话传说，但他们的事迹功勋足够让后人怀念，在人们心中也容易成为崇奉的对象。例如：供奉佛教四大菩萨、信奉济公活佛、达摩祖师；供奉道教托塔李天王、吕洞宾、许旌阳等神仙；供奉岳飞、关羽、包拯、郑成功等历史人物；还有供奉织女、嫦娥、月老等神话人物。

4. 生活类。中国人热爱生活，把生活中经常接触到的事物也赋予了神圣性，于是诞生了许多与百姓生活息息相关的神祇，例如门神、井神、灶王爷、财神、梨园神、商贾神、厨神、船业神等，这些神涉及百姓日常生活的方方面面。

民间信俗在中国广袤的土地上相互交织，呈现出不同地域各具特色的风俗。我们不难看出，即便是在"大众文化"的层次，百姓崇仰、敬畏的神往往是各种自然力量和精神力量的形象化表达。春生夏长秋收冬藏，在中国，"神"更多的意蕴是指一种神秘、神妙，是指自然万物奥妙复杂的内在规律及其永难穷尽的千变万化。百姓内心中充满对天地万物和大自然的敬畏之情，当百姓向所谓的"神"祈求时，也多是表达对美好生活的憧憬和希望，希望无形中的天地自然能够保佑现实生活的平安吉祥。

中国社会大众对于异域殊方诸多崇奉对象的丰富理解，使中国民间信俗在漫长的历史演变中，已然形成了一些内涵丰富的信俗仪式，它们构成了中国民间信俗的基本面貌。然而，支撑中国民间信俗的精神根源是来自中国传统的文化精神，这一文化精神使得中国的民间信俗具有了人文特性。中国人的这种信俗，不是基于对某个神灵的盲目崇奉，而是指向人心，指向一种人文精神。这一精神内核则是由"君子"来总结和阐释的。

二、阴阳不测之谓神

在中国古代，历代帝王都会祭祀神灵和祖先。在北京有天坛、地坛、日坛、月坛，这些是明清时期皇帝祭祀天地日月的场所。如果说老百姓不理解天地万物的自然规律，将其形象化、人格化，认为雷雨闪电是雷公、风婆、雨师、电母在主宰，万物有灵，世间万物似乎都有神秘力量在把控，那么"君子"则不需要将天地万物的自然力量实体化、神秘化，而是从理念上去敬畏、在实践上去遵循自然之道。以圣王为核心的"君子"群体是国家治理的精神核心，构建起"精英文化"的思想基础。从精英文化的角度来看，"君子"了解百姓民间信俗背后的真实内涵。

在中国文化中，"神"这个概念，经典解释为"阴阳不测之谓神"（《周易·系辞上传》）。"神"最基本的含义是指万物变化的"神妙"。到宋代，理学家张载讲"鬼神者，二气之良能也"（《正蒙·太和篇第一》），所谓"鬼神"也只是阴阳二气的功能，皆非人格神。

如果说中国人有信仰的话，那么信的是人内心的"神圣"，信的是一种人特有的自觉与自律。所谓"举头三尺有神灵"，体现的是一种中国文化的特色——命运的决定权在人们自己手里，人做好自己，心存善念，天地自然公正无私，会帮助那些品德高尚的人。所以在民间信俗活动中，人始终保持着对自然的"敬畏心"，本质上会促使人保持自身的独立性、主体性、能动性的觉醒，由此人的行为才能符合天地变化之道，百姓得以和谐共处、社会得以治理。就精神来源而言，"民间信俗"遵奉的所谓"神"，不过是人自身精神内在价值的人格化、意象化、对象化表达；"君子"则能够体认到这种玄妙的道理，并借由一些仪式来教化百姓。

中国民间信俗实际上是"敬鬼神而远之"的。鬼神，视之无形，听之无声。百姓可以赋予它种种想象，寄托各种情感，创造出殊方异域的民间信俗现象，这是很容易的事情；但现实人生终究不是虚构的世界，人栖居在天地万物之间，终究需要人自身的担当。透过丰富多彩的中国民间信俗现象，我们能够感受到中国人对自然奥秘的尊重和敬畏，更需体会到这些民俗活动中人自身的自觉和自律。

在中国传统文化中，人要尊重万物，不能以人的主观意志和愿望去随意破坏自然，人需要向天地学习，顺应自然，并按照万物发展的规律去推动它的发展。

| 阅读资料 |

1.《中国的人文信仰》，楼宇烈著，中国大百科全书出版社

2021 年 7 月版。

2. 《人文宗教引论：中国信仰传统与日常生活》，李四龙著，社会科学文献出版社 2022 年 2 月版。

| 思考与探究 |

1. 请你描述在中国观察到的民间信俗案例及其人文内涵。
2. 请你谈谈中国与你的国家民间信俗的异同。